高等院校经济学管理学系列教材

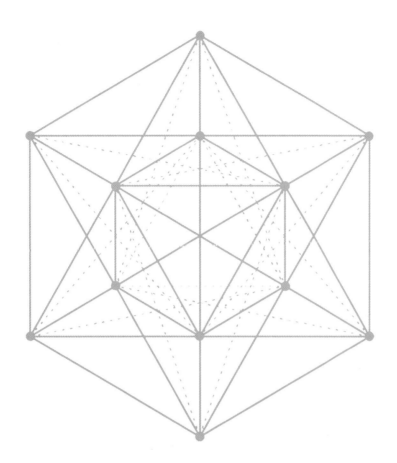

微观经济学讲义

冯伟 著

图书在版编目(CIP)数据

微观经济学讲义/冯伟著. —北京:北京大学出版社,2019.6
高等院校经济学管理学系列教材
ISBN 978-7-301-30482-2

Ⅰ. ①微…　Ⅱ. ①冯…　Ⅲ. ①微观经济学—高等学校—教材　Ⅳ. ①F016

中国版本图书馆 CIP 数据核字(2019)第 080930 号

书　　　名	微观经济学讲义 WEIGUAN JINGJIXUE JIANGYI
著作责任者	冯　伟　著
责任编辑	杨丽明　吕　正
标准书号	ISBN 978-7-301-30482-2
出版发行	北京大学出版社
地　　　址	北京市海淀区成府路 205 号　100871
网　　　址	http://www.pup.cn　新浪微博:@北京大学出版社
电子信箱	sdyy_2005@126.com
电　　　话	邮购部 010-62752015　发行部 010-62750672　编辑部 021-62071998
印　刷　者	三河市博文印刷有限公司
经　销　者	新华书店
	787 毫米×1092 毫米　16 开本　14 印张　307 千字 2019 年 6 月第 1 版　2019 年 6 月第 1 次印刷
定　　　价	45.00 元

未经许可,不得以任何方式复制或抄袭本书之部分或全部内容。
版权所有,侵权必究
举报电话:010-62752024　电子信箱:fd@pup.pku.edu.cn
图书如有印装质量问题,请与出版部联系,电话:010-62756370

序 一

"微观经济学"是大学经济管理类学生进入专业学习的第一门课程,也是在校大学生开启理性经济世界的第一扇门。因而,选择一本适宜的教材,无论是对专业学生掌握经济学基础理论,还是对非专业学生具备分析经济现象的能力,都是十分重要的。

尽管市面上微观经济学的教材可谓汗牛充栋、俯首即是,但能够将学术性、本土性和趣味性兼而有顾、相得益彰的,却并不多见。所谓学术性,是指能够用学术的分析框架或范式来解构"微观经济学"的基本概念,阐述其基本原理,因为大学教材属于学术范畴,首先要符合学术标准。所谓本土性,是指能够用微观经济学的基本原理来分析现实的经济现象,讲述具有中国语境的经济故事,而市面上大部分同类教材基本为国外教材的译本或"衍生版",其语境离中国多少有点远。所谓趣味性,是指能够用通俗易懂并富有趣味的语言和事例来阐明经济学的道理,提高教材的可读性。

综合而言,这本讲义较好地做到了学术性、本土性和趣味性的结合,能够以问题启发式的写作方式讲述微观经济学的原理,并通过列举日常生活中的现实案例,很"接地气"地解析微观经济世界,力求将枯燥的经济学理论娓娓道来,增强阅读的故事性和幽默性。这种试图将理论知识"析明、讲透、活化"的写作方式,是很好的尝试,有益于学生始终抱着兴趣去领悟经济学的基本原理。

作为本书作者攻读博士学位期间的导师,很高兴能看到冯伟博士将平时教学的思考与心得集结成书,这是他教学与研究道路上的一份新收获。期待作者能够以此为契机,深耕经济学理论,细作经济学研究,在传道授业的同时,为学界和社会奉献更多更精的学术作品。

是为序。

东南大学首席教授、中国世界经济学会副会长
徐康宁
2019 年 5 月 8 日

序 二

"微观经济学"作为东南大学经济管理学院第一批平台课的资助项目,由冯伟博士主持,以《微观经济学讲义》的形式完成并出版,本人很高兴为该书作序。

东南大学经济管理学院组织并开展平台课建设的主要目的是进一步增强并提升经管类专业课程的教学质量和培育水平。该项目自 2016 年启动以来,到目前为止,已资助了 10 多门专业基础课和专业核心课的建设与发展,并取得了一定的成效。冯伟博士能够将其从教以来的教学体会、感受和心得汇聚成此书,不仅较好地完成了该项目,而且也有力支撑了该类课程的建设与发展。

应该说,经济学是一门"沉闷的科学"。因而,如何在不失科学的严谨性的同时,提高经济学学习的趣味性,尤其是对刚接触经济学的初学者来说,能够不被经济学的"沉闷"而扫兴,是摆在每一个经济学教育工作者面前的一个现实而又急需解决的问题。综观此书,冯伟博士不仅能够自始至终以学生为中心,从学生的视角来讲述和阐释经济学的基本概念及其相关原理,而且还能够将生活中的诸多事例融入经济学知识的解析和型构中,通过问题导向式和启发式的叙述方式,最大限度地提高初学者对经济学的理解及其学习热情,这是难能可贵和值得称赞的。

最后,预祝该书能够获得学生们和同行们的认可和青睐,同时也期许冯伟博士能够继续秉着"传道、授业、解惑"的蜡烛精神,做好经济学的教育和科研工作。

东南大学经济管理学院教授、博士生导师
张玉林
2019 年 5 月 6 日

前　言

"微观经济学"是经济管理类本科生的专业基础课。老师上好这门课、学生学好这门课，对于经济学的传承与发扬、研究与分析均是非常重要的。

笔者于 2012 年 6 月份博士毕业并留校于东南大学，幸运的是，当年 9 月份即走上讲台，给经济管理学院工商管理专业的学生讲授"微观经济学"这门课程，至今已有 6 年多时间，期间还给数学专业的学生讲授过"宏微观经济学"课程、给会计学辅修专业的学生讲授过"微观经济学"课程等。经过这 6 年多时间的历练，笔者也从一个基本上只会照本宣科、喃喃自语的"菜鸟"，逐渐成长为一名能驾驭课本知识、控制课堂节奏，并能获得学生广泛好评的合格的人民教师。在此过程中，笔者也深知，学好"微观经济学"对于学生后续课程的学习以及今后学业深造的重要性和必要性。因而，对初次接触经济学的学生来说，授课过程中如何尽可能地用通俗易懂但又不失专业性、严谨性和幽默性的语言来提升学生对"微观经济学"知识的理解和掌握，进而增强学生对经济学的学习热情和兴趣，是笔者一直在思考和探索的。

摆在大家眼前的这本《微观经济学讲义》，是笔者 6 年多来教授"微观经济学"课程的基本心得与内心体会的总结和写照，也是践行学生学好、老师教好"微观经济学"课程的努力和体现。因而，在编写这本《微观经济学讲义》时，笔者一方面要遵循"微观经济学"的基本知识架构，从导论、供求理论、效用理论、生产与成本理论、市场理论、要素市场理论、一般均衡理论以及市场失灵理论八个方面进行撰写；另一方面，也尽可能地将知识点通俗化，站在学生的立场，结合现实生活中的例子，力争促使学生在掌握基本内容的前提下，不仅明白这些内容的由来，而且还能以此类推，学以致用。

自美国经济学家、诺贝尔经济学奖得主保罗·萨缪尔森（Paul A. Samuelson，1915—2009 年）建构内含微观经济学和宏观经济学的新古典综合派以来，有关"微观经济学"的教材可谓是琳琅满目、汗牛充栋。因而，在编写这本《微观经济学讲义》时，笔者心里也一直在打鼓，即相较于市面上所出售的那些经典、权威、厚重的教材而言，本教材的优势是什么？或者说本教材的卖点是什么？毕竟编写一本教材要投入很多时间和精力，在科研竞争日趋激烈的当下，编教材的机会成本并不小。

面对这些问题，笔者在编写过程中不断进行琢磨和思考，反复进行修改和完善，笔者撰写教材的动力大致上可以归结成以下两点：一是，虽然大多数国外教材都堪称大家甚至大师之作，在国际上有广泛的受众群体，但是这些教材也存在一定的不足，如书中所举的例子均是国外的，对于存在文化差异的中国学生来说不易理解。另外，这些教材大多比较厚重，难以在一个学期全部讲完，且携带也不方便。二是，虽然国内也出版了很多"微观经济学"教材，但是既能够将"微观经济学"知识点讲透又不失趣味性和生动性的教材并不多，即要么过于学理化或学术化，内容晦涩、艰深，要么过于直白化或叙事化，缺乏知识性和专业性。基于此两点，笔者斗胆，尽力改进目前教材中所存在的不足，博采众长，兼收并蓄。

相较而言，本教材的主要特色在于：一是结合笔者授课的经验，将以往授课过程中的心得体会写入教材中，并且更多的是站在学生的角度来编写，使教材内容更加易懂，同时也注重各章节之间的内在联系，促使学生建构起"微观经济学"的知识构架，实现读书由厚到薄再到厚的过程；二是注重问题导向，即每一章均按照"提出问题—分析问题—解决问题"的架构展开，带着问题讲述教学内容，从而使教材增添更多的趣味性，而不显枯燥和艰涩；三是注重教学内容背后的原理及其运用，在尽量讲透知识点，使学生"知其所以然"的同时，也更加注重该知识点的运用，即通过列举并分析案例，使学生更加深刻地理解并掌握知识点的内涵及其运用。

本教材主要应用于经济管理专业本科生，对经济学感兴趣的广大读者也可作为参考。笔者也非常欢迎和期待对经济学感兴趣的老师和同学，就如何提升经济学的教与学和笔者进行讨论。

当然，笔者能力有限，在编写过程中，难免会存在诸多纰漏和不足。另外，笔者也参考了诸多资料和讲义，包含来自网络上的材料，但未知其名，不能一一列举，在此表示衷心的感谢。同时，也要感谢北京大学出版社的吕正、杨丽明、姚文海等编辑，感谢你们对本书的关心、指导和帮助。

冯 伟

于东南大学四牌楼图书馆

2018年12月20日

第一章 导论

第一节 经济学的基本概况 ……………………………………………… 1
第二节 现代西方经济学的由来与演变 ………………………………… 15
第三节 本章小结 ………………………………………………………… 30
第四节 思考题 …………………………………………………………… 30

第二章 供求理论

第一节 需求与供给的重要性 …………………………………………… 31
第二节 需求及其属性 …………………………………………………… 33
第三节 供给及其属性 …………………………………………………… 40
第四节 均衡价格及其属性 ……………………………………………… 43
第五节 弹性理论 ………………………………………………………… 49
第六节 供求理论的现实应用 …………………………………………… 65
第七节 本章小结 ………………………………………………………… 74
第八节 思考题 …………………………………………………………… 74

第三章　效用理论

- 第一节　何为效用？ ……………………………………………… 76
- 第二节　基数效用论 ……………………………………………… 79
- 第三节　序数效用论 ……………………………………………… 87
- 第四节　从单个消费者到市场的需求曲线 ……………………… 98
- 第五节　本章小结 ………………………………………………… 98
- 第六节　思考题 …………………………………………………… 99

第四章　生产与成本理论

- 第一节　厂商（企业）概述 ……………………………………… 100
- 第二节　生产函数 ………………………………………………… 102
- 第三节　短期生产理论 …………………………………………… 104
- 第四节　长期生产理论 …………………………………………… 110
- 第五节　成本及其属性 …………………………………………… 119
- 第六节　本章小结 ………………………………………………… 133
- 第七节　思考题 …………………………………………………… 133

第五章　市场理论

- 第一节　完全竞争市场 …………………………………………… 134
- 第二节　完全垄断市场 …………………………………………… 146
- 第三节　垄断竞争市场 …………………………………………… 154
- 第四节　寡头垄断 ………………………………………………… 158
- 第五节　综合比较 ………………………………………………… 166
- 第六节　本章小结 ………………………………………………… 166
- 第七节　思考题 …………………………………………………… 167

第六章　要素市场理论

- 第一节　基本概念 ………………………………………………… 168
- 第二节　生产要素的需求 ………………………………………… 169

第三节	生产要素的供给	175
第四节	要素供求的均衡	181
第五节	本章小结	184
第六节	思考题	185

第七章　一般均衡理论

第一节	局部均衡和一般均衡	186
第二节	福利经济学的基本内容	188
第三节	完全竞争和帕累托最优状态	190
第四节	社会福利函数	194
第五节	本章小结	196
第六节	思考题	197

第八章　市场失灵理论

第一节	市场失灵	198
第二节	垄断	199
第三节	外部影响	203
第四节	公共物品和公共资源	206
第五节	信息不对称	209
第六节	本章小结	212
第七节	思考题	213

参考文献 214

第一章

导 论

【导　读】 什么是经济学（economics）？它的研究对象是什么？它主要有哪些分支或构成？它经历了怎样的演变历程？这是本章所要解决的问题。通过本章的学习，使学生能够理解和掌握经济学的基本概念和相应外延，知道经济学的"前世今生"以及未来的可能走向，进而对经济学有一个总体上的认知。

【关键词】 经济学；稀缺；选择；理性

第一节　经济学的基本概况

1. 什么是经济学？

学习和研究经济学，首先需要知道经济学是什么？它主要研究什么？其基本的发展历程是什么？就如同认识一个人，首先要知道他（或她）叫什么名字，他（或她）来自哪里，他（或她）是干什么的，等等，在此基础上，如果要进一步交流的话，还要知道他（或她）的过往经历及性格特征。只有这样，才能较为全面地认识一个人，也只有这样，才能知道这个人是否值得交往。同样，对于认识和了解一门学科也是一样，需要从多个层面对其概念、历史和发展等进行把握。

经济学，顾名思义，是一门研究经济的学问。那么，何为"经济"呢？是不是正如我们在购买东西时经常所说的既经济又实惠的"经济"呢？还是指我们日常生活中所遇到的财经新闻、股票买卖、GDP 增长率等之类的内容呢？在回答这一问题之前，首先来看一下，经济学家们是怎么认识和理解经济学的。

英国经济学家阿尔弗雷德·马歇尔（Alfred Marshall，1842—1924 年）在《经济学原理》（*Principles of Economics*）一书中认为，"经济学是一门研究人类一般生活事务的学问"。从这个定义中可以看出，马歇尔对经济学研究范围的界定是较为宽泛的，只要是"人类一般生活事务"，都涵盖在经济学研究的范畴。那么，什么是"人类一般生活事务"？卡尔·马克思对此作了精辟的概括，即包含生产、交换、分配和消费四个环节。可以说，马歇尔对经济学的定义是简约而不简单的，留给了世人很多想象空间和延伸余地。

美国经济学家保罗·萨缪尔森①认为,"经济学研究的是社会如何利用稀缺的资源以生产有价值的商品,并将它们分配给不同的个人"。从这个定义可以看出,一方面,萨缪尔森对马歇尔的经济学定义进行了解读,将"一般生活事务"拓展为"生产"和"分配",这种解读虽然没有马克思解读得那么全面,但也基本包括了人类大体的活动。另一方面,萨缪尔森也指出了经济学研究的本质内容,即"稀缺的资源"和"有价值的商品",前者意指经济学研究的对象是稀缺资源,如果资源不是稀缺的,就没有研究的必要,这也是经济学区别于其他学科的地方;后者则进一步界定了经济学研究的范畴,即"有价值的商品"。没有价值的商品不值得研究,也没有必要研究,因为这对人类社会的发展来说毫无益处。

上述是两位国外经济学家对经济学的理解,下面再看看我国经济学家或学者是如何认识经济学的。在林毅夫②看来,"任何经济学理论,都是经济学家为了解释发生在一定社会、制度、发展阶段和限制条件下的个人选择行为,从而构建起的逻辑体系,并非放诸四海而皆准"。从这个定义中可以知道,经济学是一套不断变化的逻辑体系,主要用来解释一定情境下的个人选择行为。这里面有两个关键词,一是"解释",二是"选择"。"解释"意指学习经济学的主要功能在于解释经济现象,而非预测经济活动,但是现实生活中往往有很多机构或学者喜欢对经济行为和现象进行预测,如预测经济增长率、预测股市走向等,可是预测准确的却寥寥无几;"选择"指出了经济学的学科特点,即相较于物理学、化学等以实验为主,社会学以调查为主,历史以考据为主等,经济学则以研究人类行为为主,经济学的这一学科特点也决定了经济学很难准确预测人类行为,因为人类行为在不同情境下会有不同的表现,很难整齐划一。之所以会产生"选择",主要是因为:一是资源是稀缺的,人们不能够按需索取或是无节制地使用;二是人类行为总是趋利避害的,喜欢占用更多的有用资源,因而必须要在"稀缺"和"占有"之间进行权衡(trade off),从而就产生了"好钢用在刀刃上""杀鸡焉用牛刀"等选择问题。

张维迎③认为,"经济学是一门研究理性决策的科学"。这里也有两个关键词,即"理性"和"科学"。什么是理性(rationality)?显然,它是针对感性(sensibility)而言的。所谓理性,应是指做任何事情都不莽撞,能够精打细算,考虑再三,并尽量使自己的利益最大化或损失最小化。可以说,"理性"界定了经济学所要研究的主体特

---

① 保罗·萨缪尔森(Paul A. Samuelson),麻省理工学院经济学教授,当代凯恩斯主义的集大成者,被誉为经济学的最后一个通才。他首次将数学分析方法引入经济学,并且撰写了一部被数百万大学生奉为经典的教科书。他于1947年成为约翰·贝茨·克拉克奖的首位获得者,并于1970年获得诺贝尔经济学奖。

② 林毅夫,原名林正义,经济学博士。现任第十三届全国政协常委、经济委员会副主任,北京大学新结构经济学研究院院长、南南合作发现学院院长、国家发展研究院名誉院长。

③ 张维迎,陕西省榆林市吴堡县人,西北大学经济学学士、硕士,牛津大学经济学博士,教授,北京大学国家发展研究院(原为"北京大学中国经济研究中心")联合创始人,曾任北京大学光华管理学院院长。

征,是区别于其他任何学科的最为重要的前提假设。另外一个关键词是"科学"(science),经济学是否属于"科学"?很多学者对此莫衷一是,各执一词。在回答该问题之前,首先要明白什么是"科学"。所谓"科学",就是在一定的理论指导下,用定量的方法对相关问题进行分析。经济学主要研究人类的选择行为,以人为研究对象,这与物理学和化学以物为研究对象有着本质的区别。由于人类选择行为受主观能动性影响,具有一定的不确定性,因而经济学并不能像物理学和化学那样可以用定量的方法进行规范的分析和研究。从这个角度来看,经济学应该算不上是科学。然而,伴随着科学方法的不断改进,如大数据(big data)方法的运用以及行为经济学、实验经济学、神经元经济学等的兴起,人类错综复杂和千变万化的行为正在逐渐被解构、模拟和刻画,从而使得复杂现象背后所隐藏的内在规律也逐渐被挖掘出来。因而,从这个角度来说,经济学又是科学。不管如何,从发展的眼光来看问题,经济学是一门研究人类行为特征、发掘人类行为规律的科学。

梁小民[①]则指出:"经济学本来就是解释市场经济中的各种现象,并帮助人们作出理性决策的。"从梁小民的观点可以看出,他认为经济学更具综合性,把学习经济学的目的表述得非常清晰,即解释经济现象和作出理性决策。这里再一次强调了经济学的主要功能在于解释而非预测,是研究理性行为而非感性决策。

综上可知,相较于其他学科,经济学有其独特的假设前提、分析对象和研究目的,即在资源是稀缺的假定下,研究理性人的选择行为,以此解释这些行为的内在特征,并探寻这些行为背后所隐藏的发展规律,为后续类似的选择行为提供分析镜像和借鉴启示。

2. 经济学的构成

(1) 总体介绍

上述介绍了经济学的基本定义,下面将对经济学的构成,也即经济学主要包括哪些内容作简要说明。

可以说,经济学在我国算是"舶来品"(exotic product)。因而,一开始将经济学引入我国时,还要冠以"西方经济学"(western economics),即来自西方的经济学,显然,这主要是研究西方国家经济增长与发展的学问。那么,既然有"西方经济学",那么有没有"东方经济学""北方经济学"或"南方经济学"呢?如果不加以严格定性的话,还真可以把经济学再分为"东方经济学""北方经济学"和"南方经济学"。即,"东方经济学"相对于西方经济学而言,主要是以马克思主义政治经济学为研究内容;"北方经济学"主要是研究发达国家的经济学,可以称之为增长经济学(growth economics);而"南方经济学"则主要研究发展中国家的经济学,又可称之

[①] 梁小民,北京工商大学教授,著名经济学家,主要从事当代西方经济学教学与研究,译有《经济学原理》《经济学》等著作,著有《经济学是什么》《小民读书》《小民谈市场》《小民说话》《我说》《我谈》《我看》《黑板上的经济学》《微观经济学纵横谈》《宏观经济学纵横谈》《书生议事》等著作。

为发展经济学（development economics）。

我国古人也提出了关于推进经济发展的丰富的真知灼见和理论思想。例如，一提到"经济"，很多人就可能会联想到"经邦济世""经世济民"等宏大的治国战略和理想。从中也可以看出，古人对"经济"的理解更多的是从国家使命与民族担当的视角来阐释的，即国富民强。相较而言，西方国家对经济学的理解更多的是把其看作"管理家庭事务的一般学问"，更偏重于从个人或家庭的角度来支配、增进和管理财富。①从微观的个体角度来探究财富来源问题，是微观经济学研究的主要内容；与之相对应，从国家层面来探究经济的增长与发展问题，则是宏观经济学研究的主要任务。因而，从这里可以看出，按照研究对象的不同，经济学可以划分为微观经济学（microeconomics）和宏观经济学（macroeconomics）。这也是当前比较主流的划分经济学学科的方式，即高等院校如果要开设经济学课程，一般都会开设微观经济学和宏观经济学这两门课程。

（2）构成说明

经济学由微观经济学和宏观经济学两个体系构成。这两个体系看似是相互隔离的，即微观经济学主要研究的是个体和组织的行为决策，以及个体与市场主体之间的交互作用，所以又称为个体经济学（individual economics）；而宏观经济学主要研究经济总量或经济体系的总体演进（增长）或变化，所以又称为总量经济学（aggregate economics）。其实，从本质来看，这两者之间是血脉相通的：微观经济学要为宏观经济学提供理论基础，宏观经济学要为微观经济学提供分析视野，它们都是为解释经济现象和发现经济规律服务的。在图1-1"经济学学科的基本演变"中，大致可以看出微观经济学和宏观经济学交互融合的发展脉络，有种"天下大势，合久必分，分久必合"的发展特征。

从图1-1中可以看出，在经济学诞生之初，并没有微观经济学和宏观经济学之分，两者是融合在一起的，所以亚当·斯密②的《国富论》或是马歇尔的《经济学原理》等著作，均没有微观和宏观之分，整本书都是将两者杂糅在一起。一直到保罗·萨缪尔森根据当时经济学研究的主要发展方向和研究内容，通过综合性的方法将经济学分为微观

---

① "econom"源于希腊语，其中"eco"意为"家务"，而"nom"的意思是"规则"，因而，"economics"的传统含义是"家政管理"。古希腊思想家色诺芬在《经济论》中使用"经济"一词，原意是家庭管理，反映了当时奴隶制自然经济的特点与局限。拉丁语"oeconomia"同样意味着家庭事务管理，后来扩展为一般性管理。法语"oeconomie"或"economie"在拉丁语基础上，加上了政治含义，用来表示公共行政和国家事务的管理。英文"economy"，是由希腊文"家庭"与"管理"两词合并而成。

② 亚当·斯密（Adam Smith，1723—1790年），哲学家和经济学家，他所著的《国富论》成为第一本试图阐述欧洲产业和商业发展历史的著作。这本书为现代经济学学科提供了发展前提，也为现代自由贸易、资本主义和自由意志主义提供了理论基础。

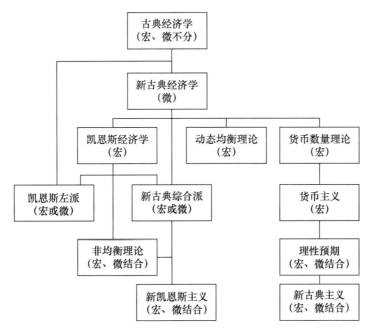

图 1-1　经济学学科的基本演变

经济学和宏观经济学,即新古典综合派,也就是当前普遍采用和接受的划分方法。①

此处,既然有微观经济学和宏观经济学,那么有没有中观经济学呢?此处如果不加以严格界定的话,产业经济学(industry economics)即研究产业发展特征和运行规律的学科,可以看作是从中观视角来研究经济现象的中观经济学。

在对微观经济学和宏观经济学进行总体性划分的基础上,根据具体研究领域,又可以将经济学划分出很多门类,具体如表 1-1 所示。从表 1-1 中可以看出,以经济学理论和分析方法为基础,再加上特定的研究领域,如国际贸易、货币银行、工程、教育等,均可以形成一门独具特色的经济学课程。这种"＋经济学"(plus economics)的方式,有种"经济学帝国主义"(economic imperialism)的感觉,即经济学可以渗透到大多数学科中,并为它们提供独特的解决问题的方法和基础。

表 1-1　经济学的基本划分方法

划分依据	主要课程
理论基础	微观经济学、宏观经济学
分析方法	数理经济学、博弈论、计量经济学
理论＋应用	货币金融学、投资学、保险学、公共经济学(公共财政、公共选择、政府理论、公共规制)、国际经济学(国际贸易、国际金融、开放经济)、农业经济学、发展经济学、区域经济学、管理经济学、劳动经济学、环境经济学、卫生经济学、教育经济学、工程经济学、交通经济学等

---

①　关于经济学演变更为细节性的内容,笔者将在"现代西方经济学的由来和演变"中再加以介绍。

（3）微观经济学的地位

综上，在所有经济学课程中，微观经济学是最为基础的一门课程，是学习其他经济类和管理类学科"最重要"的基础课程，是现代经济学基本理论的一个重要组成部分，因而需要给予足够的重视。

同时，在学习经济学的过程中，也会发现经济学中会运用很多数学符号、公式、图表等来说明一些经济学理论，尤其是在中高级经济学中，这种现象会愈发普遍。这就要求我们正确对待数学和经济学之间的关系。可以说，数学是分析经济问题和现象的工具，决不能因为数学难而恐惧学经济学，同时也不能因为痴迷于数学而忘了学经济学的原本要义，即解释经济现象、分析经济问题、挖掘经济规律。总的来说，数学和经济学，前者是工具，后者是内容，前者要为后者服务，同时，后者也为前者提供用武之地，两者是相辅相成的，而非彼此替代或非此即彼的。

3. 经济学的基础假定

在初步认识经济学的基本构成后，需要了解并掌握经济学的基础假定（assumption），因为任何一门科学都是从假定开始的。

一般而言，经济学有三个基础假定，即资源稀缺（scarcity）假定、经济人（economic man）假定与信息充分或对称（complete information）假定。由于经济人假定是经济学特有的假定，也是经济学区别于其他学科的假定，正确理解该假定，对于经济学的学习和研究具有重要的意义，因而笔者先简要介绍资源稀缺和信息对称假定，之后再着重分析经济人假定。

首先，关于资源是稀缺的，笔者在第一部分"什么是经济学？"中已有所探讨，即正是因为现实生活中人们无法随心所欲地获得想要的资源，才会产生选择（choose），并在此基础上需要权衡（trade off）哪种资源是急需的或是能带来最大收益的（payoff）。可以说，资源稀缺是人们作决策的基础和前提。

其次，关于信息是充分的，该假定意味着参与经济活动的每个人都是透明的（transparent），卖家知道买家的所有信息，如想买什么、买多少、有多少钱等，同时，买家也知道卖家的所有信息，如所卖商品的进价是多少、库存有多少、价格是多少等。有人可能会有疑问，这个假定是不是离现实生活太遥远了，或者是太牵强了，因为人们无法知道彼此的所有信息，也正如即使"知人知面"，也是"人心隔肚皮，不知心"。

如果考虑现实情形，那么信息充分的假定太牵强，脱离现实，但是这并不妨碍或影响理论学习和研究，尤其是刚刚接触经济学时，为了分析问题的方便，基本都会从最简单的情形开始，之后再逐步放开假设，如从信息充分转变为信息不充分、从完全理性转变为有限理性等。这也正如学习物理学一样，从真空世界或者光滑平面开始，之后再逐步研究具有空气摩擦或者粗糙平面的状况。因而，信息充分是分析问题的一个基准（benchmark），它会随着理论学习和问题研究的不断深入而逐渐深化。

以下，笔者将着重探讨经济人假定。该假定也称为理性人（rational man）假定，是区分经济学与其他所有学科最为显著的一个假定。所谓的经济人，是指每一个从事经济活动的人都是自利的或利己的，所采取的经济行为都是力图以自己的最小经济代价去获得自己的最大经济利益。简言之，经济人等同于自利（利己）人或理性人，是"精明的""会算计的""自私自利"的人，这是对在经济社会中从事经济活动所有人的基本特征的抽象概括，是微观经济学中最为基本的假定之一。

鉴于"经济人"这一假定对于学好经济学的重要性，笔者再多用一些篇幅对此概念进行解释。虽然从道义上来讲，"经济人"给人一种"人不为己，天诛地灭"的感觉，但是这种"利己"绝不是建立在"损人"或"为达目的，不择手段"的基础之上的，而是应该合乎道德规范、遵纪守法的"利己"。同时，从目的上来看，"经济人"主要是以最小的代价来获取最大的利益，有种"以小博大"的精明心态。要透彻理解"经济人"，可以通过几个小实验来细细体会。

实验一：你会如何选择？

实验情境：现在摆在你眼前有两种投资选择，选择 A 是 100% 赚 30000 元，选择 B 则有两种可能性，即有 20% 的可能性是你将一无所获，同时有 80% 的可能性是你将获得 40000 元。请问你会选择哪种投资方式，是 A 还是 B？

如果按照直觉来判断，A 是无风险的、保本的，而 B 具有一定风险，即如果落入 20% 的可能性，你将一无所获。因此，如果从风险规避或者损失最小化的角度来分析，作为一个理性人，第一反应应该选择 A，而且现实生活中，大多数人也应该会选择这个选项。

然而，如果按照严密的逻辑思维来进行推断，即一看到百分比、数值以及可能性，第一反应就是求期望值，并通过比较期望值大小来判断哪个选择更加合理。那么，按此思路进行，求解可得：选择 A 的期望收益为 $30000 \times 100\% = 30000$（元）；选择 B 的期望收益为 $40000 \times 80\% + 0 \times 20\% = 32000$（元）。根据期望值大小，可以得出，应该选择 B。然而，这个答案与上述根据第一反应所选择的 A 矛盾，这是不是意味着上述按照理性人思路选择 A 是不合理的呢？

答案并不是。对于该实验来说，不论是 A 选项还是 B 选项，所得的期望收益都是正的，即处于收益状态。那么，处于收益状态时，大多数人会小心翼翼，害怕失去已有的收益，即会选择不冒风险的收益，这被称为"确定效应"。如同学生在填报高考志愿时，如果按照分数，填报重点大学 A 是肯定被录取的，但是如果填报名牌大学 B 时则有 80% 的希望会被录取，也就是说还有 20% 的可能性将被普通大学录取（这里名牌大学 B 要好于重点大学 A）。作为理性人的学生，在确定性的好处和"赌一把"之间抉择时，往往会"见好就收"，选择肯定能被录取的重点大学 A。因而，正是这种"确定效应"的存在，使得这种看似不理性的选择行为从实质上看才是最符合理性的。

实验二：你又会如何选择？

实验情境：假设你与别人比大小，一局定胜负。一局下来，你输了 30000 元，此时，你有两种选择，即 A 是认栽，就此收手，默默离开；B 是不服输，再向朋友借

10000元，希望能够凭此翻本，当然这种情形下就会出现两种可能性，即要么10000元也输了，连同上述的30000元，共输了40000元，要么以10000元实现翻本，共赢回40000元。然而，按照大数定律来说，这10000元输的可能性比较大，概率赋值为90％，而实现翻本即把40000元赢回来的可能性比较小，概率赋值为10％。那么，此时你又会作何种选择呢？

对于这种处境，大部分人可能都会选择B，其实事实上也是如此。经济学家通过多次实验表明，只有少数人情愿选择A，多数人会愿意再搏一把，目的是把40000元赢回来。

然而，如果按照严谨的逻辑思维进行分析，即用求期望值的方法来计算，则得出：

A 选项：$-30000 \times 100\% = -30000$（元）

B 选项：$-30000 + (-10000 \times 90\%) + 40000 \times 10\% = -35000$（元）

通过比较A选项与B选项可知：作为"理性人"，应该选择A选项。然而，事实却是大多数人选择了B选项。逻辑推理与事实检验又出现了相悖的状况，难道该假定又有问题了吗？

答案并不是。这主要在于，此处所设定的情境是一个人面对两种都是损失的抉择，与上述"实验一"中两种都处在收益的选择不同，此时会激起他本能的冒险精神，即在确定的坏处（或损失）和"放手一搏"之间抉择时，多数人会选择"放手一搏"，这叫"反射效应"。

这在我国有很多典故，如破釜沉舟、背水一战、背城借一、济河焚舟等，即在面临不利的情境作选择时，多数人还是会放手一搏，与命运抗争一下，说不定会收到意想不到的效果。然而，需要注意的是，千万不能有"赌徒心态"，即放手一搏不成，却还要继续，长此以往，愈陷愈深，后果将不堪设想。因而，正是这种"反射效应"使得看起来不是那么理性的选择才是真正符合理性人的理性选择。

实验三：你还会如何选择？

实验情境：假设你在马路边捡到100元，但是在你捡的过程中被旁边的路人甲发现了，此时，路人甲要求与你共同分配这100元。由于这100元是你先发现的，所以具体分配比例的决定权由你掌控，如"三七开""四六开"或是"二八开"等，只要确保两者相加，总数等于100元即可；而对于路人甲来说，他有否决权，即如果他不同意你的分配方案，这100元就会被交给警察，此时你将一分钱都得不到。

请问：作为理性人，你将如何分配这100元？同时，如果换位思考的话，你觉得路人甲是否会同意你的分配方案？

这个游戏在博弈论（game theory）中被称为"最后通牒游戏"（ultimatum game）。作为理性的你来说，原本肯定是想独占这100元，但是此时却冒出一个"程咬金"，要与你共同分享这100元。那么，你在作决策时，不仅要考虑自己的利益，而且还要顾及路人甲的利益。如果他不同意的话，那么你就一分钱也得不到，接下来应该怎么分？

同样，对于路人甲来说，他在作决策时就可以紧紧抓住你所顾虑的"一分钱也得不到"这个弱点，尽可能多地给自己谋"福利"。然而，路人甲也不会狮子大开口，因为他也要想到，如果他要得太多，比如，他要 99 元钱，才留给你 1 元钱，那么此时的你很有可能会选择交公，宁可交给警察，也不委曲求全。

因而，从这个实验中，需要明确两点：一是，你和路人甲都是理性人，都想从这次博弈中获取最大的利益，即分得更多的钱；二是，你和路人甲在作决策时，并不只是站在自己的立场考虑，还要站在他人立场来考虑自己的决策是否可行，即"如果我这么做了，他会怎么做"，这种相互（mutual）决策的思想，其实就是博弈论的核心思想。

在明确上述这两点之后，就可以知道，这个"最后通牒游戏"的均衡解就是你和路人甲平等分配这 100 元钱，即每人各拿 50 元。这样相安无事，对彼此来说都是公平合理的。从这个游戏可以得出，虽然最后所形成的纳什均衡（Nash equilibrium）[①] 貌似并没有遵循"最大化"的理性假设，其实对于每个人来说，均是在现有约束条件下的最优化决策，即如果单人决策，即你在捡这 100 元时旁边没有任何一个人，那么你完全可以独享这 100 元，但问题是出现了路人甲，而且他还有否决权，所以你在作决策时要考虑他对你的决策的影响，是持肯定还是否定的态度。同时，你还要想到，他所持的态度给你带来的后果，即如果他不同意的话，你将一无所有。面对这种情境，你有种身不由己的感觉，如要利己（selfishness），需先要利他（altruism）。因而，此时，作为理性人的你会更倾向于"合作"与"互惠"，秉着"一碗水端平"的原则，实现大家都不吃亏、心理都平衡的目标，因为人们有追求公平与正义的意愿，而这种"公平与正义"正是自己理性的最好反映。因而，这个实验也没有违背理性人假定。

通过上述三个小实验，可以对理性人有一个较为立体的认识，即理性人并非是一个只会按照数学公式，即"利润＝收入－成本"，进行计算的冷冰冰的"机器人"，而是一个知道"见好就收""绝地反击"和善于考虑他人利益的有血有肉的性情中人。对此，亚当·斯密在《国富论》（全名为：《国民财富的性质和原因的研究》，*An Inquiry into the Nature and Causes of the Wealth of Nations*）中对理性人作了生动的诠释，即"我们的晚餐不是来自屠夫、酿酒的商人或面包师傅的仁慈之心，而是因为他们对自己的利益特别关注"。显然，对于"屠夫、酿酒的商人或面包师傅"，他们要生存下来，这是最理性的选择，那么他首先要给别人提供产品或服务，并从中获取

[①] 纳什均衡，又称为非合作博弈均衡，是博弈论的一个重要术语，以约翰·纳什（John Nash）命名。一个策略组合被称为纳什均衡，是指每个博弈者的均衡策略都是为了达到自己期望收益的最大值，与此同时，其他所有博弈者也遵循这样的策略。

约翰·纳什（John Nash，1928—2015 年），著名经济学家、博弈论创始人、普林斯顿大学数学系教授，主要研究领域为博弈论、微分几何学和偏微分方程。由于他与另外两位数学家在非合作博弈的均衡分析理论方面做出了开创性的贡献，对博弈论和经济学产生了重大影响，于 1994 年获得诺贝尔经济学奖。

应得的收益，进而再去购买他所需要的东西。这种先考虑他人需求，之后再满足自己需求的动机，在斯密看来就是交易的本质，即"请给我所要的东西吧，同时，你也可以获得你所要的东西"。这句话是交易的通义，也体现了理性人的核心要义，即利他是为了更好地利己，这也正如我们平常所说的"我为人人，人人为我"，而非"人人为我，我为人人"。

这种"理性"中所蕴含的"利他"与"利己"的辩证思维，可以使人们更为深入地理解"理性人"。在现实生活中，很多人会做好事，有时可能难以理解这些人做好事的动机，因为做好事的人可能会在损害自己利益的基础上去帮助他人，像很多人民教师，真的做到了"燃烧自己，点亮别人"，因而，有人会觉得这些人很"傻"。其实，真正"傻"的是这些旁观者。做好事对于那些喜欢做和爱做的人来说是种理性选择，因为如果他不做的话，他心里可能会非常难受和懊悔，甚至会忏悔；而如果他做的话，他就会觉得心里特别舒坦和开心，并有可能会获得他人的认可。因而，"理性"绝非是"损人利己"。

同时，"理性"也要依托一定的情境，即在所能选择的范围内作出最好的选择（the best choice），如前面所讲的三个实验，离开了情境也就脱离了"理性"所存在的意义。这就要求我们在分析经济现象或剖析经济问题时，首先要刻画清楚该故事发生的情境，之后再来作理性决策分析。如当你在进行股票投资时，虽然是为了投资收益最大化，但是行情好时和行情不好时的决策是不一样的。行情好时，会选择持仓或买入，而行情不好时，则会减仓或是观望。这种"行情好"与"行情不好"，就是具体的情境。在此前提下，确保收益最大化是终极目标，即所谓的"本体"。因而，在分析错综复杂和千变万化的经济现象和问题时，要始终抓住"理性人"这一根基，即现象和问题再怎么复杂多变，"理性人"始终是"常无"世界中的"本体"，万变不离其宗。

4. 经济学的重要概念

在明确了经济学的基本假定之后，笔者将对在学习经济学中经常遇到的几个概念作一介绍，这也是构建、培养经济学思维和直觉的重要基础。

（1）机会成本

机会成本（opportunity cost），是指为了得到某种东西所必须放弃的其他东西。即，当一个人面临很多选择时，他无法全部兼顾，只能选取其中一个，此时在他所放弃的其他所有选择中，那个最好的选择就是他当前选择的机会成本。比如，在高考时，一名学生所考的分数可以上任何一所大学，包括北京大学、清华大学、复旦大学、上海交通大学等，此时，如果这名学生选择了北京大学，那么清华大学就成为一名学生的机会成本，因为清华大学从某种程度上说要好于剩下的任何一所学校。可见，机会成本是选择带来的潜在后果，其中的原因也主要在于我们无法什么都得到，即所谓"有得必有失"。那么，请思考一下：① 选择坐在这个教室的机会成本是多少？② 选择坐在这个教室里睡觉的机会成本是多少？③ 选择毕业后读研的机会成本又是多少？等等。现实中还有很多例子和现象，只要涉及"选择"，基本上都可以运用机会成本来分析你所作出的选择是否理性或适宜。可以说，掌握和运用机会成本，是彰显经济学素养的一个重要体现。

(2) 基本分析方法

经济学中有两个分析方法，即实证（positive）研究和规范（normative）研究。前者主要回答的是"是什么"（what it is）的问题，即通过定量化的分析方法，得出客观的不掺杂任何主观结论的方法；后者主要回答的是"应该是什么"（what it should be）的问题，即针对某一经济现象或问题，从个人经验或理论出发，给出应该如何看待或怎样解决该经济问题的相关观点或对策。这两个分析方法是研究和分析经济问题时必不可少的方法，尤其是在撰写学术论文时，更是经常用到。如对一篇学术论文或研究报告来说，通常包括"提出问题—分析问题—解决问题"三部分，其中，前两部分主要运用实证分析方法，即要客观地展现所要研究的经济问题的本质和变量之间的真实关系，将经济问题的表象及原因展现出来；第三部分则通常运用规范分析法，即根据前两部分研究得到的经济变量之间的内在关系，从个人的主观愿望出发，给出相应的如何优化经济变量之间关系的相关对策或建议。

如果说实证分析法与规范分析法是经济学的基本方法，那么从具体的课程来看，微观经济学运用的主要方法包括最优化法、边际分析法和均衡分析法等。由于微观经济学研究的主体主要是消费者（consumer）和厂商（manufacturer），因而对于消费者来说，其最为关心的是从消费商品中所获得的满足程度的最大化，即所谓的效用（utility）最大化；而对于厂商来说，其最为关心的是怎样把产品销售出去进而使利润（profit）最大化，或者在收益既定的情况下，如何节省生产商品的成本，即成本（cost）最小化。因而，效用最大化和利润最大化（或成本最小化）是最优化方法在微观经济学中的重要体现。

同时，微观经济学还关注多增加一个单位的商品或产品给消费者或厂商所带来的收益或成本的增加量。例如，消费者多购买一个同样的商品，他从中所获得的满足程度肯定要低于购买第一个该种商品所获得的满足程度，这就是边际效用递减规律（the law of diminishing marginal utility）；而对于厂商来说，在生产技术不变的条件下，他多生产一个产品所带来的收益和所支付的成本就会发生此消彼长的变化，即边际收益（marginal revenue，MR）会逐渐减少，而边际成本（marginal cost，MC）会不断增长，直至边际收益和边际成本相等时，厂商才会决定最优生产决策。这就是边际分析方法的具体体现。

此外，微观经济学还非常注重均衡分析法。从字面上来看，均衡分析法是指两股力量处于势均力敌的状态，与物理学中的"静止"概念比较相似，即作用于同一个物体的两股力量，方向相反，力度相同，此时物体就会处于相对静止（包括匀速）的状态。同样，在微观经济学看来，决定一个商品价格的力量也有两股，一股是供给，另外一股是需求。当商品在市场上达到供给量与需求量相等时，也即买卖双方谈妥具体的交易量时，所形成的价格就是均衡价格（equilibrium price），即买卖双方所能接受的价格。

前文只是对微观经济学中的三种基本方法作了大致介绍，在后面的学习中，笔者还会对此进行多次讲解和深化。

(3) 经济理论和经济变量

上述论述涉及了分析方法，笔者将在以下部分介绍经济理论和经济变量。可以说，前者是方法运用的基础或前提，后者是方法运用的体现或深化。所谓经济理论（economic theory），是在对现实的经济现象和问题的主要特征和内在联系进行概括和抽象的基础上，对现实的经济事物进行系统性的描述，它是对现实经济规律的归纳总结和真实反映。经济理论具有一定的抽象性和概括性，因而为了具体化经济理论，需要通过经济模型来解析和支撑。所谓经济模型（economic model），是指用来描述所研究经济事物的有关经济变量之间相互关系的理论结构和形式表现。一般来说，经济模型有很多种类，如有纯数学符号体现的数理模型、有数学符号和数字相结合的计量模型、有以图表展现的状态模型等。不论形式如何，经济模型主要是为直观而又生动地展现经济理论所服务的，使经济学研究者和学习者能有共同的载体和媒介进行交流和学习。

经济模型是由具体的变量（variable）构成的，变量是刻画经济分析对象的载体。没有变量，很难清晰地厘清或廓清经济现象或经济问题的本质。如在分析企业经营决策的目的时，利润是一个绕不开的变量；还有在研究经济增长时，国民生产总值（GDP）和人均国民生产总值（Per Capita GDP）也是题中应有之义。

具体而言，根据变量研究的内在关系，变量可以分为因变量（被解释变量，dependent variable 或 explained variable）和自变量（解释变量，independent variable 或 explanatory variable）。前者是经济模型所要决定的变量，通常是放在表示经济模型的公式或方程的左边，后者是决定或影响因变量的相关变量，通常是放在表示经济模型的公式或方程的右边。例如，现有经济模型：$y=ax+b$，其中 y 是因变量，x 即为自变量，a 和 b 是具体的参数。所谓参数，是指数值通常不变的变量，也可以理解为可变的常数，即在经济模型处于不同状态或情形时，该参数的数值会发生一定的变化。

另外，根据变量是否由经济模型本身所决定，可以将变量分为内生变量（endogenous variable）和外生变量（exogenous variable）。所谓内生变量，是指经济模型本身所要决定的变量，可以在模型体系内得到说明；而外生变量是指由经济模型以外的因素所决定的变量，它们是经济模型据以建立的外部条件，如上述所讲的参数也是属于外生变量。为更好地理解和区分这两类变量的不同之处，可以举一例加以说明。如在探讨戴眼镜与学习成绩之间的关系时，一般认为戴眼镜的同学大多是因为看书太投入或做作业太多等导致的，因而这些同学的学习成绩也相对较好。为了更清楚地了解这两者之间的内在关系是否符合上述推断，就需要确保所分析的同学在家庭收入、营养状况、年级分布等方面一致，这样才能"干净"地刻画出戴眼镜与学习成绩之间的内在关系。而像以上这些要确保不变的变量，即可以称为外生变量，它们是由经济模型之外的其他因素所决定的,并非是经济模型本身所要说明的。

可以说,正确区分变量属于何种类型,对于学习和研究经济学是非常重要的,因为经济学的主要目的就在于界定和厘清经济变量之间的内在关系,从而探究经济现象的本质规律。

(4) 基于变量相互作用的相关分析方法

在明确构建经济模型的变量种类之后,笔者将进一步介绍经济学的相关分析方法。根据外生变量对内生变量影响程度不同,可以将经济学分析方法分为静态分析法(static analysis)、比较静态分析法(comparative static analysis)和动态分析法(dynamic analysis)。

所谓静态分析法,是指根据既定的外生变量值来求得内生变量值的分析方法,是考察在既定的条件下某一经济事物在经济变量相互作用下所实现的均衡状态,如上述所探讨的学生戴眼镜和学习成绩之间的关系,即可看作是在家庭收入、营养状况、年级分布等因素既定的条件下所进行的探究,并没有涉及时间维度的变化,突显的是某一时点的分析。

所谓比较静态分析法,是指研究外生变量变化对内生变量的影响,或是分析比较不同状态下的外生变量对内生变量的作用情况,是考察当既有的条件或外生变量发生变化时,原有的均衡状态会发生什么样的变化,并分析比较新旧均衡状态之间的区别。如上述研究的是在家庭收入、营养状况、年级分布等因素不变的条件下,学生戴眼镜和学习成绩之间的相关关系,可能会得出学生戴眼镜确实能够说明学习成绩好的结论。现在,改变其中的一个外生变量,如家庭收入状况,再将研究对象分为两组,一组是贫困家庭,另一组是富裕家庭,对比一下这两种家庭收入状况下,学生戴眼镜和学习成绩之间的关系。可能会得出,贫困家庭的学生戴眼镜是能促进学习成绩的,而富裕家庭的学生戴眼镜可能对学习成绩的提升作用并不大,背后的原因可能在于贫穷家庭出生的孩子戴眼镜确实是学习所致,而富裕家庭的孩子戴眼镜可能是因为玩游戏、玩手机或者看电视等导致的。通过这种比较静态分析,可以对研究对象进行更为丰富而又细致的研究和分析,得出更加有趣的结论。

再来看看动态分析法。从字面上来看,动态分析法研究的是不同时间状态下变量之间的作用关系,即需要区分变量在时间上的先后差别,通过引入时间变量(t),研究不同时点(如t_1, t_2, ⋯, t_n)上因变量之间的相互作用而导致的均衡状态的变化过程。仍以学生戴眼镜和学习成绩之间的关系为例。为了进行动态分析,可以引入时间变量,即可以通过对比同一批学生在上高中和上大学时戴眼镜和学习成绩之间的关系来说明这两种状态下的不同特征。可能会得出,在高中时,学生戴眼镜和学习成绩之间存在着正相关关系,即戴眼镜的主要目的是为了看更多的复习资料、做更多的题目,进而尽可能多地提升成绩;而到了大学,这两种关系会弱化,即在大学里,学生戴眼镜并不意味着学习成绩好,很有可能是因为玩游戏或者看电视等其他原因导致的。

综上可以看出,学会运用不同的经济学分析方法,不仅可以从多维度的视角分析经济现象或问题，从而得出更为丰富的结论，而且还可以讲述不同的经济学故事，即在不同的情境下，通过对比分析外生变量是否影响模型前后状态的变化，进而发现更为深刻的经济规律。

5. 为什么要学习经济学？

这是个很有意思的话题。问一百个人，可能会有一百零一个答案。如比较大众的看法，会觉得学经济学肯定能赚大钱，因为任何事情一旦和经济学挂钩，就会显得特别"高大上"，如银行、证券、股票等，而这些行业通常来说既光鲜又体面，且收入也较高。其实，这是对经济学的一个误解。固然经济学会和货币或者财富打交道，但是经济学更多的是关注经济现象背后的经济规律，而这种规律并不是赚钱的规律，而是抽象化了的人们的经济行为的规律，如消费者怎么才能获得最大化的效用，厂商又需要满足何种条件才能获得最大化的利润等。学习经济学更多的是对经济现象或问题运用经济学理论去思考和研究，从中获得对经济现象或问题更为深刻的认识和理解，以此能对相类似的经济现象或问题作出更为合理的解释和预测。

因而，也有人说，学习经济学的主要目的是要像经济学家那样去思考。即经济学家在观察、分析和解决问题时，会根据其所学到的经济学理论给出经济学分析框架以及相应的观点。如果学过经济学理论，那么当经济学家在电视或者相关媒体上运用经济学理论分析经济问题时，你就会知道他讲的是什么、讲得有没有错等。如针对当下全球经济复苏乏力，以及"黑天鹅"事件频繁发生等现状，有些经济学家会认为此时并不适合投资，应该持仓观望；而有些经济学家则认为，尽管经济形势扑朔迷离，但是也蕴含着盈利的机会和可能，与其坐以待毙，不如主动出击，可以"抄底"。此时，如果你学过与投资相关的经济学理论，那么就能判断这些经济学家讲得是否有道理，他们给出的投资建议是否符合经济学逻辑，有没有纰漏等。因为现实生活中，不同经济学家考虑问题的出发点和立场不同，如有些经济学家是自由学派，而另一些经济学家则主张政府干预，还有一些经济学家是为某个利益集团代言，等等。因而，经济学家们的话，可谓是众说纷纭，而且乍听之还有一定的道理，但是是否合理，需要人们基于经济学理论去甄别。因而，有人戏言："一百个经济学家里面，会有一百零一个观点"。对此，英国经济学家罗宾逊夫人[①]就坦言："我学经济学，就是为了不受经济学家的骗！"

由此可见，针对同一问题，经济学家会有多种观点，这种莫衷一是的状态虽然对于社会大众来说可能并不好理解，有时甚至会有"不知道应该相信谁"的感觉，但是这也说明经济学的魅力所在，即经济学当前仍处于"百花齐放、百家争鸣"的阶段，是一门充满活力和方兴未艾的学科，这也更值得人们学习和研究。

---

① 琼·罗宾逊（Joan Robinson，1903—1983年），英国著名女经济学家，新剑桥学派的代表人物。她是世界级经济学家当中唯一的女性，而且是有史以来最著名的女性经济学家，也被经济学界认为是应该获得而未能获得诺贝尔经济学奖的少数几个经济学家之一。

学习经济学，相当于学习了一种新的思维方式和分析方法，可以对现实中的经济问题运用经济学理论加以分析和研究，加深对经济现象的认识和理解，并形成自己的观点和看法；学习经济学，也相当于学习了一种新的认知语言和交流工具，可以阅读或撰写一些专业性的书籍或论文等，在看到一些经济学家的文章或者论文资料时，至少可以知道这些文章或者资料讲了哪些内容，进而提高认知水平、扩大交流圈子。

第二节 现代西方经济学的由来与演变

1. 总体概览

学习经济学，需要对经济学的"前世今生"有一定的了解。本部分主要对西方经济学的由来与演变作一个大致的介绍，因为笔者无法在有限的篇幅内一一展开，所以只能提供大致的轮廓，要想更清楚地了解经济学的演变历程，可以参考专门的经济学说史或者经济思想史等方面的著作。

此处，为了更为清晰地描述西方经济学的演变脉络，笔者参考了叶航（2015）的《超越新古典——经济学的第四次革命与第四次综合》一文，[①] 并加入笔者的理解和阐释。

总的来看，从诞生到现在，经济学经历了四次革命和四次综合。

（1）第一次革命

近现代经济学的第一次革命，以亚当·斯密的《国富论》为标志。此次革命突破了自古希腊和中世纪以来只注重财富管理分析的前古典经济学研究范式，确立了以财富生产分析为主要目的的古典经济学（classical economics）研究范式。即，在斯密之前的诸多学者，如威廉·配第[②]把经济学看作是家庭管理财富的学问；而盛行于17—18世纪中叶的重商主义[③]则秉承着一国的国力主要基于贸易顺差，即出口额大于进口额，

---

① 参见叶航：《超越新古典——经济学的第四次革命与第四次综合》，载《南方经济》2015年第8期，第1—31页。

② 威廉·配第（William Petty，1623—1687年），英国古典政治经济学之父，统计学创始人，最早的宏观经济学者。他一生著作颇丰，主要有《赋税论》（写于1662年，全名为《关于税收与捐献的论文》）、《献给英明人士》（1664年）、《政治算术》（1672年）、《爱尔兰政治剖析》（1674年）、《货币略论》（1682年）等。

③ 重商主义（mercantilism），也称为"商业本位"，产生于16世纪中叶，盛行于17—18世纪，19世纪后成长为自由贸易主义。它是建立在这样的信念基础之上，即一国的国力基于贸易顺差，即出口额大于进口额，所能获得的财富。它是封建主义解体之后的16—17世纪，西欧资本原始积累时期的一种经济理论或经济体系，反映了资本原始积累时期商业资产阶级利益的经济理论和政策体系。该理论认为，一国积累的金银越多，就越富强；主张国家干预经济生活，禁止金银输出，增加金银输入。重商主义者认为，要得到这种财富，最好是由政府管制农业、商业和制造业；发展对外贸易；通过高关税率及其他贸易避垒来保护国内市场；利用殖民地为母国的制造业提供原料和市场。

来积累和提升财富的信念；后继兴起于法国的重农主义①则认为财富的主要来源是农业或种植业，即"土地是财富之母，劳动是财富之父"。综合来看，除了重农主义将农业看作创造财富的主要来源之外，在斯密之前的大多数经济思想主要还是研究财富是如何分配的。

这一范式的革命与转换，发生在第一次工业革命的开启时期，它反映了以机器生产和社会分工为特征的工业文明对家庭经济和自然经济为特征的农业文明的革命性替代。正如上述所指出的，在斯密之前，只有重农主义涉及了财富的生产。然而，虽然农业会创造财富，但是相较于工业来说，农业创造财富的速度和数量是较为缓慢和有限的，因为气候和环境等人为无法控制的因素是影响农业生产的主要因素。伴随着蒸汽机的发明和改良，传统的生产方式逐渐被取代。借助这一新的动力，人们在革新生产模式、创新生产工艺和提升生产效率等方面发挥其所具有的巨大优势和潜力，过去传统的以人力或牲畜为主的生产方式，逐渐被摒弃，取而代之的是以专业分工、流水生产和规模经营等为主要特征的工业生产模式。

斯密正是前瞻性地看到了工业发展所带来的巨大效益，在《国富论》中系统地对分工、货币、价值等理论进行了阐述和分析。此书的出版，不仅标志着现代经济学的诞生，也在很大程度上推进了英国工业革命的发生、发展。② 关于斯密的简要介绍，笔者将在后续的"主要学者"中作补充。

---

① 重农学派是18世纪50—70年代法国资产阶级古典经济学派。弗朗斯瓦·魁奈（Francois Quesnay，1694—1774年）是重农学派的创始人。安·罗伯特·雅克·杜尔哥（Anne Robert Jacques Turgot，1727—1781年）进一步发展了重农学派的理论，并把重农学派的经济纲领付诸实施，是其后期的主要代表。1765—1772年，杜邦·德·奈穆尔（Pierre Samuel Dupont de Nemours，1739—1817年）曾主编重农学派的杂志。他编辑出版魁奈的著作，就以"重农主义"（physiocratic thought）作为书名。后来，这一经济学派被称为"重农学派"。17世纪末至18世纪中叶，法国处于从封建主义过渡到资本主义的转变时期，农业在经济上占有很大优势。但是，法王路易十四和路易十五先后实行牺牲农业发展工商业的重商主义政策，使农业遭到破坏，国家财政枯竭，经济问题甚为严重。于是出现了反对重商主义政策，主张经济自由和重视农业的重农主义经济学说，重农主义经济学说的理论基础是"自然秩序论"，认为自然界和人类社会存在的客观规律是上帝制定的自然秩序，即合乎理性的秩序，政策、法令等是人为秩序。只有适应自然秩序，社会才能健康地发展。斯密在《国富论》中，依据他们"把土地生产物看作各国收入及财富的唯一来源或主要来源"的学说，把他们称为"农业体系"。

② 工业革命为什么会诞生在英国？为什么当时在经济实力上更胜一筹的中国，却没有发生工业革命？学界将这一历史性重大问题命名为"李约瑟之谜"或"李约瑟难题"。该命题由英国学者李约瑟（Joseph Needham，1900—1995年）提出，他在《中国科学技术史》中提出："尽管中国古代对人类科技发展做出了很多重要贡献，但为什么科学和工业革命没有在近代的中国发生？"很多学者把李约瑟难题进一步推广，出现了"中国近代科学为什么落后""中国为什么在近代落后"等问题。对此类问题的争论一直非常激烈。科学泰斗钱学森曾提出著名的"钱学森之问"，与"李约瑟难题"同是对中国科学技术的关怀。

（2）第一次综合

近现代经济学的第一次综合，以约翰·穆勒[①] 1848年发表的《政治经济学原理》为标志，他对前古典经济学与古典经济学的研究范式进行了理论综合，把财富的管理和财富的生产整合为一个统一的分析框架，使之成为经济学并行不悖、相互补充的两大研究范式。可以说，财富的生产和管理，也即增长和分配，始终是经济学研究的中心话题，一个是研究如何"做蛋糕"的问题，还有一个是研究如何"分蛋糕"的问题。穆勒的贡献在于把这两者整合起来，而非顾此失彼或割裂，形成了经济学研究的主要范围和领域。

这种范式的综合，发生在第一次工业革命的结束时期，反映了随着第一次工业革命的完成，包括经济学家在内的社会精英分子可以以更为包容的心态对待人类科学与文化发展的历史遗产。这次综合也反映出时代发展的需求，伴随着工业革命所带来的财富激增，人们的物质生活得到了普遍的改善，少数阶层，即最为典型的资产阶级，占有社会财富的大部分，此时为化解因贫富差距所带来的阶级矛盾，强调财富分配的公平性和合理性自然成为维护社会发展的题中之义。正因为如此，收入分配（income distribution）又进入经济学家的研究视野，与经济增长一起成为近现代经济学研究的两大主要话题。

（3）第二次革命

近现代经济学的第二次革命就是所谓的"边际革命"，其代表人物包括赫尔曼·戈森[②]、卡尔·门格尔[③]、利昂·瓦尔拉斯[④]和威廉·杰文斯[⑤]等。"边际革命"突破

[①] 约翰·斯图亚特·穆勒（John Stuart Mill，1806—1873年），或译约翰·斯图尔特·密尔，英国著名哲学家、心理学家、经济学家，古典自由主义思想家，支持边沁的功利主义。杰里米·边沁（Jeremy Bentham，1748—1832年），英国法理学家、功利主义哲学家、经济学家和社会改革者。他是一个政治上的激进分子，亦是英国法律改革运动的先驱和领袖，并以功利主义哲学的创立者、动物权利的宣扬者及自然权利的反对者而闻名于世。同时，他还对社会福利制度的发展有重大的贡献。

[②] 德国经济学家赫尔曼·海因里希·戈森（Hermann Heinrich Gossen，1810—1858年）是边际效用理论的先驱，他先后在波恩大学学习法律和公共管理学，当过律师、地方政府税务官；退休后与他人合办过保险公司，后退出经营，致力于经济学研究与写作。

[③] 卡尔·门格尔（Carl Menger，1840—1921年）生于加利西亚（时为奥地利领土，现属波兰），是19世纪70年代那场开启新古典经济学序幕的"边际革命"的三大发起者之一，经济科学中奥地利学派当之无愧的开山鼻祖。

[④] 利昂·瓦尔拉斯（Léon Walras，1834—1910年），法裔瑞士经济学家。在瑞士洛桑学院开创了后来以"洛桑学派"著称的经济学学派。他所著的《纯粹政治经济学纲要》是最早用数学方法对一般经济均衡进行全面分析的著作之一。瓦尔拉斯在完全自由竞争社会制度这一假设下，创立了一种数学模型，其中生产要素、产品和价格会自动调节达到均衡。这样，他把生产、交换、货币和资本各方面的原理联系起来，构筑了"瓦尔拉斯一般均衡理论"。

[⑤] 威廉姆·斯坦利·杰文斯（William Stanley Jevons，1835—1882年），英国著名的经济学家和逻辑学家。他在《政治经济学理论》中提出了价值的边际效用理论。杰文斯同奥地利的卡尔·门格尔、瑞士的利昂·瓦尔拉斯共同开创了经济学思想的新时代。

了古典经济学此前以生产投入（包括劳动投入）作为分析对象的客观价值理论，提出了以人的心理因素作为分析对象的主观价值理论，即边际效用理论（the theory of marginal utility）。相较于斯密和李嘉图的劳动价值论，该理论运用人的主观心理感受作为对价值的判断和评估标准，并认为评价一种商品价值的主要标准是最后一个单位该商品所能给消费者带来的满足程度，即边际效用价值。

这一范式革命与转换，发生在第二次工业革命的开启时期，反映了在第一次工业革命极大地提升了人类的物质文明以后，经济学家开始更多地关注人类自身，以及人类精神世界的崭新视野。然而，与马克思的劳动价值论相对立的边际效用理论也为广大学者所诟病，尤其是非经济学学科的学者。他们指出，既然经济学大厦中有一块非常重要的基石，即消费者理论，是建立在主观价值评价基础之上的，而对于科学研究来说，其研究对象应该是客观的，不以人的主观意识为转移的，而且其结果应该是可以重复或复制的，因而从这个角度来评价，经济学的科学性就会降低很多或者失色不少。然而，经济学家也指出，人的主观评价是有据可循或者是有规律的，只要采用科学合理的方法，就会不断弥补和完善这一基石的不足。幸运的是，目前很多经济学者正在努力地对人的认知和行为等进行量化研究，如实验经济学、神经元经济学、行为经济学等，这也是第四次革命与综合的主要内容和研究方向。

（4）第二次综合

近现代经济学的第二次综合是新古典经济学的创立，以马歇尔1890年出版的《经济学原理》为标志，他将古典经济学的客观价值论和边际革命的主观价值论整合为一个统一的分析框架。马歇尔的《经济学原理》一书也被公认为是与斯密《国富论》、李嘉图《赋税原理》齐名的划时代著作，该书的主要成就在于建立了静态经济学，并逐渐开始像物理学那样，通过运用数学知识，以最简洁的语言来表达丰富的经济学思想。这一经济学研究范式深深地影响了当今经济学的研究基调和前进方向，即通过数学这一媒介，将经济学思想严谨和自洽地表述出来，以供研究者学习、讨论和改进。

这种范式的综合，发生在第二次工业革命的结束时期，反映了人类工业文明鼎盛时期，现代科学、技术对人类经济生活极大的促进作用，以及现代科学理论的建构方式，尤其是以数学作为一种通用的科学语言对经济学产生的重大影响，从而成为经济学理论从近现代走向现代的标志。因而，也就是从这个时候开始，经济学家不断地借用数学领域的相关理论来佐证和验证自己的经济思想，同时，数学家也会饶有兴趣地涉足经济学，在经济学的王国中开疆扩土，成为推进经济学科学化发展中的重要力量，如获得1983年诺贝尔经济学奖的罗拉尔·德布鲁[①]、获得1994年诺贝尔经济学奖的约翰·纳什等。也正是经济学中数学的广泛和深度运用，提高了经济学学习的门

---

① 罗拉尔·德布鲁（Gerard Debreu，1927—2004年），美籍法国人，生前执教于加利福尼亚大学伯克利分校。德布鲁概括了帕累托最优理论，其创立的相关商品的经济与社会均衡的存在定理，是当代经济学界的重要理论之一。

槛和要求，使得诸多经济学爱好者望而却步。然而，正如笔者在前文所指出的，数学是使经济学思想表述得更为自洽和规范的工具，它使经济学者们能有一个共同探讨和研究的载体，因而在经济学的学习和研究过程中，数学只是逻辑化和数量化经济问题的工具和载体，推进经济学发展更为宝贵的动力，依然是经济学思想。

（5）第三次革命

现代经济学的第三次革命，以梅纳德·凯恩斯[①] 1936年出版的《就业、利息和货币通论》为标志，此次革命也被世人称为"凯恩斯革命"。"凯恩斯革命"第一次确立了以国民经济（national economy）作为一个整体对象的宏观分析范式。关于凯恩斯，笔者会在后续的章节中作进一步介绍。在这里，笔者先对其著作《就业、利息和货币通论》的写作背景进行简要介绍，为全面地了解凯恩斯对经济学的贡献提供参考。

在20世纪20年代之前，在第一次工业革命和第二次工业革命的推进下，发达国家的物质产品获得了极大的丰富，但是相较于人们刚被开发的巨大的消费需求来说，产品供不应求，并不存在过剩的现象。因而，那时所奉行的是法国经济学家萨伊[②]所提出的"供给能够创造其本身的需求"（supply creates its own demand），即所谓的"萨伊定律"（Say's Law），也即经济发展过程中所生产的产品会被市场完全消费，不会存在过剩与失衡的现象。

然而，在受战争破坏、经济复苏乏力、资本家疯狂逐利等的影响下，市场消费能力急剧下降，进而导致厂商所生产的产品无法被市场消化，出现了过剩的现象。这种过剩如同多米诺骨牌（domino）所产生的"蝴蝶效应"（butterfly effect）那样，从一个行业蔓延到整个经济发展中，加之人们对未来缺乏足够的信心以及政府所信仰的自由放任主义政策等，导致经济发展陷入萧条的漩涡中，并席卷了整个欧洲。这就是历史上著名的1929—1933年的经济大萧条。

此轮经济大萧条迫使学界和政府决策部门开始反思传统经济学理论的适用性和合理性。1933—1939年，时任美国总统罗斯福实施新政（the New Deal），在减税、补贴等多维政策的刺激下，美国经济开始逐渐复苏。在罗斯福新政良好效果的启发下，与政府保持密切联系的凯恩斯认为经济发展并不能如古典经济学理论所言的那样，即完全可以依靠市场这只"无形的手"（invisible hand）来推进发展，还需要政府这只

---

① 约翰·梅纳德·凯恩斯（John Maynard Keynes，1883—1946年），英国经济学家，现代最有影响的经济学家之一。他创立的宏观经济学与弗洛伊德所创立的精神分析法和爱因斯坦提出的相对论一起被称为20世纪人类知识界的三大革命。1936年，其代表作《就业、利息和货币通论》（*The General Theory of Employment, Interest and Money*）出版。凯恩斯另外两部重要的经济理论著作是《论货币改革》（*A Tract on Monetary Reform*）和《货币论》（*A Treatise on Money*）。他因开创了经济学的"凯恩斯革命"而著称于世，被后人称为"宏观经济学之父"。

② 让·巴蒂斯特·萨伊（Jean-Baptiste Say，1767—1832年），法国经济学家，古典自由主义者，他是继亚当·斯密和大卫·李嘉图古典经济学派兴起之后的又一个经济学伟人。他建立了经济学的三分法，把经济学划分为财富的生产、财富的分配和财富的消费三部分，使斯密的经济学说通俗化和系统化。

"有形的手"（visible hand）去克服市场经济发展过程中所存在的天然缺陷，并为市场经济发展提供所必需的公共设施和服务等。基于此，凯恩斯从经济发展的另外一个重要角色即政府出发，写就了引起经济学分析框架和研究结构发生巨大变革的《就业、利息和货币通论》一书。该书的问世，标志着宏观经济学正式从经济学大厦中分离出来，成为一门单独的课程，自此以后也有了一个新的经济学研究学派，即凯恩斯学派。

可以说，凯恩斯以前的主流经济学理论是以马歇尔为代表的新古典学派的自由放任经济学说。这种学说主要是建立在"自由市场、自由经营、自由竞争、自动调节、自动均衡"五大原则基础上的，其核心是"自动均衡"理论，并认为在自由竞争的条件下，经济都能通过价格机制自动达到均衡，即商品的价格波动能使商品供求实现自我均衡；资本的价格——利率的变动能使储蓄与投资趋于均衡；劳动力的价格——工资的涨跌能使劳工市场供求达到平衡，实现充分就业。因此，一切人为的干预，尤其是政府干预都是多余的。政府应该信守自由竞争、自动调节、自由放任的经济原则，秉持为市场服务的理念，理顺和遵循市场经济运行的机制和规律。

"凯恩斯革命"发生在整个工业文明由鼎盛转向衰退的时期，是在资产阶级意识形态内部对亚当·斯密以来"自由放任"的古典资本主义制度，以及马歇尔均衡价格理论的深刻反思与批判，并由此开创了"国家干预"的现代资本主义制度。这标志着经济学分析架构的完整构建，"有形之手"正式成为"无形之手"既对立又统一的角色出现在经济学的研究视野和经济活动的调节机制中。

（6）第三次综合

现代经济学的第三次综合，以保罗·萨缪尔森的《经济学分析基础》（*Foundations of Economic Analysis*）一书为标志，将新古典经济学的微观分析范式与凯恩斯主义的宏观分析范式整合为一个统一的分析框架，从而创立了"新古典综合派"。自凯恩斯创立宏观经济学或政府干预主义，即所谓的凯恩斯学派之后，继承古典学派衣钵的自由学派依然认为市场是配置资源的最有效手段，应该采取自由放任的措施，让市场来解决经济发展中的主要问题，政府只是个配角而已，即"上帝的归上帝，恺撒的归恺撒"（Give back to Ceasar what is Ceasar's and to God what is God's）。这在当时也引起了不小的争议和讨论，尤其是自由主义（liberalism）的坚定捍卫者弗里德里希·奥古斯特·冯·哈耶克[①]跟凯恩斯发生了长达20多年的论战，这场论战也被后世称为"哈耶克大战凯恩斯"。他们围绕的主题是"要坚持自由放任还是政府干

---

① 弗里德里希·奥古斯特·冯·哈耶克（Friedrich August von Hayek，1899—1992年），又译为海耶克，是在奥地利出生的英国知名经济学家和政治哲学家，他以坚持自由市场资本主义，反对社会主义、凯恩斯主义和集体主义而著称。他被视为奥地利经济学派最重要的成员之一，对于法学和认知科学领域也有相当重要的贡献。哈耶克在1974年和其理论的对手贡纳尔·默达尔一同获得了诺贝尔经济学奖，以表扬他们"在货币政策和商业周期上的开创性研究，以及他们对于经济、社会和制度互动影响的敏锐分析"。在1991年，哈耶克获颁美国总统自由勋章，以表扬他"终身的高瞻远瞩"。

预"，是"要市场还是政府"，可谓是针锋相对、剑拔弩张。就在自由学派和凯恩斯学派吵得不可开交的时候，美国经济学家萨缪尔森则用包容性的眼光看到了上述两个学派的闪光点或可取之处，即这两者之间并非是水火不容、泾渭分明的。基于此，萨缪尔森综合了上述两个学派的主要研究内容，将整个经济学构建为反映自由主义思想的微观经济学和彰显政府干预重要性的宏观经济学。

这种范式的综合，发生在工业文明日趋式微，而新经济形态逐渐开启的前夜，反映了全球经济中心与政治中心由老牌帝国主义国家——英国，向新兴帝国主义国家——美国的转移，自此以后，经济学的研究重镇由欧洲转到北美，研究中心由英国转到美国，且一直延续到今天，即以新古典综合派为代表的经济学理论体系，至今仍然是当代西方经济学的主流经济理论，美国依然是经济学研究的前沿阵地，这从每年所颁发的经济学领域的最高奖项——诺贝尔经济学奖的获得者的国籍即可窥见一斑。

（7）第四次革命

第四次革命是指从20世纪80—90年代开始，并一直延续至今的，对西方主流经济学的"经济人假设"或"理性人假设"进行挑战与批判，并在此基础上提出一系列不同于传统经济理论的假设与范式，主要是以行为经济学（behavioral economics）、实验经济学（experimental economics）、演化经济学（evolutionary economics）、计算经济学（agent-based computation economics）等为代表的新兴经济学（neo-economics）。

"理性人假设"是奠定经济学学科特征的重要假设，但是在实践中，经济学家发现"理性人"并不总是理性的。如现实中经常存在一些热心的专门做好事的"活雷锋"，还有人们的很多行为也并不完全是按照收益最大化的原则进行的，即从事后的角度来看，其所选择的决策有可能是在所有选择中仅仅是次优的选择等。这些偏离经济学主流假设的行为现象，伴随着计算机技术的广泛运用与不断升级，即通过大数据和云计算（cloud computing）等现代化方法，不断数字化和精细化人们的行为特征，从认知和人性的最本源和最本真的角度来解构和阐释人的经济选择行为，并得出更为契合人类经济行为特征的结论，从而进一步丰富、深化甚至是颠覆"理性人假设"。

这次革命所发生的时间基本上与人类社会进入以"信息文明"为标志的后工业时代相契合。这一范式的革命与转换，具有后现代主义反理性、反分工的鲜明色彩，反映了当代科学技术跨学科融合与跨学科发展的趋势。

（8）第四次综合

可以说，当代西方主流经济学正面临全面的理论危机。以实验经济学、行为经济学、演化经济学、计算经济学和神经元经济学（neuroeconomics）等为代表的新兴经济学在经验实证的基础上对"理性人假设"进行质疑与批判，这预示着经济学基础理论正在发生深刻的变革与重大创新。在未来五年到十年之内，一个新的、具有替代性和颠覆性的、超越新古典传统的经济学理论体系或将展现于世人眼前。这也将使人们对经济学有一个更为直观和立体的认识和理解，而非仅仅局限于经济学家所推演出的一系列数字或符号。

2. 主要学者

为进一步丰富学生对经济学的了解,提高学生对经济学的学习兴趣,笔者选取了几个比较有代表性的经济学家,通过讲述他们的基本生平和主要成就,使学生了解经济学家们的成长轨迹和生活故事。

(1) 古典经济学体系的奠基者——亚当·斯密

亚当·斯密作为英国工场手工业向机器大工业过渡时期的资产阶级经济学家,他继承和发展了自威廉·配第以来的古典经济学思想,是英国古典经济学的杰出代表和理论体系的创建者,被称为"现代经济学之父"和"自由企业的守护神"。

亚当·斯密出生于苏格兰法夫郡(County Fife)的寇克卡迪(Kirkcaldy)。他的父亲也叫亚当·斯密,是一名律师,是苏格兰的军法官和寇克卡迪的海关监督,遗憾的是,他在亚当·斯密出生前几个月就去世了;他的母亲玛格丽特(Margaret)是法夫郡斯特拉森德利(Strathendry)大地主约翰·道格拉斯(John Douglas)的女儿。亚当·斯密一生与母亲相依为命,终身未娶,这与艾萨克·牛顿(Isaac Newton)的选择如出一辙。

表1-2 亚当·斯密的生平简介

时间	主要事迹
1737年	考入格拉斯哥大学(University of Glasgow),完成了拉丁语、希腊语、数学和伦理学等课程的学习
1740年	被送往牛津学院(The Oxford Academy)求学,但并未获得良好的教育,唯一的收获是阅读了大量书籍
1748年	受聘于爱丁堡大学(University of Edinburgh),讲授修辞学和文学
1751年	在格拉斯哥大学任教,开始讲授伦理学,后改授道德哲学,并兼任大学教务长、副校长职务
1759年	第一部著作《道德情操论》(*The Theory of Moral Sentiments*)出版
1776年	政治经济学巨著《国富论》出版
1787年	担任格拉斯哥大学校长
1790年	去世

资料来源:维基百科。

亚当·斯密在其近70年的人生进程中,写就了两部对后世影响深远的著作,一是《道德情操论》,二是《国富论》。前者主要阐述的是伦理道德问题,后者主要论述的是经济发展问题。从现在的观点看来,这是两门不同的学科,前者属于伦理学,后者属于经济学。由于斯密之前鲜有学者对这两个话题进行系统论述,因而《道德情操论》和《国富论》分别被称为伦理学和经济学的奠基之作。

《道德情操论》和《国富论》,虽然在论述的语气、论及范围的大小、论据的运用上有所不同,如在对利己主义行为的控制上,《道德情操论》寄希望于同情心和正义感,以同情和仁慈限制自私,而在《国富论》中则寄希望于竞争机制,通过市场竞争引导个人利益趋向于社会福利,但是这两部著作对自利行为的动机论述,在本质上却是一致的,都是基于"看不见的手"的原理或自然和谐以及天生自由的原理所内含的公正公平行为,即这两部著作所论述的是同一个"人",一个饱含情感、富有同情心、能为他人利益考虑的"理性人",而不是冷冰冰地只会计算最优解的机器,因而亚当·斯密把《国富论》看作是《道德情操论》的继续发挥和延展,两者并非是割裂的或是对立的。①

亚当·斯密的主要学术成就不仅仅局限于学术领域,他对英国经济发展也产生了巨大的影响。在亚当·斯密之前,英国处于商业经济时代,也就是海洋贸易所产生的重商主义,工业并不被人看中且尚未被人发掘,人们普遍认为商业或贸易才是国家富强的基础,经商的目的就是为了保持贸易顺差,以获取更多的财富。然而,在亚当·斯密看来,劳动和工业才是财富真正的来源,商业只是一个价值转换的媒介,并不会使价值增值;同时,相较于财富创造效率缓慢的农业来说,工业创造财富的速度更快,效益更高,且更具稳定性。可以说,亚当·斯密的思想顺应了当时社会化大分工发展的需要,也由此催化了英国的工业革命,使英国成为世界上的工业强国。

(2) 古典经济学体系的完成者——大卫·李嘉图

大卫·李嘉图(David Ricardo,1772—1823年)是英国工业革命高潮时期的资产阶级经济学家,他继承和发展了亚当·斯密经济理论中的精华,使古典政治经济学达到最高峰,因而被誉为古典政治经济学的杰出代表和完成者。

李嘉图生于英国伦敦一个资产阶级犹太移民家庭,在17个孩子中排行第三。他童年所受教育不多,14岁时,随父亲从事证券交易活动,16岁时便成了英国金融界的知名人物。1793年,21岁的李嘉图即能独立开展证券交易活动,而且很快获得成功,25岁时已拥有价值200万英镑的财产。这时的李嘉图深感早年所受教育的不足,因此在生活有了保障以后开始自学。1799年的一次乡村度假时,他偶然阅读了亚当·斯密的《国富论》,这是他第一次接触经济学,从此便对政治经济学产生了浓厚的兴趣,并开始研究经济问题。当时,英国最为突出的经济问题是关于"黄金价格"和《谷物法》,他积极参与讨论,发表了真知灼见。

李嘉图生平主要写就了三部著作,即1809年的《黄金的价格》、1815年的《论低价谷物对资本利润的影响》以及1817年的《政治经济学及赋税原理》。前两部著作分别基于当时的两场辩论,即"黄金价格"的辩论和《谷物法》的辩论写就而成。1809年,李嘉图在《晨报》上匿名发表了《黄金价格》一文,引起了所谓的"金价论战"。当时,论战分为"金属派"和"反金属派"两方。李嘉图为"金属派"的首领,他以货币数量论为依据,认为金价上涨的原因是银行券发行过多,造成通货膨胀(inflation),并从维护工业资产阶级利益出发,要求制定稳定币值的货币制度。而

---

① 有兴趣的同学可以读一下这两部著作,深刻了解斯密笔下的"理性人"究竟是一个什么样的人。

"反金属派"则由英格兰银行董事、金融界利益集团和执政党政府组成，他们从维护货币政策和各自的利益出发，否认银行券发行数量是影响物价的原因。

1815年，英国议会通过了修订的《谷物法》，引起了外界对这一法令的辩论。《谷物法》是限制外国粮食进口的保护贸易政策，其主要目的是维持和提高国内粮价，增加地租，给土地所有者带来利益。李嘉图也积极参与了对这一问题的辩论，对《谷物法》提出了尖锐的批评。1822年，李嘉图发表了《论农业保护关税》，与代表土地贵族利益的经济学家马尔萨斯[①]进行了激烈辩论。这场辩论持续了许多年，直到1846年，英国政府才废除了《谷物法》。

另外，李嘉图于1817年出版了《政治经济学及赋税原理》（On the Principles of Political Economy and Taxation）一书。该书一出版就受到了极大关注，李嘉图的财政经济学思想集中反映在这部著作之中。该书被誉为继斯密《国富论》之后的又一经济学巨著。因而，李嘉图也成为当时英国最著名的经济学家，并且成为英国古典经济学的集大成者。

（3）新古典学派的创始人——阿尔弗雷德·马歇尔

阿尔弗雷德·马歇尔被誉为当代经济学的创立者、现代微观经济学体系的奠基人、剑桥学派和新古典学派的创始人。在他的努力下，经济学从仅仅是一门人文学科和历史学科的必修课发展为一门独立的学科，成为具有与物理学研究高度相似的社会科学。

1842年，马歇尔出生于英国伦敦郊区一个中产阶级家庭，父亲期望他能成为一个牧师，但他违背了父亲的意愿，去了剑桥大学圣约翰学院（St John's College）学习数学并获得学士学位，毕业后被选为圣约翰学院教学研究员。青年的马歇尔虽然对哲学饶有兴趣，但最后还是选定经济学作为自己的专业。马歇尔作出这个决定的重要原因是他曾走访英国的贫民区，所见到的贫穷和饥饿使他无法忘却。这使其感到，神学、数学、物理学和伦理学等都不能够给人类带来福利。于是，他把自己的注意力转移到政治经济学上来，把理解社会现状的希望寄托在经济学的研究上，打算从经济学角度来分析社会不公平的根源，并把经济学看作增进社会福利、消灭贫困的科学。

马歇尔一生可谓著作等身，但是最为著名的要数其于1890年出版的《经济学原理》。该书被看作是与斯密《国富论》、李嘉图《政治经济学及赋税原理》齐名的划时代巨著，其理论观点在英语国家替换了古典经济学体系。这本书在马歇尔在世时就再版了8次之多，成为当时最有影响力的专著，一直被奉为英国经济学的圣经；而他本人也被认为是英国古典经济学的继承者和发展者，他的理论及追随者被称为新古典理论和新古典学派，其所在的剑桥大学，也被称为剑桥学派（Cambridge school）。马歇

---

① 托马斯·罗伯特·马尔萨斯（Thomas Robert Malthus，1766—1834年），英国教士、人口学家、经济学家，以人口理论闻名于世。在《人口论》中，马尔萨斯指出：人口按几何级数增长而生活资源只能按算术级数增长，所以不可避免地会导致饥馑、战争和疾病，因此，他呼吁采取果断措施，遏制人口出生率。同时，他的理论曾对李嘉图产生影响。

尔的生平简介如表 1-3 所示：

表 1-3　阿尔弗雷德·马歇尔的生平简介

时间	主要事迹
1842 年	生于伦敦的柏蒙西（Bermondsey）
1861 年	获得奖学金，进入剑桥大学圣约翰学院，学习西洋古典学与数学。尽管当收银员的父亲希望他成为牧师，但他仍坚持学习数学
1865 年	以高分通过数学荣誉考试，并被剑桥大学圣约翰学院聘为教学研究员
1868 年	被剑桥大学聘为道德哲学讲师；喜读康德的《纯粹理性批判》、黑格尔的《历史哲学讲义》等哲学作品
1879 年	与同为经济学家的玛莉·培里（Mary Paley）结婚；出版《纯粹贸易理论》（*The Pure Theory of Foreign Trade*）；与玛莉·培里合著出版《产业经济学》（*Economics of Industry*）
1881 年	构思并写作《经济学原理》
1890 年	《经济学原理》出版
1919 年	另一部著作《工业与贸易》（*Industry and Trade*）出版，相较于《经济学原理》，该书更注重实证研究
1923 年	出版最后一部著作《货币、信用与商业》（*Money, Credit, and Commerce*），将其一生的理论集结于该书中
1924 年	于剑桥家中逝世，享年 81 岁

资料来源：维基百科。

（4）宏观经济学的创始人——约翰·梅纳德·凯恩斯

约翰·梅纳德·凯恩斯是现代最有影响力的经济学家之一。他创立的宏观经济学与弗洛伊德所创立的精神分析法和爱因斯坦发现的相对论一起被称为 20 世纪人类知识界的三大革命，他也被称为"战后繁荣之父"，与"经济学之父"亚当·斯密、"共产主义运动的先驱"卡尔·马克思并称为经济学时代奠基人。

凯恩斯的成就与他的背景和个性有关。凯恩斯的父亲是剑桥大学经济学家和逻辑学家，凯恩斯的母亲也是剑桥大学毕业生，曾任剑桥市市长。因此，凯恩斯在青少年时代就有机会同一些经济学家和哲学家接触，并结识一些有文艺才能和创新精神的朋友。他遵循父母的成长轨迹，进入剑桥大学专攻数学，并以优异的成绩毕业，后到剑桥国王学院任经济学教师。第一次世界大战爆发后，凯恩斯被征召进入财政部工作，曾以英国财政部首席代表身份参加巴黎和会，并因对德国赔款问题的意见未被接受，愤然辞职回到剑桥大学任教。

凯恩斯长期担任权威刊物《经济学杂志》的主编，先后出版过多部著作。此外，凯恩斯还从事过证券投资，兼任不少公司的顾问或董事，还担任过皇家学院总务长。二战期间，凯恩斯担任英国财政部顾问，是英国战时经济政策的主要制定者；二战结束后，凯恩斯又忙于英美贷款谈判和布雷顿森林会议等一系列活动。

凯恩斯对经济学最大的贡献在于创立了宏观经济学，使人们认识到政府干预的重要性和必要性，并完善了经济学的分析框架和研究范式。他的著作《就业、利息和货币通论》（简称《通论》）引发了经济学的革命。这部作品使人们对经济学和政权在社会生活中的作用和看法产生了颠覆性的认识和深远的影响。它主要论证了国家直接干预经济的必要性和合理性，并认为由消费需求和投资需求所构成的有效需求不足是导致经济大萧条的主要原因，提出可以从影响边际消费倾向、资本边际效率、流动性偏好三个层面来增加有效需求。凯恩斯所构建的以财政政策和货币政策为核心的思想，后来成为整个宏观经济学的主旨内容。因而，可以说宏观经济学是建立在凯恩斯的《通论》的基础之上的。

3. 书籍推荐

经济学发展至今，有关经济学方面的书籍可谓汗牛充栋。然而，能够在漫长的历史发展中沉淀下来并能被称为经典或传世佳作的并不多。下面笔者主要介绍几本评价比较高的书籍，供学生参考。①

(1) 初级微观经济学

①《经济学（第 19 版）》

作者：〔美〕保罗·萨缪尔森、威廉·诺德豪斯著；萧琛译

内容简介：该书融入时代变革的元素和翔实的经济数据，在保持"把注意力始终放在经济学的基本概念和核心理论"这一风格的前提下，对货币政策、货币与国际金融体系、经济增长、通货膨胀与经济政策作了重点论述；同时，对前沿的实践及理论成果，如经济发展模式选择、混合经济、政府债务、稳定经济、经济增长与居民福利等也作了详细介绍。

②《经济学原理（微观经济学分册）（第 7 版）》

作者：〔美〕曼昆著；梁小民、梁砾译

内容简介：该书自 1999 年出版以来，已被翻译成二十余种语言，畅销全世界。与同类书相比，该书的特点在于，它更多地强调经济学原理的应用和思维方式的培养，而非经济学模型。书中包含大量贴近生活的案例，语言生动诙谐，内容引人入胜。

③《经济学（第四版）》

作者：〔美〕约瑟夫·E. 斯蒂格利茨、卡尔·E. 沃尔什著；黄险峰、张帆译

内容简介：约瑟夫·E. 斯蒂格利茨因在信息经济学领域的贡献获得了 2001 年诺贝尔经济学奖。美国经济学家、诺贝尔经济学奖得主克鲁格曼（Krugman）说："斯蒂格利茨是一位疯狂的伟大经济学家，除非你深入这个领域，否则就不能真正作出正确评价。"该书在 1993 年出版后，即被全球公认为经典的经济学教材之一，成为继萨

---

① 需要说明的是，这些推荐书目的内容简介主要来自于当当网，读者可根据自己的需要酌情选择；另外，如果条件允许，应尽量阅读原版书籍。

缪尔森的《经济学》、曼昆的《经济学原理》之后又一本具有里程碑意义的经济学入门教科书。

④《经济学（微观部分）》

作者：〔美〕达龙·阿西莫格鲁、戴维·莱布森、约翰·A.李斯特著；卢远瞩、尹训东译

内容简介：该书是一本初级经济学教科书，由三位著名经济学教授联袂写作。该书强调经济学思想的简单性以及它们强大的解释、预测和改进世界上所发生事情的能力，并帮助人们掌握经济分析的基本原理。因此，该书在内容上没有使用微积分等数学公式，而是确定了理解人类行为的经济方法最核心的三个思想——优化、均衡和经验主义，并围绕这三个思想展开讨论。该书的主要特点包括：一是，强调数据和理论相互匹配。通过利用大量的数据或证据，把经济学理论从抽象的原理转变成具体的事实，加深人们对经济学概念的理解。二是，注重宏观经济理论与现实世界中经济运行的联系，通过各国经济发展中的宏观经济现象来印证宏观经济理论的预测效果。三是，采用大量实例，包括人民币汇率、中国从计划经济到市场经济的转型等问题。四是，辟出专门章节深入介绍博弈论，并将博弈论运用到许多与现实相关的情形中，激发人们对博弈论的兴趣。五是，大量引用实验经济学的结果，对于如何设计实验来验证相应的经济理论给出了翔实的说明。

⑤《西方经济学（微观部分·第七版）》

作者：高鸿业主编

内容简介：该书介绍了主流的西方经济学理论，涵盖了国外近十年经济学的发展动态；书中有诸多的经济实例，使人们在学习西方经济学基础理论的同时，又训练了应用理论分析问题的能力。这样使人们在工作中能够更好地运用经济学的分析方法和技巧解决实际经济问题。该书于1996年出版，至今已经出到第七版，是国内流行的经济学书籍之一，也是国内大多数高等院校经济学专业研究生入学考试的指定参考书。

（2）中级微观经济学

①《微观经济学十八讲》

作者：平新乔著

内容简介：该书包括了消费者选择、企业行为、市场产业组织与博弈论、信息经济学与公共经济学等基本内容，反映了微观经济学在世纪之交的研究成果，是作者在大量阅读近三十年来经济学文献并联系中国实际后所写出的一份讲稿。阅读该书只要求读者具备经济学的基础知识与微积分知识。该书是大学高年级本科生与经济决策人员学习中级微观经济学的合适书籍。

②《微观经济学：现代观点（第九版）》

作者：〔美〕哈尔·R.范里安著；费方域、朱保华等译

内容简介：这部优秀的中级微观经济学教科书，既深刻理解了现代经济学，又牢牢把握了主流和前沿。在介绍微观经济学分析基础的同时，强调真实世界的经济学问

题,并涵盖微观经济学的最新进展,可以帮助读者全面、系统、准确地掌握微观经济学的所有基本原理和基本方法。读者可以此为基础来研修经济学的高级课程和其他学科,攻读学术文献,也可以凭借它来弄清楚经济政策和形势,做好实际工作。

③《中级微观经济学(第六版)》

作者:〔美〕杰弗里·M. 佩罗夫著;谷宏伟译

内容简介:该书在内容上,除了讲述基本的微观经济学理论外,还从很多重要的当代经济学领域出发,分析了这些理论及其实际应用,包括行为经济学、资源经济学、交易成本分析、劳动经济学、国际贸易、公共财政和产业组织理论等。同时,该书有若干章节都运用博弈论来分析问题,包括:寡头垄断厂商的产量和价格决策、战略性贸易政策、多时期博弈中的策略性行为、不确定情况下的投资行为以及污染等。与其他同类书籍相比,该书具有以下几个方面的显著特点:在整个论述过程中,除了提供一些扩展应用之外,还融合了各种来自现实世界的真实例子;关注新发展起来的经济理论(比如,产业组织理论、博弈论、交易成本理论、信息理论以及合约理论等),这些理论对于分析现实市场非常有帮助;运用循序渐进的方法,阐释如何利用微观经济理论来解决问题和进行政策分析;每章开头都以挑战题引出本章的主要内容,并在章后对挑战题予以解答,章末还提供了大量的思考题和练习题,以及部分习题的参考答案,帮助读者进一步掌握所学内容。

④《中级微观经济学:理论与应用(第10版)》

作者:〔美〕沃尔特·尼科尔森、克里斯托弗·西迪尔著;徐志浩、杨娟、程栩等译

内容简介:该书由两位天才经济学家联合编写,内容深入浅出。该书提供了关于经济市场的一个独特、清楚而又简明的介绍。作者运用管理学和数学等方法,包括相关应用和案例,为读者提供了一些可以在"干中学"的实践活动。该书内容简洁易懂,且不乏启发性,能使读者学习经济学科中的"真正的知识",适合经济学专业的微观经济学课程以及那些正在学习中级水平的微观经济学并具有一定数学基础的读者选用。

⑤《微观经济学(第八版)》

作者:〔美〕罗伯特·S. 平狄克、丹尼尔·L. 鲁宾费尔德著;李彬、高远等译

内容简介:该书除包括供求理论、消费理论、生产和成本理论、厂商价格与产量决策理论、市场失灵和政府干预理论等微观经济学领域的基本理论外,还涵盖近年发展起来的新领域,如博弈论和竞争性策略、不确定性和不对称信息的作用及其应用,包含市场势力的厂商定价策略以及制定政策以有效地处理环境污染之类的外部性问题等内容。该书的主要特色包括:注重理论与实践相结合,配有大量案例,对微观经济学理论在实践中的应用进行了说明;图文并茂,利用大量图表,形象地论述了需经复杂处理才能得出重要结果的微观经济学模型,并对一些实际数据进行了分析。读者不需要具备高深的数学知识,只需要掌握一些基本的代数知识即可阅读该书。

(3) 高级微观经济学

①《高级微观经济学》

作者：田国强著

内容简介：该书取材于田国强教授在美国得州 A&M 大学经济系二十多年讲授高级微观经济学的英文讲义，他用了近十年时间反复修改，增补近一倍内容，囊括了现代微观经济学理论中最基本直至最前沿的几乎所有典型主题，是其学习、思考、研究和讲授微观经济学理论的集成之作。该书的特色在于加入中国元素，严谨系统地介绍了现代经济学的许多基准理论和最前沿的微观经济学理论，只要有可能，都给出了准确的定义和严格的证明，同时又结合中国国情和市场化改革及国家治理，通俗易懂地介绍了各种经济理论的内涵思想，体现了"有思想的学术"和"有学术的思想"的有机结合。

②《高级微观经济理论（第三版）》

作者：〔美〕杰弗里·A.杰里、菲利普·J.瑞尼著；谷宏伟、张嫚、王小芳译

内容简介：该书是国际上流行的一本高级微观经济学教科书，也是学习高级微观经济理论的入门读本。作者详细阐述了包括消费者理论、生产者理论，以及部分均衡、一般均衡、博弈论和信息等内容的现代微观经济学理论，并在最后提供了大量的数学附录供数学基础薄弱的读者阅读参考。同时，为方便读者学习，该书还提供了大量的课后练习题及部分练习题的参考答案。与其他高级微观经济学教材不同，该书对数学的运用恰到好处，数学方法始终围绕经济理论并为理论服务。

③《微观经济理论》

作者：〔美〕安德鲁·马斯-克莱尔、迈克尔·D.温斯顿、杰里·R.格林著；曹乾译

内容简介：《微观经济理论》是最近十余年来欧美经济学界最具影响力的微观经济学书籍。该书涵盖当今经济学基础理论中的几乎所有重大命题、核心思想和严密的数学证明，是一本高度抽象和严谨但又强调直觉的大作。该书主要包括个人决策、博弈论、市场均衡与市场失灵、一般均衡、福利经济学与激励五大部分。该书是公认的微观经济学理论的圣经，已被国外几乎所有的一流大学所采用，是经济学学子必读的书籍。

④《高级微观经济学教程》

作者：〔美〕戴维·克雷普斯著；李井奎、王维维、汪晓辉、任晓猛译

内容简介：这部《高级微观经济学教程》在学术攻坚和善待读者两个方面都做得非常成功。作者使用一般均衡和局部均衡的分析方法，使读者能够由点及面地学习微观经济学模型。书中涉及了微观经济学新的研究内容，如带有非合作博弈、非完美信息、双边切磋等理论的模型。该书的特点在于，尽管它也分析了传统的模型，但它更强调新近的理论发展，尤其关注非合作博弈理论对竞争性互动建模的应用、存在私人信息条件下的交易以及企业理论和其他非市场制度等。同时，作者并没有使用大量艰深的数学公式，数学基础不是很好的读者可以通过本书很快掌握高级微观经济学的知识。

(4) 学习网站

① 人大经济论坛（http：//bbs. pinggu. org/），内含大量经济学方面的学习资料，是学习经济学和研究经济问题的宝库。

② 中国经济学教育科研网（http：//www. cenet. org. cn/），内含诸多经济学方面的最新资讯和前沿内容，是了解经济热点话题的重要平台。

③ 搜狐财经（http：//business. sohu. com/? from＝efnchina. com）和新浪财经（http：//finance. sina. com. cn/? from＝efnchina. com），内含国内外经济学的热点话题，为学习经济学提供丰富的素材储备和问题来源。

第三节　本 章 小 结

本章作为微观经济学课程的第一章，主要介绍了经济学研究和分析的主要内容及其简要的历史演变。通过本章的学习，读者可以明确经济学的三个基本假定，同时也了解和掌握了经济学的内在构成、微观经济学和宏观经济学各自的研究对象以及这两者之间的基本关系、对经济学发展产生重要作用的四次革命和四次综合等。本章的内容是基础性的，同时又是先导性的，读者需要充分理解和掌握，为后续内容的学习打下坚实的基础。

基于本章内容，读者可能会追问，作为理性的经济主体，其在市场上进行活动时，会遇到哪些境况？这些境况有何特征？是否有规律可循？这是笔者在下一章要进行讲述的。

第四节　思 考 题

1. 你是如何看待理性人或经济人的？"理性人假设"在经济学中处于什么地位？
2. 西方经济学所经历的四次革命和四次综合是什么？每次革命或综合的标志是什么？意味着什么？
3. 为什么要作经济决策？作经济决策的步骤是什么？
4. 微观经济学主要运用的方法有哪些？请结合案例给出相应说明。
5. 请认真阅读亚当·斯密的《国富论》，并写出你对该著作的体会和感受。

第二章

供 求 理 论

【导　读】　经济学家马歇尔在《经济学原理》一书中说道："The forces to be dealt with are... so numerous, that it is best to take a few at a time. ... Thus, we begin by isolating the primary relations of supply, demand, and price."同样，萨缪尔森也曾说过："你甚至可以使鹦鹉成为一个博学的经济学者——它所必须学的就是'供给'与'需求'这两个名词。"可见，需求与供给在经济学大厦中具有十分重要的作用，是整个经济学的基石。

【关键词】　需求；供给；价格；均衡

第一节　需求与供给的重要性

在学习微观经济学时，为什么要把"需求"（demand）和"供给"（supply）放在首要位置？这可以从整个微观经济学的理论体系来分析。从图2-1中可以看出，由需求和供给所构造的供求理论是学习微观经济学的出发点。需求主要研究的是商品的需求者，即一般是从消费者的角度来分析价格的形成动力，而供给则主要研究商品的供给者，即一般是从厂商的角度来分析影响价格变动的作用动力。基于此，在学完供求理论之后，我们将转入两大主体理论，即消费者理论和厂商理论。在消费者理论中，主要学习决定消费者效用最大化的两个理论基石，即基数效用论和序数效用论，前者以基数（即1、2、3）的形式来分析消费者效用的最大化，后者则以序数（即第一、第二、第三）的形式来分析。在厂商理论中，主要学习影响厂商利润最大化或成本最小化的两个理论，即生产理论和成本理论，前者分析的是产品的生产，后者分析的是成本的核算。

在分别学习完消费者理论和厂商理论之后，笔者将消费者和厂商纳入同一个框架或交互空间中，即市场。对此，首先分析不同产品市场的运作特征。根据产品垄断程度的高低，可以将产品市场分为完全竞争市场、垄断竞争市场、寡头垄断市场和完全垄断市场等。在这四大市场中，消费者依然处于产品的需求方，厂商依然处于产品的供给方。其次探究消费者和厂商这两者身份发生互换的要素市场，即当消费者转变成要素供给者，而厂商转变为要素需求者时，究竟会产生什么样的效果。在要素市场上，主要聚焦劳动、土地、资本和企业家才能四大要素的内在特征，及其所对应的价格，即工资、地租、利息和利润等的决定机制。

在学习了产品市场和要素市场这两大理论之后，需要将这两大市场结合起来，在一般均衡（general equilibrium）的框架下分析这两大市场同时达到均衡时所具有的内在特征及其所产生的福利效应。

最后，针对微观经济学的主要研究对象，即市场（market），所存在的天然缺陷，如公共产品供给不足、信息不充分等，具体探讨当市场失灵时，政府可以采取何种措施或手段来弥补，从而在"有形的手"的有效干预下确保"无形的手"能够正常运行。

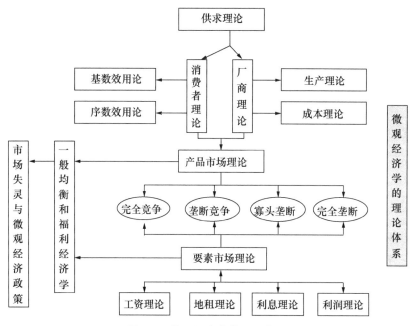

图 2-1 微观经济学的理论体系

从上述对微观经济学理论体系的鸟瞰中可以看出，需求和供给不仅是整个经济学理论的基石，而且基于需求和供给所形成的分析方法，即供求分析法（D&S），也是分析各类经济问题和现象的基本分析方法。

从图 2-2 中可以看出，微观经济学主要研究的是两个主体在两个市场所进行的围绕价格而展开的需求和供给的行为活动。因而，可以将微观经济学的主要学习内容归纳为"221"，即两个主体、两个市场和一个中心。其中，两个主体是指消费者和厂商；两个市场是指产品市场和生产要素市场；一个中心是指供需价格决定理论。因而，笔者首先对需求和供给进行解释，这有助于对后续内容的学习。

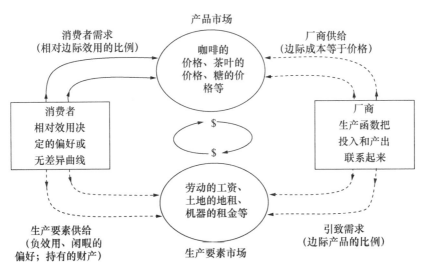

图 2-2　两个主体、两个市场和一个中心

第二节　需求及其属性

1. 一个例子

在了解需求概念之前，先看一个简单的例子。

一名游客在食人族聚居的岛上旅行，路过一个"人脑专卖店"，见其橱窗有如下的价目表：艺术家脑每磅 9 元；哲学家脑每磅 12 元；科学家脑每磅 15 元；经济学家脑每磅 219 元。

游客因此得出经济学家的大脑最受欢迎的结论，因为根据简单的供求规律，市场需求强烈，价格才会上涨。

游客询问了店家，哪知答案并非如此："经济学家大多无脑，不知要多少个经济学家才有一磅脑，物以稀为贵，经济学家脑的价格因而较高！"

虽然这个案例有讽刺经济学家的嫌疑，但是可以发现，商品的价格由两个方面决定：一是需求，如果需求强烈，大于供给，即供不应求，就会导致价格上涨；二是供给，如果供给不足，小于需求，即供不应求或出现物以稀为贵的状态，价格也会上涨。这个案例给我们一定的启示，即在决定商品的价格时，可以从需求和供给两个维度来分析。

2. 需求的定义

需求是指消费者在某一时期内在某种商品每一种价格上愿意并且能够购买的数量。这里的消费者需求既可是仅包括单个人的，即个人需求，也可是包含某一市场上所有同类型的消费者的，即市场需求，因而需要根据具体的对象来确定。

同样，需要注意构成需求的两个要件：首先是愿意购买，这指的是具有购买的欲望；其次是能够购买，这彰显的是购买的能力。因而，构成一项需求，不仅要从主观上愿意购买，而且从客观上要有能力购买。其实，这里所讲的需求，应该是指有效需求。凯恩斯将有效需求不足看作导致1929—1933年经济大萧条的主要诱因。

在英语世界中，表示"需求"或者"需要"的单词还有need、want等，那么在经济学语境中，为什么偏偏要用demand来表示需求？

这需要分别研究一下need、want和demand的词意。need是指states of felt deprivation，即个人感觉被剥夺的一种状态，因而，为维持或满足这种状态，即会产生需求；want是指the form human needs take，即人们为了要满足某种被剥夺的状态（need），需要采取具体的方式进行弥补；demand是指wants backed by buying power，即人们为了应付能够满足某种被剥夺的状态所采取的具体方式而应具备的购买能力或支付能力。

因此，从需求的层次来讲，need、want和demand是逐渐递进的，need着重需求的心理状态，want体现需求的满足形式，demand则特指需求的支撑能力。比如，午饭时间临近，此时大家就会感到"饿"，这种"饿"就是对"饱"的一种剥夺，此时即会产生要填补"饿"的需要，即need；在有这种感觉之后，脑海中便会闪现出各种食物，并在心里盘算着"今天中午吃什么"，此时即会产生满足need的各种方式；最后，在确定吃什么后，便会情不自禁地摸一下口袋或是翻一下钱包，看看今天是否带了足够的钱来支付这顿中午饭，这便构成了最终的需求，即demand。

讲到需求的层次，可以通过美国心理学家马斯洛[①]所提出的需求层次理论（Maslow's hierarchy of needs），从心理学的角度来看人的需求层次。

马斯洛把需求分成生理需求（physiological needs）、安全需求（safety needs）、归属需求（belonging）、尊重需求（esteem）和自我实现需求（self-actualization）五类。其中，第一、第二类是人的基本生存需求，如食物、人身安全、健康等，即为了能够活下来而应满足的基本需求，是满足温饱的具体需要；第三、第四类则是人的归属需要，如爱情、友情、尊重等，即在满足基本需求之后，作为群居性的高级动物，人便会产生归属于集体和社会的需要，这也是人类生活处于小康阶段的重要体现；最后一类是成长需要，如创造力、领导力和影响力等，即在满足生存和归属需要之后，会产生实现自我价值和心中理想，甚至自我超越（self-transcendence）的需要，这也体现了人类处在富裕阶段时的重要特征。

---

① 亚伯拉罕·马斯洛（Abraham H. Maslow，1908—1970年）是美国著名社会心理学家，第三代心理学的开创者。他的主要成就包括提出人本主义心理学与需求层次理论，代表作品有《动机和人格》《存在心理学探索》《人性能达到的境界》等。

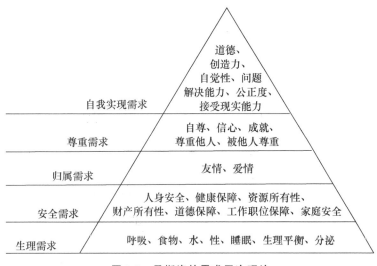

图 2-3 马斯洛的需求层次理论

3. 需求函数

在对需求的概念进行解释之后,有必要分析一下需求的数学表述,即需求函数的形式是什么样的,有哪些因素会影响需求,具体的机制又是什么样的,等等。

需求函数(demand function)是指一种商品的需求数量(因变量)和影响该需求数量的各种因素(自变量)之间的相互关系,用数学公式可以表述为:$Q^d = f(P, Y, P_X, T, Pe)$。影响一商品需求量的因素有很多,其中人们最为关心的是价格(price)。具体来说,可以观察表 2-1 所给出的市场上某一商品的价格和需求量之间的关系。该表被称为需求表(demand table),即描述某种商品的各种价格水平及其与各种价格水平相对应的该商品的需求数量之间关系的数字序列表。

表 2-1 某一商品的价格和需求量之间的对应关系

商品	价格(元)	需求量(万公斤)
A	1	700
B	2	600
C	3	500
D	4	400
E	5	300

从表 2-1 可以看出,当价格为 1 元时,此时的需求量为 700 万公斤;而当价格为 5 元时,此时的需求量就变为 300 万公斤。这意味着价格越高,对此商品的需求量就越小,即价格和需求量之间呈负相关关系。表 2-1 中关于价格(price,简写为"P")和需求量(demand,简写为"D",或者用 Q^d 表示)之间的对应关系可用更为直观的

图形来进行表述,如图 2-4 所示。从中可以看出,由某一商品的价格和需求量所构成的需求曲线在以 P 为纵轴、Q^d 为横轴的坐标图形中是向右下方倾斜的,即 P 和 Q^d 之间存在负相关关系。这里需要强调的一个细节是,与数学分析中不同的是,在经济学的图形分析中,通常将价格(P)等自变量显示在纵轴上,而将需求量(Q^d)等因变量标注在横轴上,这是为了经济学分析的方便而设定的,初学者须引起注意,以免在绘图时画错。

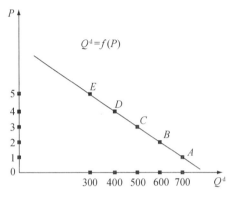

图 2-4　某一商品的需求曲线

上述所描绘的需求曲线是线性形式的,即价格与需求量之间存在着固定的替换比例。然而,现实生活中,价格和需求量之间可能存在更为复杂的交互关系,呈现非线性形式,如图 2-5 所示,它是一条向右下方倾斜的曲线,斜率也为负。

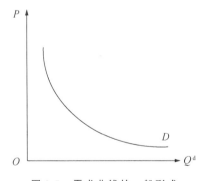

图 2-5　需求曲线的一般形式

4. 需求规律

通过上述分析,可知在一般情况下,对于大多数商品来说,价格和需求量之间存在负相关关系。对于这种具有普遍性的现象,可以归纳总结为需求规律(the law of demand)。

需求规律的正规表述为:在影响需求量的其他因素给定不变的情况下,某种商品的需求量与其价格之间存在反方向的变化关系,即价格提高,需求量减少;价格降低,需求量增加。

在理解需求规律时，需要注意的一个前提是："在影响需求量的其他因素给定不变的情况下"，即在排除其他因素的影响之后，或是在将其他因素看作既定不变的前提下，仅仅研究价格和需求量之间的作用关系。反之，如果考虑其他因素的话，或者将其他因素也纳入价格和需求量的分析框架中，需求规律就不一定成立，笔者会在后续的分析中作进一步介绍。

对于需求规律存在的原因，可以从两个视角来解释：一是替代效应（substitution effect），二是收入效应（income effect）。前者是指在其他条件不变的前提下，某种商品价格上升，会导致人们用另一种商品来替代该种商品，从而减少该种商品的需求量。例如，在现实生活中，人们的出行方式有很多种选择，最为常用的是公交车和出租车。如果由于某种原因，如汽油价格上涨，导致乘坐出租车价格上涨，而作为公共服务类项目，乘坐公交车价格维持不变。此时，原本选择乘坐出租车出行的人，可能会因为乘坐出租车价格上涨而选择乘坐公交车，这就会导致出租车需求量的减少。因而，乘坐出租车的价格和需求量之间就存在相关关系。

所谓收入效应，是指若某种商品价格下降，会导致人们用该种商品替代其他相类似的并且没有降价的商品，从而增加该种商品的需求量，即商品价格变化会引起人们实际收入的反方向变化，从而改变商品的需求量。这可以用黄金价格变化这一例子来说明。如发现了一个大金矿或者投资市场集体抛售黄金等，会导致黄金的投资前景黯淡，这就会导致黄金价格进一步下降。而黄金价格下降就意味着此时用过去相同数量的货币可以买入更多的黄金，即黄金价格下降引起用黄金数量表示的实际收入的相对增加，从而导致黄金需求量增加。

因而，在替代效应和收入效应交互作用下，一般商品的价格和需求量之间会呈现负相关关系。值得说明的是，这里所给出的替代效应和收入效应的分析方法，也是一个较好的对经济学问题进行分析的框架或思路。

5. 需求规律例外的商品

是不是所有的商品都满足需求规律呢？笔者在对需求规律进行阐述时，很多地方都用到了"一般情况"或是"大多数商品"等限定词，这就意味着需求规律也存在例外情况。比如，我们可以观察以下两种现象：

一是禽流感时的鸡蛋，尽管价格一降再降，人们购买的积极性也不高，甚至都不敢买；

二是炫耀性商品，如一些限量版手提包、名牌手表、高档汽车、豪华游艇、私人飞机等，即便价格再高，很多富人还是会争相购买。

这种商品中所体现的价格和需求量之间具有同升或同降的正相关关系，即在某种特定的条件下，当商品价格上升时，需求量增加，当商品价格下降时，需求量减少。这种商品称为"吉芬商品"（Giffen goods）。这是 19 世纪英国经济学家罗伯特·吉芬对爱尔兰的土豆销售情况进行研究时定义的。

那么,"吉芬商品"真的违背需求规律了吗?它们真的是需求规律的例外商品吗?

这里,可以看一下产生"吉芬商品"的历史渊源,即"英国经济学家吉芬于19世纪发现,1845年爱尔兰发生灾荒,土豆价格上升,但是土豆的需求量却反而增加了"。这一现象在当时被称为"吉芬难题"。这类需求量与价格呈同方向变动的特殊商品,也因此被称为"吉芬商品"。

这里需要注意的是,"吉芬商品"是在爱尔兰发生灾荒时出现的,即是在特殊的历史背景下产生的。笔者之前所述的需求规律,其效果是在一般的正常情况下产生的。换言之,如果当时爱尔兰没有发生灾荒,土豆的需求量和价格极有可能仍为负相关,仍符合需求规律。只是故事发生的情境不同,因而会产生不同的结论。

进一步地,在1845年,西方的工业革命已初见端倪,但是整个社会化大生产还没有完全形成或全面推进,可供人们消费的物品依旧较为有限,此时发生灾荒,对爱尔兰人民的生活可以说是捉襟见肘,甚至雪上加霜。土豆作为一种容易种植、产量高且饱腹感强的物品,自然成为爱尔兰人民在物资极度匮乏年代的首选。因而,即使土豆价格上涨,在没有其他可替代商品出现之前,人们还是会争相购买,而且也确实会出现价格上涨越快,人们购买越多的情况,主要原因就是人们为了要规避因价格上涨所带来的不必要的损失。这种量价齐升的状态,就被看作是对需求规律的一种背离。

然而,如果把1845年发生灾荒时的土豆放到当下正常的日常生活中,土豆的价格和需求量之间的关系还是遵循需求规律的。因而,在分析所谓的"吉芬商品"时,务必要注意该故事发生的情境或背景。

同样,之前提到的禽流感时的鸡蛋,也背离了需求规律。然而,禽流感时的鸡蛋已不是平常的鸡蛋了,即此鸡蛋非彼鸡蛋了。该鸡蛋是在禽流感时降生的,需要"特殊处理",因而就形成了禽流感时的需求规律:即便鸡蛋价格下降,人们也不敢买。另外还有前文提到的炫耀性商品,其价格和需求量之间的作用关系也不符合需求规律。这里需要注意的是,该商品是炫耀性的,其功能在于表明持有该商品的人具有特殊身份或非一般的能力,即能彰显持有人与众不同或特殊的地位。因而,此时故事的情境也发生了变化,从一般的没有攀比或炫耀的普通状态转变成为彰显地位和身份的特殊状态。在这种状态下,拥有更多的名牌产品或奢侈品已不再是满足一般的吃穿住行需求了,而是为了能更好地展现自己的经济实力,因而越是买得起高价位、限量版的奢侈品,越是能突显自己的经济实力或社会地位,内心的满足感或成就感就越充足。因此,奢侈品的购买对象主要是富人或明星。

还可以列举现实生活中许多类似的"吉芬商品"现象,如股市中的"追涨杀跌"、对学区房的追捧等。在对这些现象进行分析和理解时,务必要注意其所处的情境或背景。

6. 影响需求量的其他因素

前文主要介绍了影响需求量的最为主要的因素,即价格。但除了价格之外,还有诸多其他因素也会对商品的需求量产生影响,如消费者的收入水平、相关商品的价格、消费者的偏好以及消费者对该商品的价格预期等。下面，笔者逐一进行分析。

（1）消费者的收入水平（Y）。一般来说，在其他条件不变时，消费者的收入越高，对商品的需求量就越旺盛。需要注意的是，这里仅仅分析消费者收入和商品需求量之间的关系，并不掺杂其他因素，如商品的价格。同时，这里的商品也是指正常商品，如关系人们吃穿住行的物品等，而非一些不必要或阶段性的消费品。关于商品种类和收入水平之间更为详细的内在关系，笔者在后续的章节中还会作深入的分析。

（2）相关商品的价格（P_x）。相关商品可以分为替代品和互补品。前者是指可以相互替代消费的商品，如一般情形下的猪肉和牛肉，主要是因为猪肉价格的上升会减少猪肉本身的需求量，进而会对牛肉的需求量产生附加的影响；再如飞机和火车，因为飞机票价格的下降会使飞机票的需求量增加，进而会使火车票的需求量减少。后者是指只有共同使用才能发挥效用的商品组合，如汽油和汽车，当汽油价格上升时，汽油的需求量就会减少，进而会减少以汽油为动力的汽车的需求量；再如羽毛球和羽毛球拍，当羽毛球拍价格下降后，对羽毛球的需求量就会增加。从上面的分析可以看出，当两种商品互为替代品时，它们之间的价格和需求量呈正相关关系；而当两种商品互为互补品时，它们之间的价格和需求量则会呈负相关关系。

（3）消费者的偏好（T）。所谓偏好，是指消费者对商品的喜好程度，是一种主观的心理感受。一般来说，消费者对同一类别的不同商品会根据其偏好程度在心中有一个基于主观心理偏好的排列。如对手机品牌，有的消费者可能是国货支持者，他会认为华为手机要好于苹果手机和三星手机，而有的消费者则可能更青睐于国外品牌，他会认为苹果手机和三星手机要好于华为手机。因而，在购买手机时，不同的消费者会根据其偏好的不同购买不同品牌的手机，偏好程度越高，购买的可能性就越大，因此需求量也就会越大。

（4）消费者的价格预期（P_e）。一般来说，消费者在选择商品时会对该商品的价格走势有一个大致的预判，进而决定是否要购买。如在购买住房时，消费者通常会对房价走势非常关心。预测房价未来涨的可能性很大时，消费者往往就会及时入手，需求量增加；反之，预测未来房价上涨的空间不大或有下降趋势时，消费者则往往会选择观望或者再等等，从而导致需求量减少。因而，对商品价格的预期，也是影响消费者需求量的重要因素。

根据上述影响商品需求量的不同因素，可以构建一个完整的需求函数，即 $Q^d = f(P, Y, P_x, T, P_e)$。而这些影响因素的作用过程，可以用求偏导的方式展现出来，如：① 商品自身价格 P，$Q'_d = \dfrac{dQ^d}{dP} < 0$；② 收入水平 Y，$Q'_d = \dfrac{dQ^d}{dY} > 0$；③ 相关商品的价格 P_x，其中替代品：$Q'_d > 0$，互补品：$Q'_d < 0$；④ 偏好 T，$Q'_d > 0$；⑤ 价格预期 P_e，$Q'_d > 0$。（注：这里的商品是指正常商品）

在这些因素中，主要的是价格和需求量之间的关系，因而，需求函数可以简写为：$Q^d = f(P)$，需要注意的是，这里假设其他因素均保持不变。根据表 2-1 所描述的价格和需求量之间的线性关系，通常可以将需求函数表述为：$Q^d = f(P) = \alpha - \beta \cdot P$ 或 $P = \alpha/\beta - (1/\beta)Q^d$，其中 α，β 均为大于 0 的常数。

7. 需求量的变动和需求的变动

在需求函数中，在其他因素保持不变的前提下，仅仅由商品自身价格变化所引起的 Q^d 变化称为需求量的变动，在图上表现为需求曲线上点的移动，如图 2-6（a）所示，从 a 点沿曲线移动到 b 点，或者由 b 点沿曲线移动到 c 点，都可以称为需求量的变动。反之，当商品价格不变时，影响需求的其他因素变动所引起的 Q^d 的变化称为需求的变动，在图上表现为整个需求曲线的移动，如图 2-6（b）所示，曲线 D_0 移动到曲线 D_1，或者曲线 D_0 移动到曲线 D_2，都称为需求的变动。

另外，也可以从内生变量的变化和外生变量的变化来看待需求量的变动和需求的变动。在需求函数中，由内生变量价格 P 的变化所引起的 Q^d 的变化，即为需求量的变动。如图 2-6（a）中，价格 P_a 下降到 P_b，则需求量就由 Q_a 上升到 Q_b。由外生变量，如收入 Y 或相关商品的价格 P_x 等的变化所引起的 Q^d 的变化，即为需求的变动。比如，增加收入会使得图 2-6（b）中的需求曲线从 D_0 向右平移到 D_1。

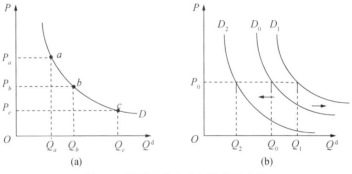

图 2-6 需求量的变动和需求的变动

第三节 供给及其属性

1. 供给的定义

与需求的定义相对应，供给是生产者在一定时期内，在某种商品各种可能的价格水平上，愿意并且能够生产和销售的商品数量。

同样，需要注意构成供给的两个要件：一是愿意生产和销售，即要有供给的欲望；二是能够生产和销售，即要有供给的能力，两者缺一不可。例如，有很多企业对房地产市场跃跃欲试，都想在房地产市场中分得一杯羹，这是非常美好的愿望，但是一个企业要想进入房地产市场，需要一定的资金积累和入行门槛，而这些条件并不是每个企业都能承受的。因而，往往会出现"理想很丰满，现实很骨感"的窘境。这种情形下所形成的供给就不是有效供给了,而是一种"心有余而力不足"的无效供给,无法满足上述对供给的定义。

关于供给,在英文世界中同样有三个单词可以表示,即 offer、provide 和 supply。这三者之间有何区别?在经济学中,为什么偏偏用 supply 来表示供给,而不用 offer 或者 provide 呢?

对于 offer,经常接触的可能是在找工作的过程中,某个学生拿到了好几个 offer,这里的 offer 表示的是"愿意给予",即对方单位愿意将某个职位先给予这个学生,但是最后能否真正聘用这个学生,即形成有效的岗位供给,不仅要看这个学生试用期的表现,即能否达到该公司的职位要求,还取决于这个学生的意思,即是否愿意到该公司入职。

provide 也是提供的意思,但是主要偏重于有远见地、为应付意外和紧急情况等做好充分准备而进行的"供给"或"提供"。因而,provide 有"防患于未然"或"未雨绸缪"的意思,它强调的是被迫的、并非心甘情愿的供给,因而也达不到经济学中对供给的要求。

supply 则通常是指定期供应,是生产商为了替代或补充所需物品而进行的产品提供行为。该词所偏重的是应产品需求者所需而进行的供给,是一种为了满足需求而进行的供给,同时,对生产商来说也具备这方面的提供能力,因而被称为有效供给。

2. 供给曲线

为了形象地展现供给概念,生动地刻画供给量和价格之间的作用关系,同对需求的分析一样,笔者需要借助供给表和供给曲线来分析。

所谓供给表,是指某种商品的各种价格水平和与之相对应的该商品的供给数量之间内在关系的数字列表。如表 2-2 所示,对某种商品来说,当市场上的供给价格为 2 元时,供给量为 0,可能是因为价格太低,无法弥补成本,生产商没有收益,所以无法供给;当价格为 3 元时,供给量为 200 万公斤;而当价格上涨到 6 元时,供给量也相应地增加到 800 万公斤。

表 2-2 某种商品的价格与供给量

商品	价格(元)	供给量(万公斤)
A	2	0
B	3	200
C	4	400
D	5	600
E	6	800

从表 2-2 中可知,商品的供给量和价格之间存在正相关关系,这种关系用坐标轴的方式表述出来就会形成图 2-7(a)所示的一条向右上方倾斜的直线。同样,需要注意的是,该坐标图中的纵轴为价格 P,横轴为供给量 Q^s。价格和供给量呈正向线性关系

的供给曲线是一条特殊的供给曲线，更多的是曲线形式，如图 2-7(b) 中所显示的那样，其特点是向右上方倾斜，斜率为正。

一般而言，个人所面对的供给曲线与该商品的市场供给曲线在形状上存在一致性，即通过加总个人供给曲线可以构成整个市场的供给曲线，这与个人所面对的需求曲线能否加总成为总的市场需求曲线存在一定的不同之处，关于这个问题，笔者会在第五章"市场理论"中作进一步说明。

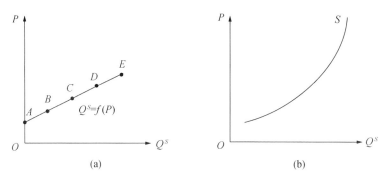

图 2-7　某商品的线性供给曲线和一般供给曲线

3. 供给规律

上述描述的供给量和价格之间所呈现的正相关关系，是对现实生活中大多数商品经济行为特征的刻画，因而也可以将之总结为供给规律，即在其他因素不变的条件下，一种商品的供给量与价格同方向变化，价格上升，供给量增加；价格下降，供给量减少。同样，这里需要注意的前提条件是"在其他因素不变的条件下"，单纯地研究价格和供给量之间的内在关系。换言之，如果其他因素发生变化，那么价格和供给量之间呈现的可能就不是正相关关系。如在石油市场上，虽然油价不断上涨，但是作为石油供应商，如果预料未来石油价格会上涨得更快，则会在现阶段采取减少供应量或囤货等策略，以期在未来获得更大的收益，而不是简单地增加供应量。

形成供给规律的主要原因是由资源稀缺所导致的，即当市场上某种商品价格上升时，会吸引生产者投入更多的生产资源来生产这种商品，从而使该商品的供给量增加。价格在其中起着"指挥棒"的作用，价格高，生产者就会趋之若鹜；价格低，生产者就会纷纷散去。这也印证了一句古话："天下熙熙，皆为利来；天下攘攘，皆为利往。"

4. 影响供给量的其他因素

除了商品本身的价格（P）外，影响供给量的其他因素还包括生产成本（C）、相关商品的价格（P_r）以及生产者对未来的预期（P_e）等。

首先，在商品本身价格不变的条件下，生产成本的上升会导致商品供给量的减少。这主要在于伴随生产要素价格的下降或生产技术水平的提高，生产成本会下降，此时，同样的要素投入量会生产出更多的商品，即供给量会相对增加。如亚当·斯密在《国富论》的"论分工"中所描绘的生产别针的场景，原本在没有分工的条件下，10 个工人生产别针的数量可能是 100 个，通过工艺革新和流程改造，在分工效应的作用下，每个工人从事其最擅长的部分，这样就会使得生产效率大幅度提高，从而大大增加了别针的供给数量，由 100 个增加至 1000 个，甚至更多。

其次，在商品本身价格不变的条件下，相关商品的价格也会影响该商品的供给量。这里也要对相关商品与该商品之间的关系进行分析，即究竟是替代关系还是互补关系。如对一个既能生产冰箱又能生产冰柜的厂商来说，在生产资源一定的条件下，如果冰箱价格不变而冰柜价格上升，此时厂商就会作出增加冰柜产量而减少冰箱产量的决策。

最后，在商品本身价格不变的情况下，对该商品价格的预期也会影响该商品的供给量。如预期某种商品价格将要上涨，对生产者来说，他就会在制订生产计划时增加该商品的未来供给量，以便在未来价格上涨时获得更大收益，进而会减少该商品当前的供给量。

5. 供给函数

在明晰影响商品供求量的主要因素之后，就可以构造反映商品供给量与影响因素之间关系的供给函数，即：$Q^s = f(P, C, P_r, T, \cdots\cdots)$。

通过上述对各影响因素作用机制的分析，运用求偏导的方式，即可得到：商品自身价格与供给量之间的关系为 $Q'_s = \dfrac{dQ^s}{dP} > 0$；生产成本与供给量之间的关系为 $Q'_s = \dfrac{dQ^s}{dC} < 0$；相关商品价格与供给量之间的关系为替代品：$Q'_s = \dfrac{dQ^s}{dP_r} < 0$，互补品：$Q'_s = \dfrac{dQ^s}{dP_r} > 0$；价格预期与供给量之间的关系为 $Q'_s = \dfrac{dQ^s}{dT} < 0$。

为分析方便，笔者主要研究商品供给量与价格之间的关系，供给函数的表达式即为：$Q^s = -\delta + \gamma \cdot P$，其中 δ 和 γ 均为大于 0 的常数。

第四节 均衡价格及其属性

1. 均衡价格的形成

有了需求曲线和供给曲线后，如果将它们放在同一个坐标系（即横轴为 Q，纵轴为 P），将会产生什么样的效果呢？对于需求曲线来说，P 和 Q 是呈反方向的，而对于供给曲线来说，P 和 Q 是呈同方向的，因而在同一坐标系内，对于 P 来说，就会形成两股相反的作用力，而当这两股力量相等或势均力敌时，就会形成物理学意义上的均衡。

所谓均衡（equilibrium），是指经济事物中的有关变量在一定条件的相互作用下所达到的一种相对静止的状态。市场均衡是指某商品的市场需求量和供给量相等的状态。均衡可以分为局部均衡（partial equilibrium）和一般均衡（general equilibrium）。

所谓局部均衡，是指在假定某一市场不受其他市场影响的前提下，单个市场所形成的均衡状态。一般均衡是指一个经济社会中所有市场达到均衡的状态。因而，局部均衡一般是针对单个市场而言的，而一般均衡是针对整个市场而言的。由于一般均衡所涉及的市场较多，笔者将在第七章中进行分析。当前，为便于分析和理解，笔者先从最简单的局部均衡开始。

2. 均衡价格的定义

在分析市场均衡时，学者最为关心的是供给曲线和需求曲线如何作用才能形成均衡价格。所谓均衡价格，是指该种商品的市场需求量和市场供给量相等时的价格，在均衡价格水平下所形成的供求相等的产量称为均衡数量。例如：

已知 $Q^d=50-5P$，$Q^s=-10+5P$，求均衡价格 P^* 和均衡数量 Q^*。

解 因为在均衡条件下有：$Q^d=Q^s$

代入上述等式，即有：$50-5P=-10+5P$

求解可得：$P=6$

进一步有：$Q^d=Q^s=20$

所以均衡价格为 $P^*=6$，均衡数量为 $Q^*=20$

供给曲线和需求曲线相交时所形成的状态称为均衡状态，也称为市场出清（market clearing），但是这种状态并不是常态。通常来说，市场上出现更多的是偏离均衡状态的情形。如图 2-8 所示，当价格位于均衡价格 P_e 之上时，如 P_1，所形成的供给量为 Q_1，需求量为 Q_2，显然供给量大于需求量，即当价格高于均衡价格时，就会形成超额供给，即所谓的供过于求；而当价格位于均衡价格 P_e 之下时，如 P_2，所形成的供给量为 Q_4，需求量为 Q_3，显然需求量大于供给量，即当价格低于均衡价格时，就会形成超额需求，即所谓的供不应求。

当市场价格偏离均衡状态时，商品处于供求不相等的非均衡状态，但是通过市场供求两种力量的作用，能够促使偏离的市场价格自动回到均衡价格水平，具体的作用机制如下：

（1）当市场价格 $P_1>$ 均衡价格 P_e，供过于求，此时产品过剩，会导致生产者之间的竞争，即看谁出的价格更低，进而会使价格下降，从而使 Q^d 上升，Q^s 下降，最终使 $Q^d=Q^s$，$P=P_e$。

（2）当市场价格 $P_2<$ 均衡价格 P_e，供不应求，此时产品短缺，会导致消费者之间的竞争，即看谁出价格更高，进而会使价格提高，从而使 Q^d 下降，Q^s 上升，最终使 $Q^d=Q^s$，$P=P_e$。

综上所述，市场波动更多地表现为价格在出清与非出清之间徘徊和震荡。

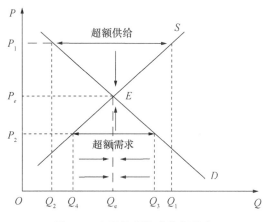

图 2-8　市场均衡和非均衡状态

3. 均衡价格的变动问题

上述分析的是当价格发生变化时所产生的均衡状况,下面笔者要分析当需求曲线或供给曲线发生移动时,即所谓的需求或供给发生变动时,对均衡价格和均衡产量所产生的影响。这里要分三种情况进行讨论:一是当供给曲线保持不变时,移动需求曲线会产生什么样的效果;二是当需求曲线保持不变时,移动供给曲线会产生什么样的效果;三是当需求曲线和供给曲线同时移动时,对均衡价格和均衡数量会产生什么样的效果。

首先分析当供给曲线不变时,移动需求曲线所产生的效果。如图 2-9 所示,当供给曲线 S 保持不变时,如果增加需求,即需求曲线从 D_1 移动到 D_2,此时均衡价格会由 P_1 移动到 P_2,同时均衡数量会由 Q_1 移动到 Q_2;反之,如果减少需求,即需求曲线从 D_1 移动到 D_3,此时均衡价格会由 P_1 移动到 P_3,同时均衡数量会由 Q_1 移动到 Q_3。从图中可以看出,在供给曲线保持不变的前提下,需求变动会引起均衡价格和均衡数量的同方向变动。

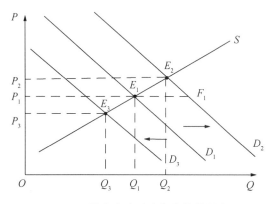

图 2-9　需求变动对均衡价格的影响

其次分析当需求曲线不变时，移动供给曲线所产生的效果。如图 2-10 所示，当需求曲线 Q 保持不变时，如果增加供给，即供给曲线从 S_1 移动到 S_2，此时均衡价格会由 P_1 移动到 P_2，同时均衡数量会由 Q_1 移动到 Q_2；反之，如果减少供给，即供给曲线从 S_1 移动到 S_3，此时均衡价格会由 P_1 移动到 P_3，同时均衡数量会由 Q_1 移动到 Q_3。也即，在需求曲线保持不变的前提下，供给变动会引起均衡价格和均衡数量的反方向变动。

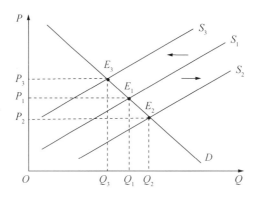

图 2-10　供给变动对均衡价格的影响

上述所形成的供求变动不同状态下均衡价格和均衡数量的变动特征，可以归纳为供求定理（the law of supply and demand），即在其他条件不变的情况下，需求变动会分别引起均衡价格和均衡数量的同方向变动；供给变动会引起均衡价格的反方向变动，而引起均衡数量的同方向变动。

上述分析的是供求两股力量中单方面的移动所产生的影响。下面，笔者将分析供求同时发生变动时所产生的作用特征。

当供求曲线同时移动时，均衡价格和均衡产量是否会产生形如供求定理所描述的那样的作用特征？为了清晰地描述供求曲线的同时移动，需要分四种情形来讨论。

（1）需求与供给同时增加。如图 2-11 所示，此时供求同时增加，即供给曲线由 S_1 移动到 S_2，需求曲线由 D_1 移动到 D_2，则均衡点由 E_1 移动到 E_2，均衡数量由 Q_1

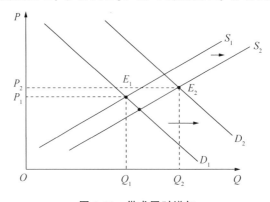

图 2-11　供求同时增加

移动到 Q_2，而均衡价格具体是上移还是下移却是不一定的，这主要取决于需求曲线移动的幅度和供给曲线移动的幅度之间的权衡。即，如果需求曲线向右上移动的力量大于供给曲线向右下移动的力量，会导致价格上升，即需求会把价格抬高；而如果需求曲线向右上移动的力量小于供给曲线向右下移动的力量，则会导致价格下降，即供给会把价格拉低。因而，可以总结为：需求与供给同时增加，则均衡数量增加，均衡价格不定。

（2）供给与需求同时减少。如图 2-12 所示，此时供求同时减少，即供给曲线由 S_1 移动到 S_3，需求曲线由 D_1 移动到 D_3，则均衡点由 E_1 移动到 E_3，均衡数量由 Q_1 移动到 Q_3，而均衡价格具体是上移还是下移却是不一定的，这主要取决于需求曲线移动的幅度和供给曲线移动的幅度之间的权衡。即，如果需求曲线向左下移动的力量大于供给曲线向左上移动的力量，此时会导致价格下降，即需求会把价格拉低；而如果需求曲线向左下移动的力量小于供给曲线向左上移动的力量，则会导致价格上升，即供给会把价格抬高。因而，可以总结为：需求与供给同时增加，则均衡数量减少，均衡价格不定。

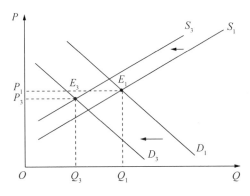

图 2-12　供求同时减少

（3）需求增加，供给减少。如图 2-13 所示，此时需求曲线向右上移动，而供给曲线向左上移动，即需求曲线由 D_1 移动到 D_2，供给曲线由 S_1 移动到 S_2，则均衡点由

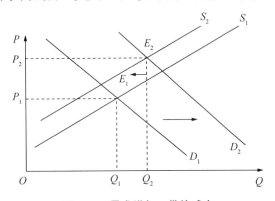

图 2-13　需求增加，供给减少

E_1 移动到 E_2，均衡价格由 P_1 移动到 P_2，而均衡数量具体是增加还是减少却是不一定的，这主要取决于需求曲线移动的幅度和供给曲线移动的幅度之间的权衡。即，如果需求曲线向右上移动的力量大于供给曲线向左上移动的力量，此时会导致均衡数量增加，即需求会拉动需求量；而如果需求曲线向右上移动的力量小于供给曲线向左上移动的力量，则会导致均衡数量减少，即供给会把数量拉低。因而，可以总结为：供给增加而需求减少，则均衡价格上升，均衡数量不定。

（4）供给增加，需求减少。如图 2-14 所示，此时供给曲线向右下移动，而需求曲线向左下移动，即供给曲线由 S_1 移动到 S_2，需求曲线由 D_1 移动到 D_2，则均衡点由 E_1 移动到 E_2，均衡价格由 P_1 移动到 P_2，而均衡数量具体是增加还是减少却是不一定的，这主要取决于需求曲线移动的幅度和供给曲线移动的幅度之间的权衡。即，如果需求曲线向左下移动的力量大于供给曲线向右下移动的力量，此时会导致均衡数量减少，即需求会拉低均衡数量；而如果需求曲线向左下移动的力量小于供给曲线向右下移动的力量，则会导致均衡数量减少，即供给会把均衡数量抬高。因而，可以总结为：需求增加而供给减少，则均衡价格下降，均衡数量不定。

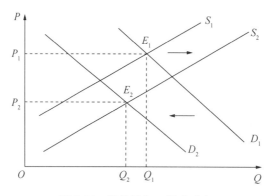

图 2-14 供给增加，需求减少

4. 应用分析

基本情况：一个画家总不得志，作品卖不出去。于是，他和朋友策划了一个骗局，宣称该画家已去世，并请一些评论家对其作品进行狂轰滥炸式的赞扬。于是，这些原本卖不出去的画价格飙升，他们也借此赚得盆满钵满，但是已成名的画家却无法以原来的身份生活并作画了。

问题：为什么人去世了画才值钱？你能够说明其中的原因吗？

分析：这是供给与需求决定价格的实际问题。之所以会出现人去世了画才值钱，主要是因为人去世了，画的供给量就是固定的了，即此时的供给曲线由之前的向右方倾斜变为垂直于横轴的直线，而均衡价格完全由需求曲线的变动来决定。那么，再加上非正常的市场炒作，使得这些画的价值被高估，从而就会出现供不应求的现象。因而，在需求力量的牵引下，画的均衡价格就会被拉升，出现"人去世了画才值钱"的非正常现象。

第五节 弹 性 理 论

1. 弹性的概念及其分类

在对需求曲线和供给曲线有了初步认识后，现在借助"弹性"这一概念来进一步认识需求曲线和供给曲线的内在特征。

所谓弹性（elasticity），是指只要两个经济变量之间存在函数关系，就可以用弹性来表示因变量对自变量变化的反应的敏感程度，即当一个经济变量发生1%的变化时，由它所引起的另一经济变量变化的百分比。

用公式可以表示为：

$$\text{弹性系数} \ e = \text{因变量的变动比例} / \text{自变量的变动比例}$$
$$= (\Delta Y/Y)/(\Delta X/X) = (\Delta Y/\Delta X) \times (X/Y)$$

进一步地，运用极限和微积分知识，可得：

$$e = (dY/Y)/(dX/X) = (dY/dX) \times (X/Y)$$

从上述定义中可以看出，弹性就是因变量变动率与自变量变动率之比，剔除量纲的影响，主要测度的是变量之间的敏感程度。其实，"弹性"这一概念也是借用了物理学中对弹性的定义，主要刻画的是一个物体在外力的作用下如何运动或发生形变的状态。

在经济学中，根据分析需要，可将弹性分为以下几种，关于这些弹性的具体应用，笔者将在后面加以说明。

（1）需求弹性：需求量对其影响因素变动的反应程度。具体还可以细分为：
① 需求价格弹性：$e_d = -(\Delta Q/Q)/(\Delta P/P)$，即分母为价格变动率；
② 需求收入弹性：$e_m = (\Delta Q/Q)/(\Delta M/M)$，即分母为收入变动率；
③ 需求交叉弹性：$e_{dxy} = (\Delta Q_x/Q_x)/(\Delta P_y/P_y)$，即分母为相关商品价格变动率。

（2）供给弹性：供给量对其影响因素变动的反应程度。具体还可以细分为：
① 供给价格弹性：$e_s = (\Delta Q/Q)/(\Delta P/P)$，即分母为价格变动率；
② 供给交叉弹性：$e_{sxy} = (\Delta Q_x/Q_x)/(\Delta P_y/P_y)$，即分母为相关商品价格变动率。

2. 需求价格弹性

首先，介绍一下最常见的一种弹性，即需求价格弹性（price elasticity of demand）。所谓需求价格弹性，是指在一定时期内，一种商品需求量的变动对于该商品的价格变动的反应程度；或者在一定时期内，当一种商品价格变动1%时所引起的该商品的需求量变动的百分比，这反映的是需求量对价格变动的敏感程度。用公式可以表述为：

$$\text{需求价格弹性系数} \ e_d = -(\Delta Q/Q)/(\Delta P/P) = -(\Delta Q/\Delta P) \times (P/Q)$$

从上述公式中可以看出，在计算需求价格弹性系数时，笔者在公式中加了负号，这主要是因为需求规律的存在，导致原有计算所得到的需求价格弹性为负值，但为了便于比较大小和反映经济意义，通常会加负号或取绝对值，因而最终所计算出的需求价格弹性是正值。

在计算需求价格弹性时，通常会运用以下两种方法：一是弧弹性法，二是点弹性法。

所谓需求的弧弹性，是指需求曲线上两点，如$A(P_1,Q_1)$和$B(P_2,Q_2)$，所构成的一段弧的弹性大小。具体测度公式为：

$$e_d = -(\Delta Q/\Delta P) \times [(P_1+P_2)/(Q_1+Q_2)]$$

这里需要注意的是，上述公式中的右半部分，即$(P_1+P_2)/(Q_1+Q_2)$，此处所取的是曲线上两个点的平均值。这主要是因为在计算弧弹性时，如果分别以A点和B点为基准，则计算出来的弹性值是不相等或不一致的，因而为了规避这方面的缺陷，就取平均值来表示。

请尝试计算图2-15中a、b两点间的弧弹性。

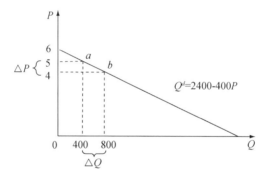

图2-15 需求的弧弹性

从图2-15中可以看出，倘若弧的方向由a向b，即以a为基准，则可计算得出$e_d = -(\Delta Q/\Delta P) \times (P/Q) = -[400/(-1)] \times [5/400] = 5$。

然而，如果以b为基准，即方向由b向a，则可计算得出：$e_d = -[(-400)/1] \times (4/800) = 2$。

因而，同一种商品价格下跌时与上涨时的弹性值是不同的。为了规避这方面的不一致，取这两个点的算术平均值作为弧弹性的中点公式，即：

$$e_d = \frac{\dfrac{\Delta Q}{(Q_1+Q_2)/2}}{\dfrac{\Delta P}{(P_1+P_2)/2}} = \frac{\Delta Q}{\Delta P} \cdot \frac{P_1+P_2}{Q_1+Q_2}$$

因而，运用上述公式，即可计算出价格在5与4之间变动时a、b两点间的弧弹性，即：

$$e_d = -[(800-400)/(4-5)] \times [(4+5)/(400+800)] = 3$$

根据弧弹性的大小，可以将弧弹性分为五种类型，即：（1）完全无弹性$e_d = 0$；

(2) 缺乏弹性 $e_d<1$；(3) 单位弹性 $e_d=1$；(4) 富有弹性 $e_d>1$；(5) 完全弹性 $e_d=\infty$。具体来说：

(1) $e_d>1$，即 $\Delta Q/Q>\Delta P/P$，也即需求量的变动率大于价格变动率，此时称为需求富有弹性。如图 2-16 所示，$e_{dAB}=-[30/(-1)]\times[(2+3)/(20+50)]\approx2.1>1$。富有弹性的需求曲线的主要特征是平坦、斜率小。在现实生活中，一般来说，正常商品都是符合该类弹性的特征，如汽车、电脑、家电等。因为对这些商品来说，价格稍微下降一点，就会引起人们对此类商品需求量的较大变化。

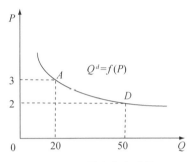

图 2-16 需求富有弹性

(2) $e_d<1$，即 $\Delta Q/Q<\Delta P/P$，也即需求量的变动率小于价格变动率，此时称为需求缺乏弹性。如图 2-17 所示，$e_{dAB}=-[5/(-1)]\times[(2+3)/(20+25)]\approx0.6<1$。缺乏弹性的需求曲线的主要特征是陡峭、斜率大。在现实生活中，一般来说，生活必需品都是符合该类弹性的特征的，如食物、衣服、油、盐、酱、醋等。因为对这些商品来说，无论价格下降还是提高，人们均是需要消费的，因而不会引起人们对此类商品需求量的较大变化。

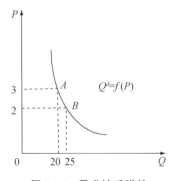

图 2-17 需求缺乏弹性

(3) $e_d=1$，即 $\Delta Q/Q=\Delta P/P$，也即需求量的变动率等于价格变动率，此时称为需求单一弹性。如图 2-18 所示，$e_{dAB}=-[10\times(-1)]\times[(2+3)/(20+30)]=1$。这类商品只要满足价格变动幅度与其所引起的需求量的变动幅度相一致即可。在现实生活中，这类商品比较少，更多的可能是在某一个时点上，某类商品的价格变动和需求量变动相等，恰好符合单一弹性的特征。

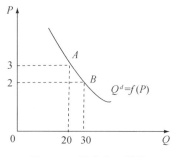

图 2-18 需求单一弹性

（4）$e_d=\infty$，即$(\Delta Q/Q)/(\Delta P/P)=\infty$，此时在既定价格下，需求量无限大，只要价格一变动，就会使需求量变为 0，此时称为需求完全富有弹性，其主要特征是需求曲线是一条平行于横轴的直线，如图 2-19 所示。在现实生活中，比较常见的情况是政府实行保护价，如以统一价收购农产品，即在农民种好庄稼后，为确保农民日后种田的积极性，政府实行统一的保护价，在此价格下不论农民今年收获了多少粮食，均按此价格进行收购。类似的例子还有银行以某一固定的价格收购黄金或者以某一固定的利率吸纳存款等。

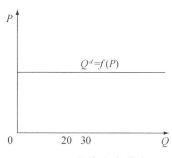

图 2-19 需求完全弹性

（5）$e_d=0$，即$(\Delta Q/Q)/(\Delta P/P)=0$，此时不论价格如何变动，需求量均是不变的，此时称为需求完全无弹性，其主要特征是需求曲线是一条垂直于横轴的直线，如图 2-20 所示。在现实生活中，比较常见的是急救药、土地的供给等。

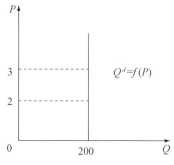

图 2-20 需求完全无弹性

上述是笔者对需求弧弹性的简要说明，下面对需求点弹性进行介绍。需求点弹性是指需求曲线上某一点的弹性值，用公式可表达为：$e_d = -(\Delta Q/Q)/(\Delta P/P) = -(\Delta Q/\Delta P) \times (P/Q)$，用极限公式则可以表达为：$e_d = \lim \dfrac{\Delta Q}{\Delta P} \cdot \dfrac{P}{Q} = \dfrac{dQ}{dP} \cdot \dfrac{P}{Q}$。从与弧弹性公式的对比中可以发现，点弹性的基准（benchmark）为一个点，如(P, Q)，而弧弹性则是两个点，且用中点公式来表示。如图2-15中，通过计算，a点的弹性值为5，而b点的弹性值为2，弧弹性为3，所以可以得出：一般情形下，需求曲线上不同点的弹性值是不同的，还要去除单一弹性和完全无弹性等情况。

上述所计算的点弹性值是在线性函数形式表达下得到的结果，下面探讨在非线性形式下所计算的弹性值究竟会有什么样的特征。

已知$Q^d = 2P^{-1}$，求在$P = 2$和$P = 1$时的点弹性值。

解：根据弹性公式，则有：

$$e_d = -(dQ/dP) \times (P/Q)$$
$$= [-2 \times (-1) \times P^{-2}] \times [P/(2P^{-1})] = 1$$

不用代入$P = 2$和$P = 1$，此时所计算出的点弹性值均是不变的，且均为1。

总结：当需求函数是$Q^d = AP^{-a}$这类形式时，其中A和a均是大于0的常数，其需求点弹性都是a。即：

$$e_d = -A \times (-a) \times P^{-a-1} \times [P/(AP^{-a})] = a$$

除了用具体的数值来计算点弹性外，还可以运用几何图形，并以目测的方式，不需要数值计算，即可比较不同点弹性值的大小，对此可称为"需求点弹性的几何测度"。

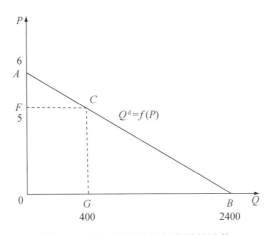

图2-21 某一需求曲线的点弹性计算

如图2-21所示，根据弹性公式，可以计算C点的弹性值，即

$$e_{dC} = -(dQ/dP) \times (P/Q) = (GB/CG) \times (CG/OG)$$
$$= GB/OG = FO/FA = CB/CA = (2400 - 400)/400 = 5$$

则线性需求曲线上任一点弹性公式为：

$$e_{dC} = C点以下线段 / C点以上线段$$
$$= CB/CA = FO/FA = GB/GO$$

其中，CB/CA 称为斜线公式，FO/FA 称为纵轴公式，GB/GO 称为横轴公式。

据此也可以得出需求点弹性的几何测度规律，即 C 点位置越高，其弹性值越大；C 点位置越低，其弹性值就越小。

根据上述点弹性的几何公式，可以尝试比较图 2-22 中点 R 和点 R' 的弹性值大小。

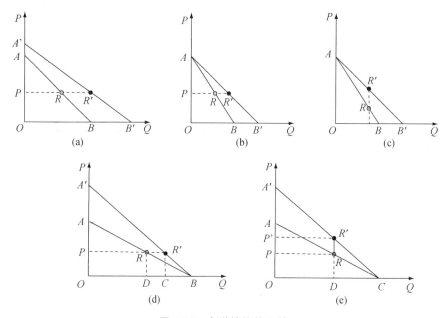

图 2-22 点弹性值的比较

比较的主要原则是要抓住某一基准，如图 2-22（a）（b）和（d）应该以纵轴为基准，图 2-22（c）和（e）应该以横轴为基准，并在此基础上运用点弹性的几何测度公式进行比较。经比较：（a）的 $e_{dR} > e_{dR'}$；（b）的 $e_{dR} = e_{dR'}$；（c）的 $e_{dR} < e_{dR'}$；（d）的 $e_{dR} > e_{dR'}$；（e）的 $e_{dR} = e_{dR'}$。

根据上述内容，可将线性需求点弹性的五种类型总结如下（具体如图 2-23 所示）：

(1) 线性需求曲线中点（如 C 点）的点弹性 $e_d = 1$，需求单一弹性；
(2) 线性需求曲线中点（如 D 点）以上部分任一点 $e_d > 1$，需求富有弹性；
(3) 线性需求曲线中点（如 B 点）以下部分任一点 $e_d < 1$，需求缺乏弹性；
(4) 线性需求曲线与纵轴交点 E 的 $e_d = \infty$，需求完全富有弹性；
(5) 线性需求曲线与横轴交点 A 的 $e_d = 0$，需求完全无弹性。

在计算需求曲线的点弹性时，还需要厘清斜率与弹性之间的关系。首先，在区别方面，这两者的概念表述是不同的。需求曲线的斜率是指需求曲线在某一点或某一段弧上的倾斜程度，用公式可表述为 $\beta = \Delta P/\Delta Q = dP/dQ$；而弹性的公式为 $e_d = (\Delta Q/$

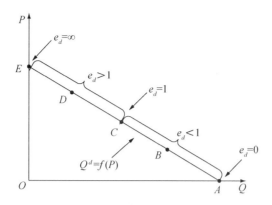

图 2-23 线性需求点弹性的五种类型

$\Delta P) \times (P/Q) = (dQ/dP) \times (P/Q)$，从中可以看出弹性 e_d 的大小不仅由斜率的倒数（即 dQ/dP）来决定，而且还取决于点的具体位置，即 (P, Q)。

其次，弹性和斜率的联系主要表现在：在相同的点上，需求曲线越陡峭，斜率越大，弹性越小，如图 2-24 中，直线 AB 和 CD 相交于点 E，那么此时即可判断在 E 点，究竟是 AB 曲线的弹性值大还是 CD 曲线的弹性值大，即根据上述法则，可以判断 AB 曲线的 E 点的弹性值较小；同样，在相同的点上，需求曲线越平坦，斜率越小，弹性越大，如图 2-24 中的 CD 曲线的 E 点的弹性值要大于 AB 曲线的 E 点的弹性值。

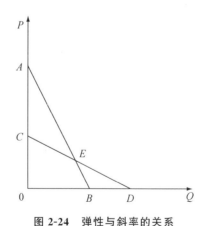

图 2-24 弹性与斜率的关系

最后，对厂商（或商家）在面临不同的商品需求弹性时应该怎么办进行分析，也即商品的需求弹性和厂商的销售收入之间究竟存在什么样的关系。

由于厂商的销售收入＝商品价格×商品销售量，这里假设市场是出清的，即厂商的商品销售量等于市场上对其商品的需求量，那么上述公式可以改写为：厂商的销售收入＝商品价格×商品需求量，也即 $TR = P \times Q$。根据上述公式，可以分析以下几个问题。

问题一：对于需求富有弹性的商品来说，厂商（或商家）应该降价还是提价？

如图 2-25 所示，当价格降低时，由于 $e_d > 1$，所以会导致需求量增加的幅度大于价格降低的幅度，此时商品的销售收入会进一步增加，即从 $S_{\square}OQ_1aP_1$ 转变到 $S_{\square}OQ_2bP_2$，整体面积是增加的。因而，对于富有弹性的商品来说，如汽车、家电等改善性商品，消费者对其价格变动比较敏感，价格稍微一下降，即会引起大批量的购买需求，因而对于厂商来说，采取降价策略，能够获得更大的收益。

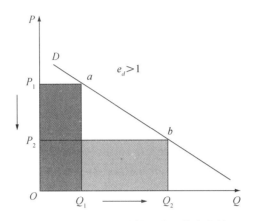

图 2-25 富有弹性时的销售收入的变化情况

问题二：对于需求缺乏弹性的商品来说，厂商（或商家）应该是提价还是降价？

如图 2-26 所示，当价格从 P_2 提高到 P_1 时，由于缺乏弹性，即 $e_d<1$，会导致价格提高的幅度大于需求量减少的幅度，因而会使得总收益增加，即从 $S_{\square}OQ_2bP_2$ 转变到 $S_{\square}OQ_1aP_1$，矩形的整体面积增加。因而，当商品缺乏弹性时，如一些生活必需品，对于厂商来说，具有主动权，可以在不违背政府政策的前提下，适当地采取提高价格的策略，以获取更大的收益。

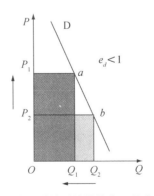

图 2-26 缺乏弹性时的销售收入的变化情况

问题三：对于单一弹性的商品来说，厂商（或商家）又该如何作决策？

如图 2-27 所示，对于单一弹性的商品来说，即 $e_d=1$，此时不论商家采取降价还是提价策略，均对销售收入的增减无影响，即不论从 $S_{\square}OQ_1aP_1$ 转变到 $S_{\square}OQ_2bP_2$，还是从 $S_{\square}OQ_2bP_2$ 转变到 $S_{\square}OQ_1aP_1$，矩形的整体面积均没有发生变化，因而是无差异的。

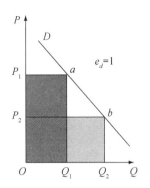

图 2-27　单一弹性时的销售收入的变化情况

除了上述比较常见的三种类型外，还有两种类型，即需求完全弹性商品（$e_d = \infty$），以及需求完全无弹性商品（$e_d = 0$）。在这两种类型下，应该采取什么样的价格策略？

首先，对于需求完全弹性商品来说，即 $e_d = \infty$，此时消费者所面临的是一条平行于横轴的需求曲线，对于厂商来说，会采取维持现有价格的策略，既不会降价，也不会提价，因为如果厂商一变动价格，其收益就会变成零。

其次，对于需求完全无弹性商品来说，即 $e_d = 0$，此时消费者所面临的是一条垂直于横轴的需求曲线，对于厂商来说，价格下降多少，收益就会减少多少，而价格提升多少，收益就会增加多少，两者是呈正比例变化的。

根据上述需求的价格弹性和销售收入之间的内在关系，可以通过两个案例来作进一步分析。

案例一　为什么化妆品可以薄利多销而药品却不行？是不是所有的药品都不能薄利多销？为什么？

案例分析：化妆品之所以能薄利多销，主要是因为化妆品是属于需求富有弹性的商品，小幅降价可以促使需求量有较大幅度的增加，从而使总收益增加。而药品往往是缺乏需求弹性的，因而降价只能使其总收益不增反减。

并不是所有药品均不能薄利多销。例如，对一些滋补药品或保健药品来说，其需求是富有弹性的，厂商可以通过薄利多销的方式来增加收益。

案例二　日本人"鬼"在哪里？

某年，国内某机械厂要进口一套设备。据该厂调查，当时有六个国家能够生产这种设备，价格在 800 万—1200 万美元。该厂首先找一家日本企业谈判，开价 800 万美元。岂知，第一次谈判时，该日本企业就满口答应，并表示可以立即签合同。当时，机械厂厂长心里直打鼓：日本人怎么这么好说话呢？其中一定有"鬼"。然而，该日本企业的设备货真价实，厂长便拍板敲定。

设备使用一年之后，许多易耗零部件需要更换，厂长请日企按合同供货，日企却要求提高一倍价格。由于原有合同并未规定日企应在今后向该厂供应零部件价格的责任，厂长只好设法向其他生产同类型设备的企业购买，但由于不配套，最后还是被迫以高价向日企购买了专用零部件。几年下来，向日企购买零部件的费用比 1200 万美元还高。厂长气愤地骂道："日本人就是'鬼'"。

请用需求价格弹性理论分析这一现象。

日本企业的精明之处就在于其抓住了所供给商品的核心技术，而这对于该商品的需求者机械厂来说，由于其不能自主研发，因而需求是缺乏弹性的。这就会导致定价权控制在日企手里。该机械厂的厂长一开始以为日企以 800 万美元成交，自己占到了便宜，其实他已经步入日企所设的圈套。当设备零部件损坏，且其他产品无法替代时，该厂只能任日企"宰割"。从这个案例中也可以知道，商场如战场，蕴含着诸多套路或玄机，管理者需要一定的谋略和智慧才能识破，运用经济学理论知识进行分析，也是个比较好的方法；另外，掌握核心技术才是赢得市场的关键。

最后，笔者对这一部分内容加以归纳，如表 2-3 所示：

表 2-3 价格变化、弹性大小与销售收入变化的内在关系

需求弹性	种类	对销售收入的影响
$e_d > 1$	富有弹性	价格上升，销售收入减少；价格下降，销售收入增加
$e_d = 1$	单一弹性	价格上升，销售收入不变；价格下降，销售收入不变
$e_d < 1$	缺乏弹性	价格上升，销售收入增加；价格下降，销售收入减少
$e_d = 0$	完全无弹性	销售收入随价格的上升（下降）而增加（减少）
$e_d = \infty$	完全弹性	不会降价；价格上升时收益为 0

3. 需求交叉弹性

所谓需求交叉弹性（cross elasticity of demand），是指在其他因素不变的条件下，一种商品 x 的需求量 Q_x 对其相关商品 y 的价格 P_y 变动的反应程度，可以用公式表达为：$e_{xy} = (\Delta Q_x / Q_x)/(\Delta P_y / P_y)$。

同样，测度需求交叉弹性也有两种方法，一种是弧弹性公式，如下所示：

$$e_{xy} = \frac{\dfrac{\Delta Q_x}{(Q_{x1} + Q_{x2})/2}}{\dfrac{\Delta P_y}{(P_{y1} + P_{y2})/2}} = \frac{\Delta Q_x}{\Delta P_y} \cdot \frac{P_{y1} + P_{y2}}{Q_{x1} + Q_{x2}}$$

另外一种是点弹性公式，如下所示：

$$e_{xy} = \lim_{\Delta P_y \to 0} \frac{\Delta Q_x}{\Delta P_y} \cdot \frac{P_y}{Q_x} = \frac{\mathrm{d}Q_x}{\mathrm{d}P_y} \cdot \frac{P_y}{Q_x}$$

正如在前面分析两种商品关系时所看到的，两种商品之间存在两种关系，一种是没有关系，即 $e_{xy} = 0$；另一种是有关系，即 $e_{xy} \neq 0$。在有关系的前提下，又可以将商品分为替代品与互补品，具体如下：（1）$e_{xy} > 0$，表示是替代品，即 y 商品价格上升

会引起 x 商品需求量上升，说明 x 和 y 之间为替代关系；(2) $e_{xy}<0$，表示是互补品，即 y 商品价格上升会引起 x 商品需求量下降，说明 x 和 y 之间为互补关系。

可以说，需求交叉弹性反映了两种商品之间的不同关系。基于此，可以运用需求交叉弹性来分析产品之间的竞争关系，具体如表 2-4 所示：

表 2-4　基于需求交叉弹性的经营策略

产品	需求交叉弹性	对方降价 1% 给自己销售量带来的变化
肯德基与麦当劳	0.5	−0.5%
可口可乐与百事可乐	1.74	−1.74%

从表 2-4 中可以看到，不论是肯德基与麦当劳，还是可口可乐与百事可乐，它们各自之间的交叉弹性均为正，这说明肯德基与麦当劳、可口可乐与百事可乐之间存在同业竞争关系，也即它们所生产的产品是可以替代的；从交叉弹性值的大小来判断，显然，可口可乐与百事可乐之间的竞争强度要大于肯德基与麦当劳之间的竞争强度，因为如果可口可乐采取降价 1% 的策略，就会导致百事可乐的销售量减少 1.74%，即市场份额会减少 1.74%，大于肯德基降价 1% 给麦当劳所带来的市场销量减少 0.5% 的影响。因而，从这个案例可以看出，两种商品之间的需求交叉弹性越大，说明这两者之间的竞争越激烈。

对于一个企业来说，研究并分析与竞争企业产品之间存在的需求交叉弹性也是该企业在市场上谋求发展的重要指标和有效参考。其实，这也给创业者一定的启示，即创业者在进行市场战略分析时，可以通过市场调研，测度一下自己所生产的产品与市场上现有产品之间的交叉弹性，从定量视角更好地明晰产品之间的竞争程度，进而采取相应的策略。

4. 需求收入弹性

所谓需求收入弹性（income elasticity of demand），是指在其他因素保持不变的情况下，商品的需求量变动对消费者收入变动的反应程度。它用公式进行测度，可以表述为：$e_m = (\Delta Q/Q)/(\Delta M/M) = (\Delta Q/\Delta M) \times (M/Q)$，其中 M 代表收入。

根据需求量与收入之间的关系，可以将商品分为以下几种类型：

(1) 正常物品，即 $e_m > 0$，表示商品的需求量会随着收入的提高而增加。同时，根据需求量的变动率和收入的变动率两者变化快慢的大小，可以将正常物品进一步分为：

① 奢侈品，即 $e_m > 1$，表示收入稍微增加即会引起需求量更大幅度的增加，如对一些名牌手提包、豪车或化妆品等的追求，当收入稍微提升一个层次，即有可能会对该类商品产生巨大需求，因为奢侈品不仅是人们对更高生活品质的追求，也体现了人们对社会地位的追求。

② 必需品，即 $0 < e_m < 1$，表示收入变化对需求量的变化并不是很敏感，或者说

伴随着收入的增加，消费者对此商品需求量增加的幅度会逐渐减少。如对一些日常用品来说，即使收入增加的幅度再大，也不会引起消费者对这些商品需求量的大幅增加，因为消费者对这些商品的需求是非常有限的，除非发生战争或自然灾害，如 2011 年日本福岛核泄漏事故，当时很多人相信吃盐可以避免辐射，因而很多人囤盐，导致盐的价格大幅攀升。

（2）劣等物品或低档物品，即 $e_m<0$，表示伴随着收入的提升，人们对此商品的消费需求量是减少的。例如，在收入较低的时候，人们会购买人力自行车作为代步工具，但是伴随着收入的提升，人们会选择电动自行车来替代人力自行车，因为相较于人力自行车，电动自行车更为省力；然而，当收入进一步提高到一定程度时，人们便选择汽车代替电动自行车，因为汽车要比电动自行车更为舒适和快捷。还有，当人们收入较低时，会选择糙米（指稻谷脱去外保护皮层稻壳后的颖果，相较于普通精致白米来说，口感较粗）作为充饥的食物，但是当收入提高后，人们便会选择大米、有机米或生态米等作为主食。

谈到消费和收入，有必要了解恩格尔定律。该定律是以 19 世纪德国统计学家恩格尔[①]命名的，恩格尔在长期从事家庭消费研究后发现：一个家庭或一国的食物支出在总收入中所占的比重会随着收入的增加而不断减少，或者说，一个国家富裕程度越高，食物支出的需求收入弹性就越小。

恩格尔定律是用恩格尔系数来测度的，恩格尔系数＝食物支出/总收入。表 2-5 展示了恩格尔系数与贫富标准之间的关系，从中可以看出：越是富裕的地区、国家或家庭，其食物支出占总支出的比重越低，这主要在于：当解决温饱问题后，它们会将更多的收入用于支付除食物之外的其他消费。这也如同之前所提到的马斯洛需求层次理论一样，需求层次的高低能够直接反映一个地区或者一个人的富裕程度或者精神追求状态。

那么，我国的恩格尔系数为多少呢？据国家统计局数据显示，2017 年，我国城乡居民的恩格尔系数是 29.3％，比上年下降 0.8％，其中城镇为 28.6％，农村为 31.2％。[②] 按照表 2-5 的分类，我国恩格尔系数已进入发达国家行列。这可能与现实感受和我国所处的经济发展阶段并不相符。原因主要在于：衡量一个国家是否为发达国家，除了恩格尔系数以外，还有很多指标，如人均国民收入水平、人均 GDP 水平、国民收入分配情况、人均受教育程度、人均预期寿命等。数据显示，2017 年，尽管我国经济总量已稳居世界第二，但是人均 GDP 按平均市场汇率来算还不到 9000 美元，按照世界银行的统计，我国 2017 年的人均国民收入（GNI per capita）为 8690 美元，

---

① 恩斯特·恩格尔（Ernst Engel，1821—1896 年），德国统计学家和经济学家，以恩格尔曲线和恩格尔定律闻名。

② 参见《中华人民共和国 2017 年国民经济和社会发展统计公报》，http：//www.stats.gov.cn/tjsj/zxfb/201802/t20180228_1585631.html，2018 年 1 月 11 日访问。

而根据世界银行所给出的按收入水平划分的新国别类别（2018—2019年）[①] 进行分类，我国的人均收入在全球还处于比较低的水平。同时，恩格尔系数毕竟是个平均数，难以真实反映收入的分布状态，即有可能少部分在平均线以上的样本会拉高大部分在平均线以下的样本，进而出现"被平均"的现象。另外，恩格尔系数是以家庭为单位进行核算的，因而在比照时，也要以家庭为单位进行。故不能简单地以恩格尔系数来判断一个国家的发达程度，即恩格尔系数只是甄别国家发达程度的必要条件，而非充分条件。

表2-5 联合国粮农组织给出的恩格尔系数与贫富标准的对应表

恩格尔系数	贫富标准
59%以上	绝对贫困
50%—59%	勉强度日/温饱
40%—49%	小康
30%—39%	富裕
低于30%	最富裕

5. 供给价格弹性

所谓供给的价格弹性（price elasticity of supply），是指在一定时期内一种商品的供给量的变动对于该商品价格变动的反映程度；或者说，是在一定时期内当一种商品的价格变动1%时所引起的该商品的供给量变化的百分比。

同样，供给的价格弹性也可分为弧弹性和点弹性，具体测算公式如下所示：

弧弹性公式为：$e_s = \dfrac{\dfrac{\Delta Q}{(Q_1+Q_2)/2}}{\dfrac{\Delta P}{(P_1+P_2)/2}} = \dfrac{\Delta Q}{\Delta P} \cdot \dfrac{P_1+P_2}{Q_1+Q_2}$

点弹性公式为：$e_s = \lim\limits_{\Delta P \to 0} \dfrac{\Delta Q}{\Delta P} \cdot \dfrac{P}{Q} = \dfrac{\mathrm{d}Q}{\mathrm{d}P} \cdot \dfrac{P}{Q}$

从上述公式中可以看出，供给价格弹性的测算公式与需求价格弹性的测算公式基本上是一致的，最大的区别就在于公式中的Q，在这里是指供给量，而非需求量。

根据弹性数值的大小，可以将供给价格弹性分为以下五种类型：供给完全无弹性（$e_s=0$）、供给缺乏弹性（$e_s<1$）、供给单位弹性（$e_s=1$）、供给富有弹性（$e_s>1$）和供给完全弹性（$e_s=\infty$）。

除了上述的数值测度方法外，测算供给价格弹性的方法还包括几何测度法。根据

[①] 世界银行的划分标准为：人均国民总收入低于996美元为低收入；996—3895美元为中等偏下收入；3896—12055美元为中等偏上收入；12056美元及以上为高收入。

供给价格弹性的计算公式，结合图 2-28，可推导出供给价格弹性的几何测度等式，即：

$$e_s = (dQ/dP) \times (P/Q) = (CB/AB) \times (AB/OB) = CB/OB = AC/AD$$

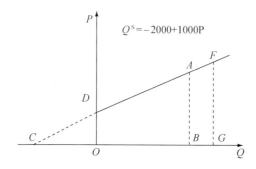

图 2-28　供给价格弹性的几何测度

简而言之，即：$e_s = \dfrac{AC}{AD} = \dfrac{A\text{点与横轴交点的连线}}{A\text{点与纵轴交点的连线}}$，或者可表述为：

$$e_s = \frac{CB}{OB} = \frac{\text{供给曲线在横轴的交点与}A\text{点在横轴的垂点的连线}}{A\text{点在横轴上的垂点与原点的连线}}$$

上述所推导的是供给曲线是线性函数形式下的供给价格弹性的几何测度，而在一般情形下，更多见的是非线性形式，如图 2-29 所示：

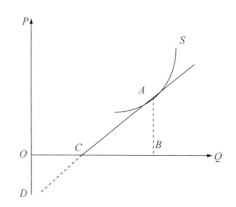

图 2-29　非线性供给函数的价格弹性的几何测度

此时供给的价格弹性的测度公式可表述为：

$$e_s = CB/OB$$

显然，从图 2-29 来看，根据上述公式可知，A 点的弹性值小于 1。这就提供了一个用几何方法测度和甄别供给价格弹性大小的方法，即在供给曲线的某个点做切线，然后根据该切线分别与横轴和纵轴的交点情况的比值来判断该值是否大于 1。据此，可以分为以下几种类型来甄别供给弹性的大小：

（1）若供给曲线 S 先与纵轴相交或与横轴的交点在原点左边，则供给曲线 S 上所有点的弹性值都大于1，即 $e_s>1$，也即供给是富有弹性的。

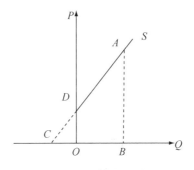

图 2-30　供给富有弹性

（2）若供给曲线 S 先与横轴相交或与横轴的交点在原点右边，则供给曲线 S 上所有点的弹性值都小于1，即 $e_s<1$，也即供给是缺乏弹性的。

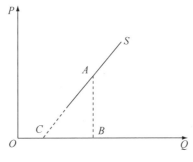

图 2-31　供给缺乏弹性

（3）若供给曲线 S 的延长线直接与原点相交，则供给曲线 S 上所有点的弹性值都等于1，即 $e_s=1$，也即供给是单一弹性的。

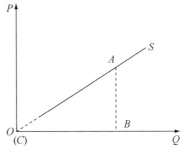

图 2-32　供给单一弹性

（4）若供给曲线 S 是一条平行于横轴的直线，则供给曲线 S 上所有点的弹性值都趋于无穷，即 $e_s=\infty$，也即供给是完全弹性的。

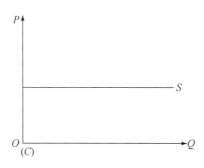

图 2-33 供给完全弹性

（5）若供给曲线 S 是一条垂直于横轴的直线，则供给曲线 S 上所有点的弹性值都等于 0，即 $e_s=0$，也即供给是完全无弹性的。

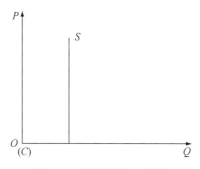

图 2-34 供给完全无弹性

因而，上述几何测度法给判断供给曲线弹性值的大小提供了一个较为便捷的方法，即可以在不知道具体数值的情况下，简便地判断供给价格弹性的大小。

综上，非线性供给曲线上点弹性的五种类型可归纳如下，具体如图 2-35 所示。这可以与需求价格弹性的内容结合理解和记忆。

（1）若切线先与纵轴相交，则 $e_s>1$，供给是富有弹性的；

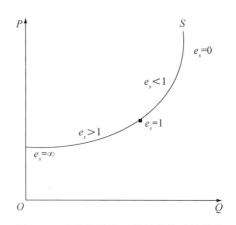

图 2-35 非线性供给函数的价格弹性种类

(2) 若切线先与横轴相交,则 $e_s<1$,供给是缺乏弹性的;
(3) 若切线先与原点相交,则 $e_s=1$,供给是单一弹性的;
(4) 若供给曲线水平,则 $e_s=\infty$,供给是完全弹性的;
(5) 若供给曲线垂直,则 $e_s=0$,供给是完全无弹性的。

第六节 供求理论的现实应用

下面笔者具体运用需求—供给(demand-supply)的分析框架来理解和解释一些经济现象。通过这些现象的分析,主要明晰价格是市场参与者之间形成交互联系和传递市场信息的渠道,是形成市场出清或均衡的途径,通过价格机制的引导和协调能够实现资源的最优化配置。

1. 易腐商品的定价策略

在现实生活中,经常会遇到这样的情况,如果你早上去买菜,那么此时菜的价格是比较昂贵的,且如果你要和商贩讨价还价,商贩不一定会给你优惠;反之,如果你赶晚集,也即商贩快要收摊时去买菜,此时商贩一般不会斤斤计较,很多时候还会有促销活动。这就说明对于同样一种商品,在不同的时点售卖,其价格是不一样的。

以鲜鱼为例,图 2-36 种给出了鲜鱼的需求曲线。从中可以看出,一般情况下鲜鱼的定价位于 P_1。然而,如果此时恰好是早市或者适逢该类鱼新鲜上市,大家都要尝鲜,那么商贩会将价格定得高些,如图 2-36 中的 P_2,即所谓的尝鲜价。然而,当处于晚市或者该类鱼大量上市后,此时再定高价,消费者就不一定会买。况且,商贩所囤积的鱼属于鲜活商品,如果卖不掉,鱼就会死亡甚至腐烂,商贩也就卖不上好价,甚至会产生亏损。因而,在此情形下,商贩在定价过程中就处于劣势地位,他必须要在鱼不新鲜之前卖掉。此时对于商贩来说,通常所采取的策略就是降价。如图 2-36 所示,商贩本可以把价格定在 P_1,但是由于形势所迫,只能把价格定在 P_3。然而,不论如何,理性的商贩把价格定得再低也不会低于该商品的成本价,所以市场上经常出现的"亏本买卖""吐血价格"等,均掺有夸张成分,因为对商家来说,他是不会做赔本生意的,这也是所谓的"从南京到北京,买的不如卖的精"的道理。

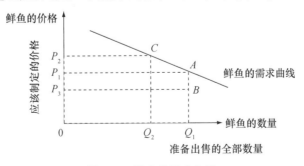

图 2-36 鲜鱼的需求曲线

上述提供了一个对易腐商品定价的分析思路，其实生活中还有很多类似的商品或经济现象，如对于一些时令性商品（如龙虾、河蟹）的定价分析，再如关于一些更新换代快的产品（如手机、电脑等）的销售策略等，均可以运用该框架来进行分析。

2．价格放开

通常来说，政府对价格的干预有两种方式：一是价格放开，二是价格管制。所谓价格放开（price release），主要是指原本该商品的价格是由政府控制或主导的，现在政府对此商品的价格不再予以干预，而是交由市场来定价。放开价格的主要目的是为了激活市场活动，使商品定价能够按照供求理论进行。那么，是否所有商品均适合价格放开？或者，价格放开是否意味着所有商品的供求结构均能够得到改善？

从图 2-37（a）中可以看出，原本的价格控制在 P_1，此时会产生一定的短缺，即供不应求，缺口为 Q_1 与 Q_2 差值的绝时值。现在采取价格放开政策，政府不予控制，那么在供求两股力量的作用下，即此时会产生供给量增加而需求量减少的变动现象，会逐渐回归到 E 点，即均衡点，也会形成新的价格，即 P_e。然而，如果此时供给曲线是无弹性的，如图 2-37（b）所示，供给曲线垂直于横轴，此时放开价格，仅仅会带来需求量的减少，而不能使供给量增加。虽然此时也形成了新的均衡点 E，但是是通过单方面地抑制需求量来实现的，并没有给供给量带来有益的影响，而且相反的是，此时还会导致价格的上升，损害消费者的利益。

因而，在分析商品价格放开效果时，需要结合该商品的供给曲线和需求曲线的内在特征来进行分析，切勿"一刀切"，因为不同情形下的价格放开会对商品的供给者和需求者产生不同的效果。

值得一提的是，图 2-37（a）中的价格放开比较符合我国改革开放时期所实行的价格双轨制（dual price system）。即，在市场上同时存在两种价格，一是由政府所制定的价格，即体制内价格，如图中的 P_1；二是由市场所形成的价格，即体制外价格，如图中的 P_e。由于存在两种不同的定价机制，就会有一定的寻租（rent-seeking）空间，即可以将体制内定价的商品在市场上按照体制外价格进行出售，这样即可获得（$P_e - P_1$）部分的差价，而这会影响资源配置和价格机制的正常运行。

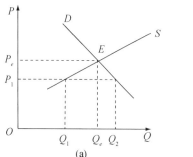
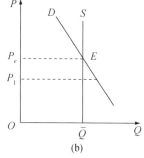

图 2-37　供给弹性不同情形下价格放开的效果

可以说，价格双轨制是我国经济从计划经济向市场经济转型过程中所采取的一种特殊制度安排，是1979—1993年我国所实施的渐进式增量改革（体制外优先改革）战略的一个重要特征，也是避免"休克疗法"（shock therapy）的重要举措，具有历史阶段性的特征。因而，伴随着我国商品经济体系的逐步建立，以市场为导向的价格决定机制逐渐替代以计划为主的价格形成机制，体制外价格逐渐替代体制内价格，市场活力不断显现。

3. 价格管制

所谓价格管制（price control），是指政府通过对价格进行一定的干预或调节，消除既有价格对消费者或生产者所产生的不公平现象。之所以能实行价格管制，是因为价格调节具有不完善性和短期性，需要政府运用"有形之手"进行矫正和协调。现有价格管制有两种方式，一是最高限价（price ceiling），即政府规定某种商品的最高价格；二是最低限价（price floor），即政府规定某种商品的最低价格。这两种价格管制方式适用于不同的商品，需要分类讨论。

（1）最高限价，也称为限制价格（price ceiling），是指政府为了限制某种商品的价格上涨而规定的低于市场均衡价格的最高价格，即该价格如同天花板限制了价格的上涨。从图2-38中可以看出，当价格P_1位于均衡价格P_e之下时，即为最高限价，此时的价格不能超过均衡价格。在最高限价的作用下，市场上会形成供不应求的状态，即$Q_2 > Q_1$。

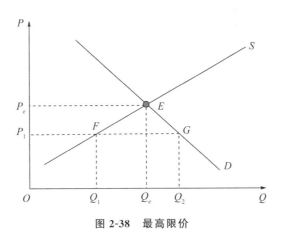

图 2-38　最高限价

那么，政府为什么要实行最高限价呢？其主要目的在于抑制某些商品价格上涨，保持社会稳定，因而最高限价政策主要适用于那些重要原材料、燃料、药品、水、电、煤气等关系生活或国计民生的商品，这对享受到最高限价政策的消费者来说是种福利。

然而，最高限价政策也存在诸多弊端。首先，由于最高限价是通过压低价格来控制价格上涨的，该政策有意抑制了产品的供给，因而会导致产品短缺和消费者排队抢购等现象，如计划经济时代因物资短缺，我国实行了定量供应和粮油票制度，人们需要凭票购买所需商品。

其次,正是由于在最高限价下产品供不应求,必然会导致部分消费者无法从正常的市场渠道购买该商品,如果这部分消费者又非常急需这类商品,则会通过黑市(black market)交易来实现,如春运期间,旅客一票难求,此时部分旅客会通过"黄牛"(scalper)购买车票,这会破坏社会的良好风气和市场经济的正常运行。

再次,在最高限价下,市场上所形成的供不应求体现在卖方市场(seller's market),即以生产者为主导,或者在商品的供求关系中,生产者具有定价权和控制权,这就会导致生产者粗制滥造,因为其认为所生产的产品肯定能卖掉,因而并不会注重产品的内在质量和技术含量,相反,生产者还会以产品供不应求来要挟消费者,形成变相涨价。

最后,对于消费者来说,因为最高限价能够使得部分消费者获得低于市场价格的产品,他们可能并不会珍惜自己所获得的消费红利,反而会因价格太低而产生浪费现象,而对于那些没有买到或支付了更高价格而买到该类商品的消费者,却只有羡慕的份,这也正所谓"得不到的永远在骚动,被偏爱的都有恃无恐"。

那么,如何解决最高限价所带来的弊端?缓解经济发展过程中商品短缺的主要措施有哪些?根据影响商品价格的主要力量,即供给和需求,可以从以下两个方面来分别进行:

一是从供给方面来说,可以实行政府补贴,鼓励多生产,以增加供给。如图2-39(a)所示,原有的均衡点为E,所实行的最高限价为P_1,此时所存在的短缺为Q_1Q_2,为弥补这部分短缺,可以移动供给曲线,即从S移动到S_1,使得新的均衡点为G,此时均衡价格为最高限价P_1,均衡数量为Q_2,不存在产品短缺现象,由此消除了由最高限价所带来的价格扭曲现象。

二是从需求方面来说,可以实行配给制(rationing system),定量供应产品,以控制需求。如图2-39(b)所示,此时保持供给曲线不变,通过移动需求曲线来消除实施最高限价的弊端,即从D移动到D_1,减少需求,所形成的新的均衡点为F,这样均衡价格为最高限价P_1,均衡数量为Q_1,此时也不存在短缺现象。

上述两种方法分别从不同的角度,或通过增加供给,或通过减少需求,消除产品短缺现象。具体采取哪种方法,需要根据经济发展和产品特性等综合考虑和权衡。如对我国房地产市场所出现的房价只升不降的现象,政府部门也可以采取这两种措施来调节。从当前的政策面来看,政府主要通过抑制需求来降低房价,其中最为严厉的措施便是限购限贷,但是此种政策的效果并不理想,房价并没有下降,反而出现"越控越涨"的现象。这可能在于房地产市场上尽管存在投资甚至是投机炒房的现象,但是人们对住房的需求更多的是表现为刚性需求或改善性需求。因而,政府部门主要通过抑制需求来调控房价,往往是事倍功半。对此,不如换个解决问题的视角或思维方式,在抑制投机性炒房囤房的同时,可以通过增加住房供给,如兴建保障房、经济适用房、廉租房等,抑制房价的上涨。当然,这些类型的住房供给,必须为有效供给,即能切实满足人们对住房的需求,但不能将住房建在交通不便的偏远地区或是存在暗

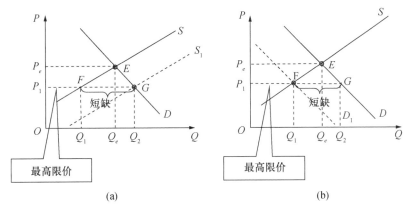

图 2-39 解决最高限价的两种方法

箱操作的不当行为等。

另外，我国曾实行计划经济，即通过配给制的方式来满足人们的需求，如上述提到的定量供应或粮油票制度等。当时，我国实行计划经济，一方面是要学习苏联的经验，走苏联经济发展模式；另一方面是由于当时物质生产不发达、生产力低下等原因，导致供给能力跟不上日益增长的需求，只能借助统筹分配的方式来迎合消费者的需要。人们购买什么，均需要通过"票"来实现。后来，随着物质生产能力的不断提高，以及价格机制改革的不断深入，尤其是自改革开放以来，这种由限价所造成的价格扭曲现象逐渐得到矫正，价格形成机制也逐渐回归市场，即由市场来决定价格。

（2）最低限价，也称为支持价格（price floor），即政府为扶持某一行业的发展而对该行业产品规定的高于市场均衡价格的最低价格，主要适用于农产品等涉及国家产业发展的基础行业。那么，为什么最低限价政策主要是针对农产品价格的调控？可以先阅读叶圣陶先生①所写的一部短篇小说中所描绘的片段。

《多收了三五斗》② 的万盛米行

万盛米行的河埠头，横七竖八停泊着乡村里出来的敞口船。船里装载的是新米，把船身压得很低。

那些戴旧毡帽的大清早摇船出来，到了埠头，气也不透一口，便来到柜台前面占卜他们的命运。

"糙米五块，谷三块"，米行里的先生有气没力地回答他们。

"什么！"旧毡帽朋友几乎不相信自己的耳朵。美满的希望突然一沉，一会儿

---

① 叶圣陶（1894—1988 年），原名叶绍钧，字秉臣、圣陶，1894 年 10 月 28 日生于苏州，现代作家、教育家、文学出版家和社会活动家，有"优秀的语言艺术家"之称。

② 《多收了三五斗》是叶圣陶先生的短篇小说。小说通过对 20 世纪 30 年代江南一群农民忍痛亏本粜米，在丰年反而遭到比往年更悲惨的厄运的描写，形象地揭示了在"三座大山"的压迫下，农村急遽破产的现实。

大家都惊呆了。

"在六月里,你们不是卖十三块么?"

"十五块也卖过,不要说十三块。"

"哪里有跌得这样厉害的!"

"现在是什么时候,你们不知道么?各处的米像潮水一般涌来,过几天还要跌呢!"

刚才出力摇船犹如赛龙船似的一股劲儿,在每个人的身体里松懈下来了。天照应,雨水调匀,小虫子也不来作梗,一亩田多收了这么三五斗,谁都以为该得透一透气了。

哪里知道临到最后的占卜,却得到比往年更坏的课兆!

从这个片段中我们产生了疑问:为什么粮食丰收了,农民的利益却受损了?

上述所产生的现象被称为"谷贱伤农"。其实,在现实生活中,还存在诸多类似的现象,如"粮贱伤农""菜贱伤农""瓜贱伤农""猪贱伤农"等。面对这些"伤农"现象,农民不禁会发出感慨:为什么受伤的总是"我"?

那么,为什么会发生"谷贱伤农"的现象?这主要在于农产品的需求是缺乏弹性的,如图2-40所示,农产品的需求曲线比较陡峭,当农产品丰收时,该产品的供给曲线从 S_1 移动到 S_2。然而,我们可以发现,在丰收之前,农民的收益为 P_1,而丰收之后,农民的收益变为 P_2,不增反减,其中的主要原因就是农产品是缺乏弹性的商品。因而,政府通过价格支持来对农产品进行最低限价,其主要目的是要保护农民的收入和利益、提高农民种田的积极性,进而稳定农业生产、繁荣农村经济,毕竟农业是国民经济的基础。

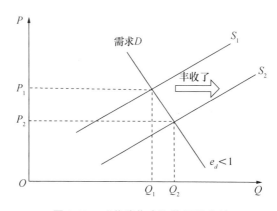

图2-40 "谷贱伤农"的图解分析

最低限价在保障农民利益和促进农业发展的同时,也会带来一定的弊端。一方面,因为有政府支持农业发展,因而被政策支持的农民在种地种菜时往往就没有后顾之忧,觉得会有政府进行保障或兜底,因而并不需要担心农产品是否适销,这就可能会造成农产品过剩的现象;另一方面,正是由于政府指定的是价格支持,使得农产品定价高于均衡价格,这会使购买农产品的消费者的利益受损,因为按照正常的供求规律，在均衡状态，消费者所应支付的价格为均衡价格，但是现在在政府干预的作用下，消费者所需支付的价格（P_1）要高于均衡价格（P_e），如图 2-41 所示，这就会使得消费者以过高的价格购买了该产品，进而导致其收益减少。

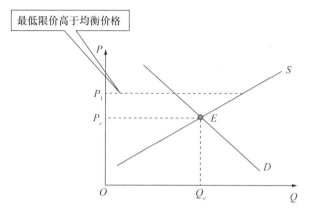

图 2-41　最低限价的图解分析

那么，如何解决实施最低限价所带来的弊端？即，如何在保障农民利益的同时，也能确保消费者的利益不受损失？根据上文所给出的破解最高限价困境的思路，也可以从供求两个方面来解决由最低限价所带来的困境。

一是通过扩大需求，使得需求曲线从 D 移动到 D_1，这样均衡价格就由 E 移动到 G，从而使得新的均衡点 G 就在最低限价处（P_1）实现，也就消除了产品过剩的现象（如图 2-42（a）所示）。在现实生活中，一般是通过政府收购过剩农产品来增加对农产品的需求，进而消除农产品过剩的现象。然而，这种举措也会带来一定的问题，即政府通过买单的方式来消除农产品过剩的现象，但是这种过剩只不过是转嫁给了政府，政府必须要腾出额外的人力、物力、财力来保管和处置这些剩余产品，因而对政府来说也是种负担。

二是通过缩减供给，使得供给曲线从 S 移动到 S_1，这样均衡价格就由 E 移动到 F，从而使得新的均衡价格在最低限价 P_1 处实现（如图 2-42（b）所示）。在现实生活中，一般是通过限制或者调整农产品种植面积来减少农产品供给，进而维持农产品价格稳定。例如，政府对蒜的价格实行保护政策，主要是为了保障蒜农的利益。这就会使得很多原本不种蒜的农田改种蒜，导致种蒜的土地面积不断增加。为了有效保障蒜农利益，避免因供需结构失衡而导致蒜价格的下降，政府就会有目的性地调整农户种植蒜的面积，如原本要种 100 亩，现在就减少至 50 亩。通过结构性地控制种蒜的面积，保障蒜的价格维持在一定的高位，进而保护蒜农的利益。

上述提到的最高限价和最低限价统称为价格管制，这在任何市场经济国家中都是不可避免的。价格管制虽然是均衡价格理论的应用，但毕竟不是市场自发形成的均衡，存在一定的弊端，如会增加政府负担、导致资源使用不当、引起产品分配不公以及产品质量变异，甚至会导致黑市交易或管理人员腐败等问题。因而，合理有效地运用价格管制政策，不仅是技术，更是艺术，因为这需要权衡很多利益主体。

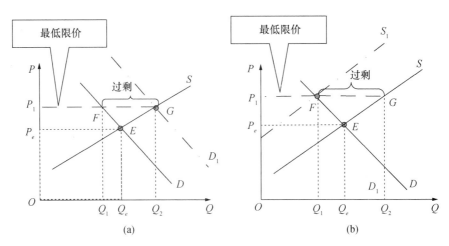

图 2-42 解决最低限价的图解分析

4. 蛛网模型

蛛网模型（cobweb model），是供求弹性的现实应用。在分析蛛网模型之前，首先来了解一个案例，通过这个案例可以直观地观察蛛网模型的相关特征。

"王大蒜"的故事

北方人爱吃葱和蒜。1975年，街上很难买到这些东西。在北京延庆山区，农民王老汉就将屋前屋后的空地全种上大蒜，第二年，这些大蒜卖了个好价钱。

同村人看到王老汉种大蒜发了财，第二年也都在屋前屋后种上了大蒜。王老汉直嘀咕："大家都种大蒜，价钱还能好得了？"于是他独自种了大葱。到第三年，满街都是卖大蒜的，导致大蒜价钱很低，但卖大葱的只有王老汉一家，因而王老汉又卖了个好价钱。

看到王老汉又发了财，同村人就想：看来种大蒜不行，还得种大葱。于是，第三年，全村人都改种大葱。王老汉这回又独自种起了大蒜。于是第三年，王老汉又发了财。王老汉依靠种大蒜发的家，因而村民都叫他"王大蒜"。

从上述案例可知，当期或本期价格波动会对下期产量产生影响，这主要在于：生产者在决定产品的供给数量时，往往会依据经验，根据前期的价格来决定当期的产量，因而，从均衡状态来看，前期的价格也就是生产者对当期的预期价格或参考价格。这也意味着生产者一般是按照本期价格来出售由前期预期价格决定产量的商品。然而，一般来说，实际价格和预期价格并不是吻合的，这就会造成产量和价格的不一致或波动。有经验的生产者会逐步修正预期价格，并使预期价格逐步逼近实际价格，从而在图形上呈现类似于蛛网的形状。

根据上述基本描述，运用动态分析法（dynamic analysis）可以给出蛛网模型。其基本假设为：一是生产周期较长，便于修正预期价格和调整均衡点；二是本期产量决定本期价格，同时，本期价格决定下期产量；三是如果价格高于均衡点，就会出现供大于求的情况，造成价格下跌，反之，如果价格低于均衡点，就会出现供不应求的情况，造成价格上涨。

根据上述假设可知，在市场修正的作用下，价格背离均衡点的状态会逐渐形成向均衡点靠拢的态势，即收敛于均衡状态，然而这一规律并不是绝对的。很多商品价格在背离均衡点后并不会向均衡点靠拢，而是会出现要么发散、要么在既有状态中循环的现象。这主要是由供给曲线和需求曲线的不同弹性造成的。根据上述基本分析，可以给出蛛网模型的三种形态：

（1）收敛型蛛网波动模型。该模型的基本特征为供给曲线斜率绝对值大于需求曲线斜率绝对值，即供给的价格弹性小于需求的价格弹性，也即供给曲线比需求曲线更为陡峭。当市场活动受到干扰偏离原有均衡状态后，实际价格和实际产量会围绕均衡水平上下波动，但波动幅度会越来越小，最后会回复到原来的均衡状态，如图 2-43 所示：

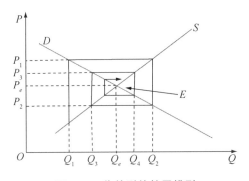

图 2-43 收敛型的蛛网模型

（2）发散型蛛网波动模型。该模型的基本特征为供给曲线斜率绝对值小于需求曲线斜率绝对值，或供给的价格弹性大于需求的价格弹性，或供给曲线比需求曲线更为平坦。即当市场活动受到外力的干扰偏离原有均衡状态后，实际价格和实际产量上下波动的幅度会越来越大，最后会导致偏离均衡点的位置越来越远，如图 2-44 所示。

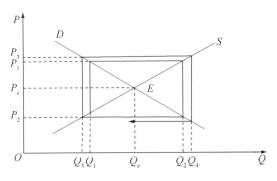

图 2-44 发散型的蛛网模型

（3）封闭型蛛网波动模型。该模型的基本特征为供给曲线斜率绝对值与需求曲线斜率绝对值相等，供给的价格弹性等于需求的价格弹性。即当市场活动受到外力干扰偏离原有的均衡状态后，实际产量和实际价格始终按同一幅度围绕均衡点上下波动，既不进一步偏离均衡点，也不趋向均衡点，而是形成一个自我循环的闭环，如图2-45所示。

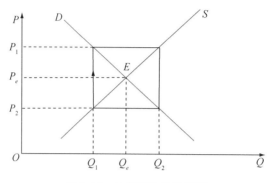

图2-45　封闭型的蛛网模型

综上所述，根据蛛网模型的演变形态，可以将因价格所导致的均衡产量变动分为三种类型，即收敛型、发散型和封闭型。这对深刻理解价格和产量之间的变动关系具有重要的作用。

第七节　本章小结

本章主要讲述了微观经济学中的供求理论，是微观经济学的核心章节。本章所涉及的内容较多，但主要是围绕价格的决定及其运用展开的，如供求理论决定了价格的形成，弹性理论展现了价格形成背后的特征，商品定价及蛛网模型则体现了价格理论的运用等。因而，本章也可以称为价格理论（price theory）。作为引领性的一章，理解和掌握本章中所讲述的概念和方法及其相关运用，对于后续内容的学习和展开是极为有益的。

通过本章的学习，我们知道了价格的形成机制及其特征。然而，对于形成价格的两股力量，即需求和供给，它们各自是如何形成的？背后又有哪些理论在支撑？等等，这些均是需要进一步探讨和学习的内容。

第八节　思　考　题

1. 在理解需求规律和供给规律时需要注意什么？现实生活中违背需求规律的商品是否真的违背该规律？

2. 商品市场是如何解决生产什么（what）、怎样生产（how）和为谁生产（who）等问题的？

3. 美国《纽约时报》曾刊登一篇文章,描述了成功的法国香槟酒的推销活动。这篇文章指出:"许多经销商为香槟酒价格急剧上涨兴奋不已,但又担心价格上涨会引起需求减少,从而导致价格下跌。"这些经销商的分析正确吗?为什么?请用图形加以说明。

4. 政府可以以立法的方式规定某种商品价格的上限或下限,即最高限价或最低限价,那么,这是否意味着政府可以更改或者忽视商品的供求规律?

5. 假定某河流洪水泛滥,冲毁了数万亩农田,由此可以断定那些遭受洪水灾害的农民将会因此而遭受经济损失。那么,那些没有遭受灾害的农民能不受影响吗?请给出你的判断,并用所学的经济学理论加以分析。

第三章

效 用 理 论

【导　读】　第二章介绍了供给与需求的基本理论，那么，供给和需求来自哪里？又是如何推演出来的？构成供给和需求的基本理论是什么？本章基于效用理论的两个主要支撑内容，即基数效用论和序数效用论，主要论证了需求曲线来自哪里这一基本问题，从而解决了供求理论中"求"的来源性问题。

【关键词】　效用；边际效用；无差异曲线；替代效应；收入效应

第一节　何为效用？

1. 概念与特征

在讲解何为基数或序数效用论之前，首先要搞清楚：什么是效用？效用有何特征？一般而言，效用（utility）是指消费者从商品消费中所得到的满足程度，是对商品满足人的消费欲望的一种能力评价。从定义看，效用完全是一种主观心理感受，即满足程度高，效用大；满足程度低，效用小。

这与我们经常使用的另外一个概念，即"幸福"（happiness）似乎有着很多相似之处。"幸福"也是一种主观体验，不同的人对幸福的感受是不一样的。如当你饥饿的时候，若能吃上一碗热腾腾的饭菜，可能就会感觉很幸福；当你感觉很冷的时候，若能有一床厚厚的棉被就会感觉很幸福等。因而，效用和幸福有着诸多相似之处，两者都是主观感受，但是两者又存在着不同之处。经济学家保罗·萨缪尔森构建了测度幸福的一个公式，即幸福＝效用/欲望。

该公式中包含三个主观概念，即"幸福""效用"和"欲望"。从公式中，可以知道：如果在效用保持不变的前提下，缩小分母，通过控制或减少欲望，即可提升幸福感，即通常所说的"知足常乐"或"无欲则刚"；或者在维持欲望不增不减的条件下，扩大分母，增加效用，也能提升幸福感，即我们也会看到在生活条件较为艰苦的情形下，在诸多欲望无法得到满足的条件下，有些人还是很幸福，究其原因可能就在于其有阿Q般的"精神胜利法"，会创造出很多的生活乐趣，使平淡无奇的生活充满笑容和希望，从而就会感到幸福。因而，增加幸福有两条途径：一是适度地控制或节制自己的欲望；二是保持欲望不变，提高效用，积极乐观。

综上，效用是个主观性的概念，那么效用有何特征呢？可以通过下面几个小故事进行描绘：

故事一：什么东西最好吃？

兔子和猫争论，世界上什么东西最好吃。兔子说："世界上萝卜最好吃。萝卜又甜又脆又解渴，我一想起萝卜就要流口水。"

猫不同意，说："世界上最好吃的东西是老鼠。老鼠的肉非常嫩，嚼起来又酥又松，味道美极了！"

兔子和猫争论不休、相持不下，跑去请猴子评理。

猴子听了，不由得大笑起来："瞧你们这两个傻瓜，连这点儿常识都不懂！世界上最好吃的东西是什么？是桃子！桃子不但美味可口，而且长得漂亮。我每天做梦都梦见吃桃子。"

兔子和猫听了，全都直摇头。那么，世界上到底什么东西最好吃呢？

从上述兔子和猫以及猴子的争论中可以发现：效用完全是个人的心理感受，不同的人对同一种商品效用大小的评价是不同的。

故事二：地主与长工

从前，某地闹起了水灾，洪水吞没了土地和房屋。人们纷纷爬上了山顶和大树，想要逃脱这场灾难。

在一棵大树上，地主和长工聚到了一起。地主紧紧地抱着一盒金子，警惕地注视着长工的一举一动，害怕长工会趁机把金子抢走。长工则提着一篮玉米面饼，呆呆地看着滔滔大水，除了这篮面饼，长工一无所有。

几天过去了，四处仍旧是白茫茫的一片。长工饿了就吃几口饼，地主饿了却只有看着金子发呆。地主舍不得用金子去换饼，长工也不愿意白白地把饼送给地主。

又几天过去了，大水悄悄退去了。长工高兴地爬下树，地主却静静地躺着，永远留在大树上了。

从这个故事中，可以发现：想要改变一个人对某一商品的效用通常来说是比较困难的，即效用内生于个人成长，如同禀性或性格一样，是较难改变的。

故事三：宝石和木碗

一个穷人家徒四壁，只得头顶着一只旧木碗四处流浪。

一天，穷人在一条渔船上帮工。不幸的是，渔船在航行中遇到了特大风浪，船上的人几乎都淹死了，穷人则幸免于难。

穷人被海水冲到了一个小岛上，岛上的酋长看见穷人头顶的木碗，感到非常新奇，便用一袋最好的珍珠宝石换走了木碗，并派人把穷人送回了家。

一个富翁听到了穷人的奇遇，心中暗想："一只木碗都能换回这么多宝贝，如果我送去很多可口的食物，该换回多少宝贝啊！"于是，富翁装了满满一船山珍海味和美酒，找到了穷人去过的小岛。

酋长接受了富人送来的礼物，品尝之后赞不绝口，声称要送给他最珍贵的东西。富人心中暗自得意，一抬头，猛然看见酋长双手捧着的"珍贵礼物"，富人不由得愣住了！

这个故事给我们的启发是物以稀为贵，无价值但稀缺的东西也能带来效用，即一商品效用的大小除了与一个人的主观评价有关外，还与该商品是否稀缺有关。

简要分析：通过上述几个小故事，可以发现效用是个主观性的概念，但是作为构筑经济学大厦的基础理论，效用理论怎么能建立在主观性的概念之上？即，作为社会科学，经济学应是研究并反映人类经济活动客观规律的学问，也应如物理学、化学等一样，研究客观性的生产、分配、交换和消费等活动，不应是研究主观性的概念。如果将基本概念建立在主观感受或评价之上，就丧失了科学的严谨性和客观性，其实，这也正是其他诸多学科诟病经济学是否是科学的一大理由。不过，经济学家们也正在不断完善效用理论，通过大数据观测、行为认知科学、心理学等交叉学科的研究和分析，使"效用"不断被客观化和真实化，并能真正反映人类的消费规律，成为构筑经济学的有力基石。

2. 主要类型

当前，消费者的效用理论主要有两种表现形式：一是基数效用论（cardinal utility）；二是序数效用论（ordinal utility）。

所谓基数效用论，即效用的大小可以用基数（1、2、3……）来表示，并可以计量、加总与求和，比如，小张吃第一根香蕉的效用为10，吃第二根香蕉的效用是7，继续吃第三根的效用为3，那么小张从吃这三根香蕉中所获得的总的满足程度即为20。基数效用论所采用的分析方法是边际效用（marginal utility）分析法。

所谓序数效用论，是指效用作为一种心理现象是无法用数字来计量的，因而也不能加总求和，但是能对满足程度的高低进行排序，进而用序数（第一、第二、第三……）来表示。比如，在小张面前摆放了三样水果：香蕉、苹果和橘子，他认为他最喜欢吃的是香蕉，其次是橘子，最后是苹果，那么在他的效用排序中，他就会把香蕉放在第一位，橘子放在第二位，苹果放在最后。序数效用论所采用的分析方法是无差异曲线（indifference curve）分析法。

综上可以看出，不论是基数效用论，还是序数效用论，两者都是构成经济学中消费者理论的基本内容，而且通过后续的学习还可以发现，两者的结论是一致的，只不过基数效用论反映的是消费者行为分析的现实基础，而序数效用论所运用的分析方法是更为精巧的经济学分析工具，更具普及性。

第二节　基数效用论

1. 主要特征

从上述基数效用论的基本概念可知，衡量商品的效用可以用具体的数字来表征。那么，可以用两个概念来具体测度或体现效用的基本特征，即总效用和边际效用。

总效用（total utility，TU）是指消费者在一定时间内从一定数量的商品消费中所得到的效用量的总和或总的满足程度，用公式来表示，即 $TU=f(Q)$，Q 表示所消费的商品数量。

边际效用（marginal utility，MU）是指消费者在一定时间内增加一单位商品的消费所得到的效用量的增量或所增加的满足程度，用公式来表示，即 $MU=\dfrac{\Delta TU}{\Delta Q}$，从数学角度来看，边际效用是总效用对消费商品数量的导数。

那么，总效用和边际效用之间有什么关系呢？下面通过一个简单的故事来探究一下这两者之间的内在关系。

该故事的名称是"陈小二吃面"，其来源是陈佩斯和朱时茂在1984年春节联欢晚会上所表演的小品《吃面》，有兴趣的读者可以直观感受一下吃面条带来的"喜"与"悲"。

从表3-1中可以看出，当陈小二在吃第一碗炸酱面的时候，TU是6，此时MU也是6；吃第二碗的时候，TU是11，MU是5，说明第二碗所带来的效用要比第一碗低，这也是符合常理的，因为吃第一碗的时候，可能是陈小二最饿的时候，因而第一碗是最香的，而第二碗是在陈小二已经有点饱的基础上再吃的，因而其所带来的边际效用要低于第一碗；接着再吃第三碗、第四碗……直至第七碗时，其所带来的TU为21，而MU是0，这意味着陈小二已经吃饱了，不能再吃了，因为此时如果再吃一碗，估计他就会吐了，总的效用也会从21下降至20，相应的边际效用则降至-1。

表 3-1　陈小二吃面的总效用和边际效用的变化

炸酱面（碗）	总效用（TU）	边际效用（MU）
0	0	—
1	6	6
2	11	5
3	15	4
4	18	3
5	20	2
6	21	1
7	21	0
8	20	－1

把表 3-1 中 TU 和 MU 之间的关系用更为直观的图形表示出来，即如图 3-1 所示：

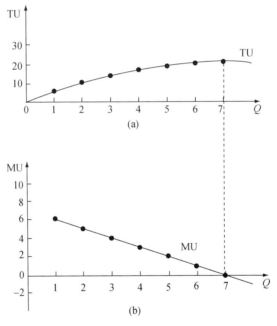

图 3-1　TU 和 MU 之间的关系

从图 3-1 中可以看出，TU 是一条开口向下的抛物线，而 MU 是一条向右下方倾斜的曲线；同时，当 MU＞0 时，TU 是增加的，当 MU＜0 时，TU 是减少的；当 MU＝0 时，TU 达到最大值。这意味着总效用 TU 是非线性变化的，即存在一个最大值，如果要求解出这个最大值，令 MU＝0 即可；同时，边际效用 MU 是递减的，有可能大于零，也有可能等于零甚或是小于零，但总的趋势是下降的。

经济学家们通过长期观察 MU 的变化，得出了边际效用递减规律（law of

diminishing marginal utility），即在一定时间内，在其他商品的消费数量保持不变的条件下，随着消费者对某种商品消费量的增加，消费者从该商品连续增加的每一消费单位中所得到的效用增量（边际效用）是递减的。边际效用递减规律也叫"戈森第一定律"。戈森第一定律是以德国经济学家戈森[①]的名字命名的，其内容就是欲望与享受的相互关系及变化规律，是现代"效用论"的基础。显然，有戈森第一定律就有戈森第二定律，关于戈森第二定律，笔者会在后面的内容中给出。

在理解这个定律时，要注意该定律成立的前提条件，即"在一定时间内，在其他商品的消费数量保持不变的条件下"，也即该定律成立的情境是在一定时间内，在只消费某种商品的条件下，与其他商品无关并且还要连续地增加该种商品的消费。就如上述所举的例子，陈小二所吃的第一碗面的效用是最大的，当其有饱腹感时，再吃第二碗，效用就会减少，尽管后继的炸酱面还是陈小二爱吃的，但是随着饱腹感的不断增强，每一碗面所带来的边际效用就会不断减少。

那么，形成边际效用递减规律的原因是什么呢？一是生理原因，即伴随着消费同一种商品数量的不断增加，消费者从中所获得的兴奋度会不断降低，比如，当你拥有第一部手机时，肯定是爱不释手的，天天在手中把玩，这时你的亲朋好友又送给你一部一模一样的手机，此时的你对此可能并不感到十分新奇了，当又有人送你第三部同样的手机时，你可能就会感到平淡无奇了，可能都不会看一眼；二是心理原因，一般来说，人总是会喜新厌旧的，对同一种商品消费多了，就会产生疲劳感或是厌恶感，此时从中所获得的边际效用自然就会减少；三是物品本身用途的多样性，即有些物品本身就有很多用途，如手机，一开始发明手机主要是用来打电话的，但是随着手机功能的不断增加，玩游戏、看视频、刷朋友圈、电子支付等已成为手机的主要功能，手机原有的通话功能就会被不断弱化，人们对此的需求也会逐渐减少，打电话并不是人们拥有手机的主要动机。

在了解边际效用递减规律后，可以思考以下两个问题：（1）为什么初恋是难忘的？（2）既然存在符合边际效用递减规律的商品，那么是否存在边际效用递增的商品？即，随着消费同种商品数量的不断增加，从中所获得的满足程度是否也会不断增加？

首先，对于初恋为什么是难忘的，如果单从恋爱本身的角度来分析，第一次恋爱是新鲜的，也是最纯洁的，给人的感觉也是最纯真的，因而所获得的效用往往是很高的。而当初恋不成，伴随着后续恋爱次数的不断增加，每一段恋情给自己带来的满足程度就会不断下降，最后可能只是为了结婚而结婚。

其次，存在边际效用递增的商品。比如，一些男士的嗜好是抽烟，抽了一根又一根，逐渐上瘾，此时，香烟的边际效用逐渐增加。

---

① 德国经济学家赫尔曼·海因里希·戈森（Hermann Heinrich Gossen，1810—1858年）是边际效用理论的先驱，1829—1833年先后在波恩大学学习法律和公共管理学。毕业后曾当过律师、地方政府税务官，退休后与他人合办过保险公司，后退出经营，专心致力于经济学研究与写作。

边际效用递减规律不仅对一般商品而言成立，而且对作为一般等价物的货币也是成立的，即货币也是有边际效用的，也符合边际效用递减规律。所谓货币的边际效用，是指从一单位货币中所获得的满足程度。消费者用货币购买商品，就是用货币的效用去交换商品的效用，因而是效用之间的替换。同样，随着货币的不断增加，货币的边际效用是递减的。这也是通常所说的"富人的钱不值钱，穷人的时间不值钱"，因为对于富人来说，钱只是数字，你给富人一百块钱，富人估计看都不会看一眼，而对穷人来说，就比较珍贵了，很多时候恨不得一块钱掰成两半花。同样，这也是现实生活中经常会看到的，富人往往会选择最快、最舒适的交通工具到达目的地，而对穷人来说，往往会选择最便宜、最实惠的交通工具，因为他们并不在意时间长短，而是更在乎自己要支付多少钱。

然而，一般情况下，单位商品的价格，即一单位货币所购买的商品数量，只占消费者总货币收入中很小的一部分，即所支出的货币的边际效用的变化非常小，基本可以忽略不计，因而在分析消费者行为时，通常假定货币的边际效用是不变的。这个假定在后面求解消费者的均衡问题时会具体运用。

2. 消费者均衡

在基数效用论下，消费者实现均衡时有什么样的特征呢？为求解这一问题，首先需要作相关假设。

假设前提：（1）消费者的偏好（或嗜好）既定，即消费者对所选择商品的喜爱程度是不变的；（2）消费者的收入既定，即消费者的收入是固定的；（3）商品的价格既定，即商品价格不会随着消费数量的变化而变化。通过上述三个假定，基数效用论的均衡问题可以归结为消费数量和边际效用之间的关系。

根据上述假设，可以把消费者均衡表述成：（1）把全部收入用完，即兜里面有多少钱就花多少钱，且必须要全部用完；（2）每一元钱都花在"刀刃"上，即用在不同商品上的最后一元钱的边际效用要相等。用数学公式来表述就是：

$$p_1 q_1 + p_2 q_2 = M, \quad 把钱用完$$

$$\frac{MU_1}{p_1} = \frac{MU_2}{p_2} = \lambda, \quad 钱尽其用$$

其中，M 表示消费者的收入；p_1 表示商品 1 的价格；p_2 表示商品 2 的价格；q_1 表示商品 1 的数量；q_2 表示商品 2 的数量；MU_1 表示商品 1 的边际效用；MU_2 表示商品 2 的边际效用；λ 表示每元钱的边际效用，即货币的边际效用。

根据上述消费者达到均衡时的基本公式，可以把效用最大化的原则表述为：在收入既定的情况下，消费者应使自己花费在各种商品上的最后一元钱所带来的边际效用相等，且等于货币的边际效用；或者，简言之，消费者应使自己所购买的各种商品的边际效用与价格之比相等，即边际效用均等原则。上述达到效用最大化的原则也称为戈森第二定律，与笔者在本章第一部分所介绍的戈森第一定律，统一称为戈森定律。

可以进一步运用戈森第二定律来分析消费者如何才能达到均衡。如果消费者在消费两种商品时，出现了以下情形，即 $\frac{MU_1}{P_1} < \frac{MU_2}{P_2}$，这意味着对于消费者来说，同样的一元钱购买商品 1 的边际效用要小于商品 2 的边际效用。这就会导致理性的消费者在这两种商品之间进行购买量的调整，即减少购买商品 1 的数量，同时增加购买商品 2 的数量。据此，通过结构性地调整消费数量，消费者可以增加消费商品的总效用。然而，这种总效用的增加也会达到一个极值，即直到购买这两种商品的货币边际效用相等时，也即 $\frac{MU_1}{P_1} = \frac{MU_2}{P_2}$，便达到了最大效用。

那么，如何求解消费者均衡？根据效用最大化原则，可以把基数效用论下的消费者均衡看作是一个多元函数的条件极值问题，可用拉格朗日乘子法（Lagrange multiplier）进行求解，即：

$$\max \quad U(q_1, \cdots, q_n)$$
$$\text{s.t.} \quad \sum_i p_i * q_i = I$$

运用拉格朗日乘子法，可以构建拉格朗日函数：

$$L = U(q_1, \cdots, q_n) - \lambda(I - \sum_i p_i * q_i)$$

存在极值的一阶条件为：

$$\frac{\partial L}{\partial q_1} = \frac{\partial U}{\partial q_1} - \lambda p_1 = MU_1 - \lambda p_1 = 0$$

$$\frac{\partial L}{\partial q_2} = \frac{\partial U}{\partial q_2} - \lambda p_2 = MU_2 - \lambda p_2 = 0$$

$$\vdots \quad \vdots \quad \vdots$$

$$\frac{\partial L}{\partial q_n} = \frac{\partial U}{\partial q_n} - \lambda p_n = MU_n - \lambda p_n = 0$$

$$\frac{\partial L}{\partial \lambda} = I - \sum_i p_i * q_i = 0$$

因而，可以得出均衡条件为：

$$\frac{MU_1}{p_1} = \frac{MU_2}{p_2} = \cdots = \frac{MU_n}{p_n} = \lambda$$

运用上述效用最大化原则，即可求解出所有商品的均衡消费量。对此，可以通过一个例子来进行说明。

假设总效用函数为 $U = X^{0.3} Y^{0.7}$，收入为 $I = 100$，两商品的价格分别为 P_X 和 $P_Y = 3$，求商品 X 的需求函数。

解：根据效用最大化原则，可将上述已知条件表述为：

$$\max \quad X^{0.3} Y^{0.7}$$
$$\text{s.t.} \quad P_X X + P_Y Y = 100$$
$$L(X, Y, \lambda) = X^{0.3} Y^{0.7} - \lambda(P_X X + P_Y Y - 100)$$

$$\frac{\partial L}{\partial X} = 0.3X^{-0.7}Y^{0.7} - \lambda P_X = 0$$

$$\frac{\partial L}{\partial Y} = 0.7X^{0.3}Y^{-0.3} - 3\lambda = 0$$

$$\frac{\partial L}{\partial \lambda} = P_X X + 3Y - 100 = 0$$

求解上述方程组，即可得到商品 X 的需求函数为：

$$X = \frac{30}{P_X}$$

效用最大化原则不仅可以用在对商品消费的权衡上，而且也可以运用到生活中的诸多两难（tradeoff）选择上。比如，临近期末考试，对于每一个学生来说，时间紧迫，没有复习的东西还有不少，此时，怎样才能有效地分配自己有限的时间进而使自己获得理想的成绩？

正如"好钢用在刀刃上"，有限的时间也要放在能产生最大效用的地方。因而，根据效用最大化原则，可以突击复习自己最没有把握的课程，这往往能够取得明显的进步，而继续巩固自己最有把握的课程，则往往增加不了几分。比如一个数学成绩不错的学生，他的英语成绩很一般，此时，如果他还是把有限的时间放在复习数学上，想要提高成绩就非常困难；但是如果把时间放在复习英语上，大幅提高成绩，还是可以实现的。因而，每个学生都应理性地运用边际效用均等原则来分配自己的复习时间，从而达到效用的最大化。其实，这也是"木桶原理"① 的一个生动说明。

3. 需求曲线为何向右下方倾斜？

笔者在第二章中得出了对于一般商品而言，其需求曲线是向右下方倾斜的结论。那么，正常商品的需求曲线为何会向右下方倾斜？即，价格与需求量为什么会呈现反方向变动？

对于上述问题的回答，需要借助于基数效用论。该理论是运用边际效用递减规律的假定和消费者效用最大化的均衡条件来推导出单个消费者的需求曲线。

首先，根据边际效用递减规律，可知伴随着某一商品消费数量的不断增加，其所获得的边际效用是逐渐递减的，即商品数量（X）和边际效用（MU）之间是呈反向关系的。

其次，根据效用最大化原则，要保持各商品之间边际效用均等，即如下公式所示，货币的边际效用（λ）是一个常数，那么在边际效用下降的情况下，价格也应同比例地下降。

---

① 木桶原理（cannikin law），又称短板理论，也即木桶定律。其核心内容为：一只木桶盛水的多少，并不取决于桶壁上最高的那块木块，而是取决于桶壁上最短的那块木板。根据这一内容，可以有两个推论：一是只有桶壁上的所有木板都足够高，木桶才能盛满水；二是只要这个木桶有一块不够高，木桶里的水就不可能是满的。

$$\frac{MU_1}{p_1} = \frac{MU_2}{p_2} = \lambda$$

因而，根据戈森定律，借助边际效用（MU）这个桥梁，即可知道，商品数量（X）和价格（P）之间呈反方向变动。这就运用基数效用论论证了供求理论中需求曲线向右下方倾斜的原因，即需求曲线向右下方倾斜，表示商品的需求量随价格的上升而下降，这是由边际效用递减规律所决定的；同时，需求曲线上的点符合消费者均衡原则，是消费者效用达到最大化的点。

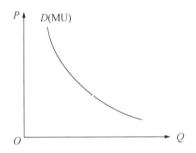

图 3-2　基于基数效用论所推演出的需求曲线

根据基数效用论可以知道，价格并不反映一件商品的总效用，而是反映它的边际效用。然而，在现实生活中，会出现一种现象，即"必需品使用价值很大，但市场价格很低，很少能交换到任何东西；而奢侈品使用价值很小，但市场价格很高，可以交换到大量的其他物品"。为什么价值高的商品反而价格低？对于这种现象，亚当·斯密在《国富论》中已有所讨论，即著名的价值悖论（paradox of value）："没有什么东西比水更有用，但它几乎不能交换任何东西；相反，一颗钻石只有很小的使用价值，但是通过交换却可以得到大量其他商品。"可以用效用论来解析这一悖论。在基数效用论看来，商品的价格主要取决于它的边际效用。① 在一般正常情况下，由于有如此多的水，最后一杯水只能以很低的价格出售，钻石则不一样，它是如此稀缺，因而它所带来的边际效用很高。根据边际效用均等化原则，则有：

$$\frac{MU_{钻石}}{p_{钻石}} = \frac{MU_{水}}{p_{水}} = \lambda$$

由于水在日常生活中经常能够见到，得到它非常容易，因而其边际效用很低，导致其价格也很低；相较而言，钻石由于比较稀缺，其边际效用很高，因而其价格也很高。但是，如果在沙漠中，钻石的价格就很低，而水的价格就会很高，甚至是无价的，因为相对于求生的需求来说，水更珍贵。因而，边际效用实际上只是说明了一个很简单的道理，即物以稀为贵。

---

① 这与马克思的劳动价值论有很大的区别。在马克思主义看来，商品的价格是由价值决定的，而价值是由社会必要劳动时间来决定的。

4. 消费者剩余

伴随着边际效用递减，消费者所愿意支付的价格会逐步下降。然而，消费者在购买商品时是按照实际市场价格支付的。因而，消费者所愿意支付的价格和实际市场价格之间就存在一个差额，这个差额就构成了消费者剩余的基础。

所谓消费者剩余（consumer surplus），是指在购买商品时，消费者愿意支付的价格与实际支付的价格之间的差额；或者，消费者消费某种商品所获得的总效用与为此花费的货币总效用的差额。从上述定义中可以看出，消费者剩余也是个主观概念，即消费者的心理评价，它反映了消费者通过购买商品所感受到的福利改善。如表 3-2 所示，伴随着购买量的增加，消费者所得到的剩余会不断减少，即一开始为了得到第一个商品，消费者会支付很高的价格，从而得到的剩余也会很多；随着得到商品数量的不断增加，消费者所愿意支付的价格会越来越低，从而所得到的剩余也会越来越少，这也是边际效用递减规律的重要体现。消费者剩余具有可加性，表 3-2 中消费 6 个商品的总的消费者剩余为 30。

表 3-2 消费者剩余的计算过程

购买量	愿意支付价格	实际支付价格	消费者剩余
1	20	10	10
2	18	10	8
3	16	10	6
4	14	10	4
5	12	10	2
6	10	10	0
总计	90	60	30

上述给出的是离散形式的求解消费者剩余的方法，如果给出的是连续函数，如何求解消费者剩余？

假设反需求函数为 $P_d = f(Q)$，价格为 P_0 时消费者的需求量为 Q_0，如图 3-3 所示。那么，该如何求解由反需求函数和实际价格 P_0 所构成的消费者剩余？根据定义，消费者剩余为需求曲线以下和市场价格线以上的面积，即消费者剩余（CS）＝消费者愿意支付的总价格－消费者实际支付的总价格，因而可以用定积分的方法求解，即 $CS = \int_0^{Q_0} f(Q) dQ - P_0 Q_0$。

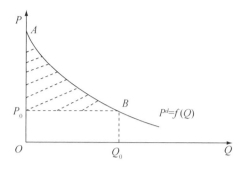

图 3-3　连续型函数的消费者剩余的求解

第三节　序数效用论

1. 消费者偏好

序数效用理论认为，效用只能根据消费者对商品的满足或喜好程度，即偏好（preference），排列出相应的顺序。

对于理性的消费者来说，其所拥有的偏好一般满足三大特征：一是完全性。可以明确比较和排列不同商品的组合，即对于商品 A 和 B 来说，要么更偏好于 A，即 $A>B$；要么两者无差异，即 $A=B$；要么更偏好于 B，即 $A<B$。二是可传递性。如果 $A>B$，$B>C$，那么，$A>C$。三是非饱和性。对每一种商品的消费都没有达到饱和点，即对任何商品来说，一般总认为多比少要好。

2. 无差异曲线

在基数效用论中，所用的分析方法是边际效用分析法，而在序数效用论中，需要用无差异曲线来进行分析。所谓无差异曲线（indifference curve），是指用来表示消费者偏好相同的两种商品的所有组合；或者说，能够给消费者带来相同效用水平或满足程度的两种商品的所有组合。用几何图形来表示，如图 3-4 所示，虽然（X_1，X_2）是构成同一条无差异曲线上两种商品的不同组合，但是不论这种组合如何变化，均能给

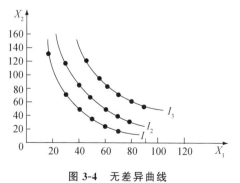

图 3-4　无差异曲线

消费者带来完全相同的效用。因而，此处的无差异（indifference）主要是指该曲线上的任何一点（X_1，X_2），均能给消费者带来相同的效用。

从图 3-4 可知无差异曲线的特征：

（1）无差异曲线是一条向右下方倾斜、凸向原点、斜率为负的曲线。这表明为实现同样的满足程度，在增加一种商品消费时，就必须要减少另一种商品消费。

（2）同一平面上有无数条无差异曲线，且任意两条不能相交。这意味着同一条无差异曲线代表相同的效用，不同的无差异曲线就代表不同的效用。那么，是否会出现两条相交的无差异曲线？如图 3-5 所示，无差异曲线 I_1 和 I_2 相交，此时在无差异曲线 I_1 上，a 点和 b 点的效用相等，而在无差异曲线 I_2 上，a 点和 c 点的效用是相等的，根据偏好的可传递性，可知 b 点和 c 点的效用是相等，而 b 点和 c 点分别位于无差异曲线 I_1 和 I_2 上，根据偏好的非饱和性，则 b 点的效用应小于 c 点的效用，这与上述所得出的结论是矛盾的。因而，在同一坐标轴内不会出现两条相交的无差异曲线。

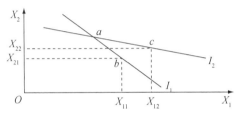

图 3-5 相交的无差异曲线

（3）离原点越近，无差异曲线所代表的满足程度就越低，效用也越低；反之就越高（如图 3-4 所示）。这主要是因为高位的无差异曲线的商品组合量大，因而是商品数量的无限性决定了无差异曲线具有无数条的性质，而非欲望或偏好甚或是收入等决定了无差异曲线的形状和分布。

3. 边际替代率

上述介绍了无差异曲线的基本特征，除此之外，还需要对无差异曲线的斜率进行分析。无差异曲线的斜率也称为商品的边际替代率（marginal rate of substitution of commodities，MRS），是指在效用水平保持不变的条件下，消费者增加一单位某种商品的消费量，所需要放弃的另一种商品的消费量（如图 3-6 所示）。用公式可以表示为：

商品 1 对商品 2 的边际替代率为：$MRS_{12} = -\dfrac{\Delta X_2}{\Delta X_1} = -\dfrac{dX_2}{dX_1}$，其中 ΔX_1 表示所增加的商品 1 的数量，ΔX_2 表示所放弃的商品 2 的数量，同时为了确保边际替代率为正，以便于比较，因而在此比值前添加一个负号，这与弹性值 e_d 的计算是非常类似的。

与边际效用递减规律相似，商品边际替代率也存在递减规律，即边际替代率递减规律（law of diminishing marginal rate of substitution），是指消费两种商品，在维持

第三章 效用理论

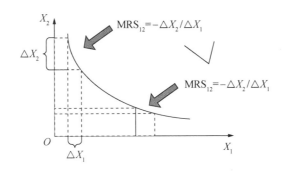

图 3-6 边际替代率

效用不变的前提下，随着一种商品消费数量的连续增加，所需放弃的另一种商品的消费数量是递减的。从图 3-6 可以看出，在保持所增加的商品 1 的消费数量（ΔX_1）不变的前提下，所愿意减少的商品 2 的消费数量（ΔX_2）是不断减少的。这主要是因为对某一商品拥有较少数量时，对其偏爱程度比较高，而伴随着拥有量的不断增加，对其偏爱程度就会不断降低。即，随着某一种商品消费数量的不断增加，想要获得更多这种商品的愿望会不断减少，而放弃的另一种商品消费数量的愿望也会越来越少。这似乎有种"得到的东西不懂得珍惜，一旦失去才知道其珍贵"的意境，正如电影《大话西游》中的台词："曾经有一份真诚的爱情放在我面前，我没有珍惜，等失去的时候我才后悔莫及，人世间最痛苦的事莫过于此。"

同时，边际替代率递减，这意味着无差异曲线的斜率的绝对值会越来越小，因此该曲线必定凸向原点，这也给出了上述在画无差异曲线时要凸向原点的原因。那么，边际替代率与边际效用之间有何关系？也即，序数效用论和基数效用论之间有何联系？对此，可以通过证明任意两商品的边际替代率等于这两种商品的边际效用之比，即 $\mathrm{MRS}_{12}=\dfrac{\mathrm{MU}_1}{\mathrm{MU}_2}$ 得出。

证明：假设在任一条无差异曲线 $U(X_1, X_2)=c$ 上，其中 c 为常数，当消费者所消费的 X_1 与 X_2 商品发生变动（X_1 的变动量为 $\mathrm{d}X_1$，X_2 的变动量为 $\mathrm{d}X_2$）时，由于总体效用水平保持不变，即效用的增量 $\mathrm{d}U=0$，因而有：

$$\mathrm{d}U = \frac{\partial U}{\partial X_1}\mathrm{d}X_1 + \frac{\partial U}{\partial X_2}\mathrm{d}X_2 = 0$$

进一步整理得到：

$$-\frac{\mathrm{d}X_2}{\mathrm{d}X_1}=\frac{\dfrac{\partial U}{\partial X_1}}{\dfrac{\partial U}{\partial X_2}}, \quad \text{即 } \mathrm{MRS}_{12}=\frac{\mathrm{MU}_1}{\mathrm{MU}_2}, \quad \text{得证。}$$

这个结论可以和在基数效用论中所得到的结论相结合，即：

基数效用论所得的结论为：$\dfrac{\mathrm{MU}_1}{p_1}=\dfrac{\mathrm{MU}_2}{p_2}=\lambda$

序数效用论所得的结论为：$MRS_{12} = \dfrac{MU_1}{MU_2}$

两者结合起来，即有：$MRS_{12} = \dfrac{MU_1}{MU_2} = \dfrac{P_1}{P_2}$

上述结论意味着两种商品的边际替代率等于这两种商品的边际效用之比，同时也等于这两种商品的价格之比。

4. 特殊的无差异曲线

上述分析了一般情形下正常的无差异曲线的基本特征，然而，现实生活中，商品的种类是丰富的，因而需要对一些特殊商品的无差异曲线进行简单的介绍和分析。

（1）完全替代品的无差异曲线，即两种商品之间的替代比例是固定不变的。

例如，在某消费者看来，一杯牛奶和一杯咖啡之间是无差异的，两者之间总是可以以1∶1的比例相互替代，即一杯牛奶可以替换一杯咖啡。此时的无差异曲线是一条斜率为－1的直线，如图3-7所示，边际替代率 $MRS_{12}=1$。

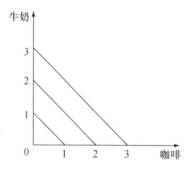

图3-7 完全替代品的无差异曲线

（2）完全互补品的无差异曲线，即两种商品必须按固定不变的比例配合才能使用。

例如，一副眼镜架和两片眼镜片必须同时配合，才能构成一副可供使用的眼镜，此时，这两种商品所构成的无差异曲线为直角形状或"L"形状，如图3-8所示，边际替代率为0（平行于横轴）或为∞（垂直于横轴）。

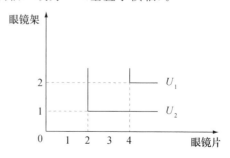

图3-8 完全互补品的无差异曲线

(3) 垂直的无差异曲线，即无用商品和普通商品之间的搭配使用。

正常状态下，空气的用处并不大，人们都忽略其存在，因此不论消费多少空气，都不会增加效用，而增加金钱则可以增加效用，因为对很多人来说，钱的用处还是非常大的。因而，两者所构成的无差异曲线是垂直的，如图 3-9 所示，空气在纵轴，金钱在横轴，表示无差异曲线的移动主要是由金钱来决定，与空气无关，所以空气是无用商品。

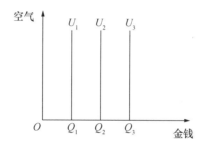

图 3-9 无用商品和普通商品之间的无差异曲线

(4) 倾斜的无差异曲线，即有害商品和普通商品之间的搭配使用。

如图 3-10 所示，过期牛奶作为有害商品，鲜活螃蟹作为普通商品，如果两者搭配使用，此时的无差异曲线是倾斜的，表示越少消费类似过期牛奶的有害商品，消费者所获得的效用就越大。具体而言，在图 3-10 中，纵轴表示过期牛奶，横轴表示鲜活螃蟹，在 Q_2 消费量上，可以看到此时消费 Q_2 数量的鲜活螃蟹所获得的满足程度在无差异曲线 U_2 上，而与 Q_2 相对应的过期牛奶的消费量是在无差异曲线 U_1 上的某一点，显然无差异曲线 U_1 所对应的满足程度要低于无差异曲线 U_2 所对应的满足程度，所以对消费 Q_2 数量的鲜活螃蟹来说，过期牛奶就是有害商品，是消费者不愿意消费的。

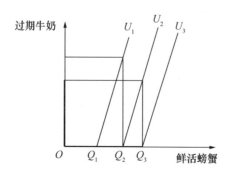

图 3-10 有害商品和普通商品之间的无差异曲线

5. 预算线

无差异曲线表示消费者的满足程度，但是这种满足程度也是建立在一定收入水平的约束条件下的，即如果超过了一定的收入水平，即使满足程度再高，也无法达到。而这种约束条件用经济学概念表示出来，即为预算线（budget line），又称为消费可能线（consumption possibility line），它表示在消费者的收入和商品的价格给定的条件下，消费者的全部收入所能够买到的两种商品的各种组合，即要把钱花完。在几何图形上（如图 3-11 所示），预算线上的每一点，表示两种商品（X_1，X_2）组合不同，但支出相等，其中比较特殊的点为两个截距，如 A 点表示全部买 X_2，无法买 X_1，而 B 点表示全部买 X_1，无法买 X_2。

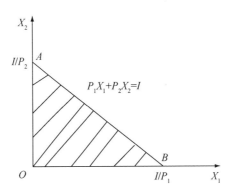

图 3-11　两商品的预算线

用数学形式来表示预算线，即可构成预算线方程：$P_1X_1 + P_2X_2 = I$ 或 $X_2 = -\frac{P_1}{P_2}X_1 + \frac{I}{P_2}$，其中 I 为消费者的既定收入。由此可知，该预算线的斜率为 $-\frac{P_1}{P_2}$。

6. 序数效用论消费者均衡的条件

根据上述无差异曲线和预算线，可以得出基于序数效用论的消费者达到均衡时的条件。所需达到的最优购买行为条件为：商品组合必须能带来最大效用，同时最优支出要位于给定的预算线上，即一方面要把钱花光，能买到最大数量的商品，另一方面要追求最高的满足程度。这与基数效用论中消费者达到均衡时的条件有异曲同工之妙。基于此，可以把无差异曲线与预算线合在一张图上，如图 3-12 所示。在收入（I）既定的条件下，预算线必与无数条无差异曲线中的一条相切，在切点 E 上，即实现了消费者均衡，也即效用最大化。

在切点 E 上，所达到的消费者均衡的条件为无差异曲线和预算线两者的斜率要相

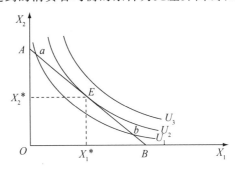

图 3-12　效用最大化的图形表示

等。由于无差异曲线的斜率为 $\frac{\Delta X_2}{\Delta X_1}$，预算线的斜率为 $-\frac{P_1}{P_2}$，因而达到均衡时有 $\mathrm{MRS}_{12} = -\frac{\Delta X_2}{\Delta X_1} = \frac{P_1}{P_2}$。进一步可以写为：$\mathrm{MRS}_{12} = \frac{\mathrm{MU}_1}{\mathrm{MU}_2} = \frac{P_1}{P_2}$。这就是基数效用论和序数效用论所得出的具有一致性的结论。

7. 价格和收入变化对消费者均衡的影响

上述得出了无差异曲线和预算线之间的均衡关系，这是一种静态分析，如果此时变动其中一种价格，或者收入水平发生变化会产生什么样的效果？

（1）价格—消费曲线

在消费者偏好、收入以及其他商品价格不变的条件下，将一种商品在不同价格水平下相联系的消费者效用最大化的均衡点连接起来所形成的轨迹称为"价格—消费曲线"（price-consumption curve）。如图 3-13（a）所示，在保持商品 2 价格不变的条件下，只变动商品 1 的价格，如商品 1 的价格下降，这就意味着其在横轴上的点会以 A 点为支点，向右旋转，形成新的预算线，如 AB' 和 AB''，而新的预算线又会和新的无差异曲线（U_2 和 U_3）相切，形成新的消费均衡点，即 E_2 和 E_3，把这些切点连起来，即形成了价格—消费曲线。

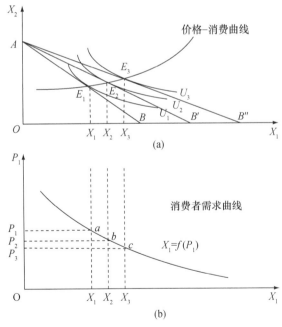

图 3-13 价格—消费曲线的推导

（2）消费者需求曲线

在推导上述价格—消费曲线时，利用了商品 1 的价格及其变化下所形成的消费均衡数量。那么，现在单独把商品 1 的价格变化（P_1、P_2 和 P_3）以及由三个均衡点 E_1、E_2 和 E_3 所决定的消费数量（X_1、X_2 和 X_3）画在同一张坐标轴上，形成了

图 3-13（b）中价格与需求量之间的一一对应关系。根据这种对应关系，即可得到单个消费者的需求曲线（demand curve）。这就是运用序数效用论所推演出的供求理论中需求曲线向右下方倾斜的缘由，与基数效用论的推演是相呼应的。

（3）收入—消费曲线

在推导价格—消费曲线时，笔者将收入作为既定条件。现在使消费者偏好和商品价格保持不变，变动消费者收入，如图 3-14 中所示，不断增加收入水平，此时预算线 AB 会向外平移，与新的无差异曲线形成三个均衡点，即 E_1、E_2 和 E_3，把这些均衡点连接起来就形成了收入—消费曲线（income consumption curve）。即在消费者的偏好和商品的价格保持不变的条件下，与消费者的不同收入水平相联系的消费者效用最大化的均衡点的轨迹，其描述的是收入和消费之间的关系。对于正常商品来说，随着收入的增加，商品的消费量也会增加，即收入—消费曲线应向右上方倾斜。

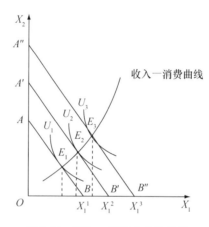

图 3-14 收入—消费曲线的推导

（4）恩格尔曲线

收入—消费曲线反映了收入和商品需求量之间的对应关系。把这种一一对应的收入和需求的组合在相应的平面坐标图中表示，其中横轴为收入，纵轴为消费数量，便可以得到相应的恩格尔曲线（Engel curve），即消费者在每一收入水平上对某商品的需求量。

根据第二章中按照收入弹性所划分的商品种类，恩格尔曲线也可以将商品具体区分为必需品、奢侈品和劣等品。对于正常品来说，恩格尔曲线斜率为正，即需求量随收入的增加而增加。在正常品下，又可以区分为必需品和奢侈品，如图 3-15 所示，当需求量增加比例小于收入增加比例，即需求收入弹性<1 时，该商品为"必需品"，其恩格尔曲线为一条开口向下的抛物线，即伴随着收入的增加，所增加的商品消费数量会逐渐减少；当需求量增加比例超过收入增加比例，即需求收入弹性>1 时，该商品为"奢侈品"，其恩格尔曲线为一条开口向上的抛物线，即伴随着收入的增加，所增加的商品消费数量会逐渐增加；当所消费的商品为"劣等品"时，伴随着收入的增加，需求量反而会减少，需求收入弹性为负，此时恩格尔曲线为向右下方倾斜的曲线，表示伴随着收入的提升，消费者对该商品的消费数量会不断减少，如"吉芬商品"或籼米等。

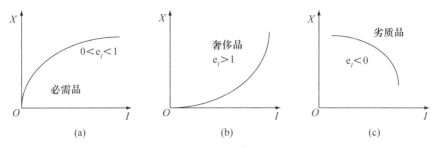

图3-15 必需品、奢侈品和劣等品的恩格尔曲线

8. 替代效应和收入效应

上述运用序数效用论推导出需求曲线，在推导过程中由商品价格变化所引起的对其需求量的变化，具体可以分解为收入效应和替代效应。

所谓替代效应（substitution effect），是指由商品的价格变动所引起的商品相对价格的变动，进而由商品的相对价格变动所引起的商品需求量的变动，在几何图形上表现为在不改变消费者效用水平的前提下，同一条无差异曲线上点的移动。

所谓收入效应（income effect），是指由商品的价格变动所引起的实际收入水平变动，进而由实际收入水平变动所引起的商品需求量的变动，在几何图形上表现为均衡点从一条无差异曲线上移动到另一条无差异曲线上。

由于商品按照需求弹性的不同，可以分为正常物品、一般低档物品和"吉芬商品"，因而由价格变化所引致的需求量的变动情况对这几种商品来说也是不同的。

（1）正常物品的替代效应和收入效应

正常物品是指在其他条件不变的情况下，随着价格的提升，需求量会下降，其需求曲线向右下方倾斜。在分析由价格变化所带来的正常物品的替代效应与收入效应的变化时，需要借助补偿性预算线。所谓补偿性预算线（compensatory budget line），是指平行于新的预算线并切于原有的无差异曲线的补偿（充）性预算线，即以假设货币收入的增减来维持消费者实际收入水平不变的一种分析工具。如图3-16所示，假设商品1的价格下降，导致原来的预算线AB变为AB'，无差异曲线U_1和U_2与预算线AB和AB'的切点分别为a点和b点，a、b两点之间所形成的商品需求量的变动$X_1'X_1'''$称为总效应。为分析总效应的构成，借助补偿性预算线，也就是做一条与无差异曲线U_1相切且平行于预算线AB'的新预算线FG，即实际收入保持在原有预算线AB水平的新预算线①，切点为c，该点在横轴上所投射的点为X_1''。因而，总效应可以表示为：$X_1'X_1'''=X_1'X_1''+X_1''X_1'''$，其中$X_1'X_1''$表示因价格下降所带来的在同一条无

---

① 也可以理解为：假设当商品价格下降使实际收入提高时，可取走一部分货币收入，以使消费者的实际收入维持原有的效用水平。

差异曲线 U_1 上点的移动，即由 a 点移动到 c 点，称为替代效应；$X_1''X_1'''$ 表示由实际收入水平变化所带来的在不同无差异曲线（U_1 和 U_2）上点的变动，即由 c 点变动到 b 点，称为收入效应。

从图 3-16 中也可以看到，价格下降时，由正常物品的替代效应和收入效应所产生的需求的增加是正值，均是沿着横轴正向前进，进而所产生的总效应也是正的，即与价格呈反方向变动，也即价格下降能给消费者带来福利的改进。因而，这也论证了正常物品的需求曲线是向右下方倾斜的，即需求与价格是反方向变动的。

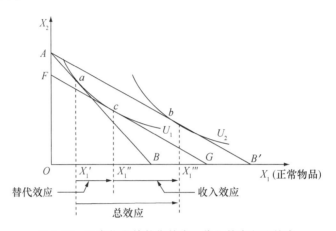

图 3-16　正常物品的替代效应、收入效应和总效应

（2）一般低档物品的替代效应和收入效应

对于一般低档物品来说，随着价格的提升，消费者会减少其购买量，但是在收入水平不断上升的条件下，消费者会逐渐减少其购买量。因而，对于一般低档物品来说，价格下降所产生的效应变化是：替代效应为正，收入效应为负，总效应依旧为正。如图 3-17 所示，由低档物品 X_1 价格下降所产生的替代效应为 $X_1'X_1''$，仍然沿横轴正向移动，为正值；收入效应为 $X_1''X_1'''$，却沿横轴负向移动，为负值，即无差异曲线 U_2 与预算线 AB' 的切点 b 在横轴上的投射点 X_1''' 位于点 X_1' 和点 X_1'' 之间。此时，

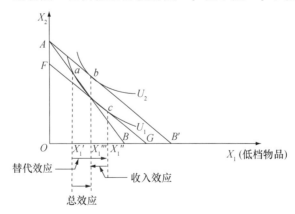

图 3-17　一般低档物品的替代效应、收入效应和总效应

由于替代效应的变动大于收入效应的变动,因而总效应为正,即低档品 X_1 因价格下降所带来的需求变化依然是正的,在其他条件不变的情况下,需求和价格之间依然呈反向变动,即需求曲线依然是向右下方倾斜的。

(3)"吉芬商品"的替代效应和收入效应

如图 3-18 所示,如果无差异曲线 U_2 进一步沿着预算线 AB' 向左上方移动,直至两者所形成的切点 b 在横轴上的投射点 X_1' 位于点 X_1'' 的左边,此时所形成的收入效应为 $X_1'X_1'''$,是沿着横轴的负方向移动的,即为负值,而替代效应为 $X_1''X_1'''$,依旧为正值,但是由于收入效应的变动超过了替代效应的变动,因而总效应为负。

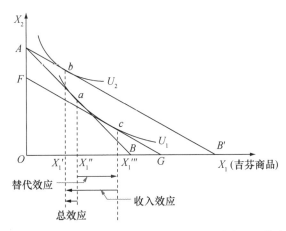

图 3-18 "吉芬商品"的替代效应、收入效应和总效应

因而,对"吉芬商品"来说,替代效应使需求与价格呈反向变动,而收入效应使需求与价格呈同向变动,且因收入效应的作用超过了替代效应的作用,从而使得总效应与价格之间呈同向变动,即在其他条件不变的情况下,需求和价格之间呈正向变动,需求曲线表现为向右上方倾斜。

综上而言,可以将"吉芬商品"看作是一种特殊的低档物品,即在商品价格下降的情形下,负向的收入效应变动超过了正向的替代效应变动,进而造成总效应为负的商品。

因而,可以对上述由价格下降所带来的替代效应、收入效应和总效应的变化进行总结,具体如表 3-3 所示:

表 3-3 由价格下降所产生的三种效应的变化特征

商品类别	与价格的关系			需求曲线形状
	替代效应	收入效应	总效应	
正常物品	反向变化	反向变化	反向变化	右下方倾斜
低档物品	反向变化	同向变化	反向变化	右下方倾斜
吉芬商品	反向变化	同向变化	同向变化	右上方倾斜

第四节　从单个消费者到市场的需求曲线

上述通过基数效用论和序数效用论探讨了单个消费者的需求曲线，即所谓的局部均衡（partial equilibrium）。然而，在很多情形下，人们会探讨一种商品的市场需求，即一定时期内，在不同的价格水平下，市场中所有消费者对某种商品的需求数量的加总，也称为这种商品的一般均衡或全局均衡（general equilibrium）分析。根据上述对需求曲线的推演，可知一般情况下，商品的市场需求曲线也应是向右下方倾斜的，即市场需求曲线上的每个点均表示在相应的价格水平下可以给全体消费者带来最大效用水平或满足程度的市场需求。

用公式进行简要表述为：假定在某一商品市场上有 n 个消费者，他们都具有不同的个人需求函数 $Q_i^d = f_i(P)$，$i = 1, 2, \cdots, n$，则总的市场需求量为 $F(P) = \sum_{i=1}^{n} f_i(P)$。用数值进行表示，如表3-4所示。从中可以看出，一般情形下，某商品的市场需求量即为不同消费者在某一价格水平下对该商品需求量的加总。当然，这是在一般情形或正常情况下，宏观总量可由微观个量加总而成，但是在某些特殊情况下，宏观总量并非可由微观个量简单加总而成，这种现象笔者将会在第五章中进行分析。

表3-4　某商品市场需求的推演过程

商品价格（1）	消费者A的需求量（2）	消费者B的需求量（3）	市场需求量(2)+(3)
0	20	30	50
1	16	24	40
2	12	18	30
3	8	12	20
4	4	6	10
5	0	0	0

第五节　本 章 小 结

本章从基数效用论和序数效用论两个维度解释了正常商品的需求曲线向右下方倾斜的原因，解决了供求理论中需求曲线的来源问题，是微观经济学的重要基石之一。对于基数效用论和序数效用论，需要着重掌握这两个理论的分析工具及其分析方法，如边际效用分析法、无差异曲线分析法、消费者实现均衡时的条件和原则等，明晰基数效用论主要运用边际效用递减规律来解释需求规律，而序数效用论主要运用收入效应和替代效应来解释需求规律，这对理解效用论以及后续其他内容的学习均是有益的。

在解决供求理论中需求曲线的来源问题后，需要对供给曲线的来源及其形成机制进行分析。即，相较于需求曲线来说，决定供给曲线的力量是什么？其形成机制又是如何的？等等。这是笔者在接下来几章中需要着重探讨和分析的。

第六节　思　考　题

1. 请说明戈森定律的主要内容，以及该定律在效用论中的作用。

2. 无差异曲线的主要特征有哪些？其在效用论中起到什么作用？

3. 如果你有一辆需要四个轮子才能开动的车子，现在你只有三个轮子，那么当你有第四个轮子时，这第四个轮子的边际效用似乎超过了前三个轮子的边际效用。那么，这是不是违反了边际效用递减规律？

4. 某消费者要把自己的收入用于 X 和 Y 两种物品以实现效用最大化。X 物品的价格为 2 元，Y 物品的价格为 1 元；用于最后 1 单位 X 物品的收入的边际效用为 20，用于最后 1 单位 Y 物品的收入的边际效用为 16。那么：

(1) 为什么消费者没有实现均衡？

(2) 为了增加效用，该消费者应该增加哪一种物品的消费，减少哪一种物品的消费？

5. 我国许多城市自来水供应紧张，请根据边际效用递减原理，设计一种方案供政府来缓解或消除这个问题。并请回答这种措施：

(1) 对消费者剩余有何影响？

(2) 对生产资源的配置有何有利或不利的效应？

(3) 对于城市居民的收入分配有何影响？有什么补救的办法？

第四章

生产与成本理论

【导　读】　在第三章中，我们完成了供求理论中需求曲线的推导，解释了需求曲线的来源等基本问题。本章将进一步进行供给曲线的推导并阐述其来源，笔者主要基于生产理论和成本理论中的短期和长期两个内容来论证供给曲线的由来，以完成对供求理论中"供"的探讨。其中，生产理论是承上启下的，它既和"效用理论"关系紧密，具有对偶性，又和"成本论"一一对应，具有关联性。

【关键词】　生产；成本；等成本线；等产量线；边际报酬递减规律

第一节　厂商（企业）概述

1. 什么是厂商？

本章中，笔者所论述的主体是生产者（producer），或称之为厂商（manufacturer）或企业（enterprise），是能把投入（input）转化为产出（output）的生产经营性组织。这里的投入主要是指生产要素的投入，包括劳动、资本、土地、企业家才能等；产出是指包括产品或服务的形成或提供。

通常来说，生产要素一般包括两种形态，即有形的和无形的，或货币化的和非货币化的等。经济学中的劳动一般是指体力劳动和智力劳动的总和，其对应的价格称为工资（wage）；土地则是广义上的资源，即包括一切自然资源，其对应的价格称为租金（rent）；资本则可表现为实物形态或货币形态，其对应的价格称为利息率（interest rate）；企业家才能是指组织建立和经营管理企业的才能，其对应的价格称为利润（profit）。关于生产要素的具体内涵和主要特征，笔者将在"生产要素理论"中再予以重点介绍和说明。

2. 为什么会存在企业？

为什么会存在企业？即，企业的本质是什么？对这一问题的解释，可溯源至经济学家罗纳德·哈里·科斯①（Ronald H. Coase）。利斯的杰出贡献是发现并阐明交换成本和产权在经济组织和制度结构中的重要性及其在经济活动中的作用。科斯的代表作是两篇著名的论文，即《企业的性质》(The Nature of the Firm)和《社会成本问题》(The Problem of Social Cost)。在1937年发表的《企业的本质》一文中，科斯独辟蹊径地讨论了企业存在的原因及其扩展规模的界限问题，提出了"交易成本"（transaction costs）这一重要概念来解释并打开了"为什么会存在企业"这一"黑匣子"。科斯的思想被概括为"在完全竞争条件下，交易成本为零，因而私人成本等于社会成本"，并被经济学家乔治·斯蒂格勒②（George Joseph Stigler）命名为"科斯定理"（Coase theorem）。其中，交易成本可以看成围绕交易契约所产生的成本，具体可包括两类：一类是产生于签约时，交易双方因偶然因素所造成的损失；另一类是签订契约，以及监督和执行契约所花费的成本，也即围绕整个交易产生的包括事前、事中和事后的成本。

在科斯看来，企业之所以存在，或者说，企业和市场之所以能并存，是因为有的交易在企业内部进行成本更小，而有的交易在市场上进行成本更小，因而，企业作为生产的一种组织形式，在一定程度上是对市场的一种替代，企业存在的主要目的是降低交易成本，同时使利润最大化。当然，企业也是有边界的或是有扩张限度的。根据科斯的理论，企业的规模应该扩张到这样一个点上，即在这一点上再多增加一次内部交易所花费的成本与通过市场进行交易所花费的成本相等，也即如果一项交易在企业内部进行的成本大于在市场上所进行的成本，那么这项交易应该交给市场来完成，此时无须建立企业；反之，则应通过建立企业这一组织形式，使交易在企业内部进行。

因而，作为两种不同的组织形式，市场与企业均有各自的优势。对于市场来说，可以促进竞争、加快创新、实现规模经济、降低成本等；对于企业来说，则可降低交易成本、实现专业设备内部化、构建长效的人才保障机制等。

在经济生活中，企业具有多种组织形式，如个人业主制企业，即单个人独资经营的企业组织；合伙制企业，即由两个人以上合资经营的企业组织；公司制企业，即按《公司法》建立和经营的具有法人资格的企业组织，包括股份有限公司和有限责任公司等。③

作为经营性组织，企业的主要目标是追求利润最大化，但这并不是唯一目标。增强创新能力、优化产业结构、提升国家竞争力以及投身慈善公益事业等，均是企业生

---

① 罗纳德·哈里·科斯（Ronald H. Coase, 1910—2013年），英国经济学家，新制度经济学的鼻祖，美国芝加哥大学教授，芝加哥经济学派代表人物之一。科斯因为在经济的体制结构方面取得突破性的研究成果，荣获1991年诺贝尔经济学奖。

② 乔治·斯蒂格勒（George Joseph Stigler, 1911—1991年），美国著名经济学家、经济学史家，芝加哥大学教授，同弗里德曼一起被称为芝加哥经济学派的领袖人物，1982年诺贝尔经济学奖得主。

③ 关于这些企业组织形式的联系和区别，可以通过"经济法"或"公司法"等课程得到补充。

存与发展的重要目标,尤其是当企业达到一定规模时,往往会反哺社会,承担相应的社会责任。

第二节 生 产 函 数

1. 基本概念

在对厂商进行了解之后,需要明白厂商究竟是如何进行生产的。这一生产过程可以用生产函数的形式表现出来。所谓生产函数(production function),是指在一定时期内,在技术水平不变的情况下,生产中所使用的各种生产要素的数量与所能生产的最大产量之间的关系,其中,生产要素包括劳动(L)、资本(K)、土地(N)、企业家才能(E)等。用公式可以表示为:$Q=f(L,K,N,E)$。由于在一般情况下,人们只研究劳动和资本对生产的作用特征,因而可以将生产函数简写为$Q=f(L,K)$。

2. 主要类型

一般来说,按照生产过程中生产要素是否可以自由配置,可将生产函数分为短期生产函数和长期生产函数。

短期(short-term)生产函数是指厂商来不及调整生产规模的时间跨度,即只有一部分生产要素的投入量可变,而至少有一种生产要素的投入量是不变的,可以表示为:$Q=f(L,K)=f(L,\bar{K})=f(L)$。

长期(long-term)生产函数是指厂商可以调整生产规模的时间跨度,即所有生产要素的投入量都是可变的和可以调整的,可以表示为:$Q=f(L,K)$。

3. 主要形式

(1)固定替代比例的生产函数

该函数表示在每一产量水平上,任何两种生产要素之间均存在替代关系,且替代比率是固定的,因此又叫线性生产函数,如在生产Q_1数量的产品过程中,如果资本比较充足的话,可以用1单位资本替代2单位劳动,或者如果劳动比较富有的话,可以用2单位劳动替代1单位资本。该生产函数的基本形式为$Q=aL+bK$,如图4-1所示。需要注意的是,该图形与第三章序数效用论中的完全替代型商品的无差异曲线是一致的。

(2)固定投入比例的生产函数

该函数表示在每一产量水平上,所投入的任何一对生产要素的供给比例均是固定

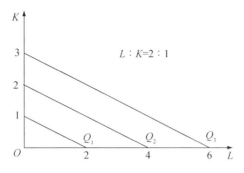

图 4-1　固定替代比例的生产函数

的，又叫列昂惕夫[①]（Leontief）生产函数，通常的函数形式为 $Q=\min\left(\dfrac{L}{u},\dfrac{K}{v}\right)$，其中 u 为固定的劳动的生产技术系数，v 为固定的资本的生产技术系数。该函数表示在进行生产要素的配置时，生产过程要取决于两种生产要素水平中较低的那种，并据此配组而成的完整生产过程，如图 4-2 所示。需要注意的是，该图形与第三章序数效用论中的完全互补型商品的无差异曲线是一致的。

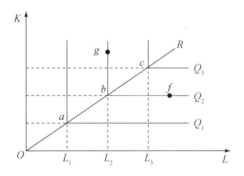

图 4-2　固定投入比例的生产函数

（3）柯布—道格拉斯生产函数

该函数是指生产要素之间可部分替代的齐次生产函数，又叫 C-D 生产函数，通常的函数形式为 $Q=AL^{\alpha}K^{\beta}$，其中，A 为规模参数，一般 $A>0$；α 为劳动所得在总产量中所占的份额，一般 $0<\alpha<1$；β 为资本所得在总产量中所占的份额，一般 $0<\beta<1$。柯布—道格拉斯（Cobb-Douglas）生产函数由美国数学家柯布和经济学家道格拉斯于 20 世纪 30 年代提出，主要含义是指产出主要是由资本和劳动两种生产要素贡献的结果。

---

①　华西里·列昂惕夫（Wassily Leontief，1906—1999 年）是投入产出分析方法的创始人。投入产出分析方法为研究社会生产各部门之间的相互依赖关系，特别是系统地分析经济内部各产业之间错综复杂的交易提供了一种实用的经济分析方法。1973 年，列昂惕夫因发展了投入产出分析方法及其在经济领域产生的重大作用，备受西方经济学界的推崇，并因此获得诺贝尔经济学奖。

由于 α、β 可分别表示 L 和 K 在生产过程中的相对重要程度或贡献度，因而根据 $\alpha+\beta$ 的大小，可将生产函数分为三种类型：当 $\alpha+\beta>1$ 时，生产过程是规模报酬递增的，可能存在技术进步或经营创新等；当 $\alpha+\beta<1$ 时，生产过程是规模报酬递减的，可能是由于管理不善或分工不当等原因所致；当 $\alpha+\beta=1$ 时，生产过程是规模报酬不变的，即生产技术、管理水平等并没有发生质的变化。可以说，柯布—道格拉斯生产函数具有非常广泛的用途，尤其是在数理模型推导和计量实证分析中的运用十分普遍，因此需要予以重点关注。

第三节　短期生产理论

1. 定义和特征

（1）基本概念

这里分析具有不变生产要素情形下的短期生产理论。当可变的生产要素投入生产后，会形成三个关于产量的指标，即总产量、平均产量和边际产量。

其中，总产量（total product，TP）是指投入一定量的某种生产要素所生产出来的全部产量或最大产量，如劳动的总产量为 $TP_L = Q = f(L)$。

平均产量（average product，AP）是指平均每单位某种生产要素所生产出来的产量，如劳动的平均产量为 $AP_L = \dfrac{TP_L}{L} = \dfrac{Q}{L}$。

边际产量（marginal product，MP）是指增加一单位某种生产要素所增加的产量，如劳动的边际产量为 $MP_L = \dfrac{dTP_L}{dL} = \dfrac{dQ}{dL}$。

将以劳动作为可变投入要素而形成的总产量、平均产量和边际产量用图表的形式展现出来，如表 4-1 所示。从中可以看到，随着劳动投入量的增加，总产量一开始是上升的，而当劳动投入量达到 17 单位时，总产量就开始下降；同样，平均产量一开始也是增加的，在劳动投入量达到 4 单位后就开始下降；边际产量也不例外，在劳动投入量达到 5 单位后就开始下降。

因而，通过表 4-1 可以得出：首先，随着劳动投入量的增加，劳动的总产量、平均产量和边际产量均存在拐点或阈值（threshold），并非线性单调递增或递减的；其次，总产量、平均产量和边际产量出现拐点时的对应产量依次递减，即总产量在劳动投入量为 6 单位时出现拐点，平均产量在劳动投入量为 3 单位时出现拐点，而边际产量在劳动投入量为 2 单位时就出现拐点。

表 4-1 劳动的总产量、平均产量和边际产量

劳动投入量 (L)	劳动的总产量 (TP_L)	劳动的平均产量 (AP_L)	劳动的边际产量 (MP_L)
0	0	0	—
1	3	3	3
2	8	4	5
3	12	4	4
4	15	3.75	3
5	17	3.4	2
6	17	2.83	0
7	16	2.29	−1
8	13	1.63	−3

将表 4-1 中的数字转换成更为直观的图形,如图 4-3 所示。从中可以看出,劳动的总产量 TP_L、平均产量 AP_L 和边际产量 MP_L 均是开口向下的抛物线,三个顶点分别为 C、B' 和 A'。那么,为什么关于劳动的三个产量会形成开口向下的抛物线呢?主要原因在于存在边际报酬递减规律(the law of diminishing marginal returns)。

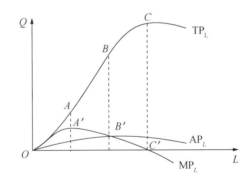

图 4-3 劳动的总产量、平均产量和边际产量的图形

(2)边际报酬递减规律

所谓边际报酬递减规律,是指在技术水平不变的条件下,在其他生产要素保持不变时,连续等量地增加某种生产要素的投入,当这种可变要素的投入小于某一特定值时,增加该要素投入所带来的边际产量是递增的;而当这种可变要素的投入连续增加并超过这个特定值时,再增加该要素投入所带来的边际产量是递减的。

在正确理解边际报酬递减规律时,需要注意该规律存在的几个前提:一是以其他生产要素投入不变为前提,即只增加一种可变要素;二是并非一增加这种生产要素的投入就会出现边际报酬递减规律,而是在生产要素连续等量地投入超过一定量时该规律才会出现,即一开始会递增,越过拐点之后才递减,这与第三章中的边际效用递减

规律有很大的不同；三是以技术水平不变为前提，即技术水平是给定的或外生的（exogenous）。

下面通过一案例，深入地了解与体会一下该规律。

案例一　马尔萨斯的预言落空了

经济学家托马斯·罗伯特·马尔萨斯（Thomas Robert Malthus，1766—1834年）提出了人口论，他有一个著名的观点，即"人口按几何级数增长而生活资源只能按算术级数增长"，其依据便是边际报酬递减规律。他认为，随着人口的膨胀，越来越多的劳动力会耕种土地，有限的土地将无法提供足够的食物，最终，劳动的边际产出与平均产出将会下降，但又有更多的人需要食物，因而不可避免地会产生饥馑、战争和疾病等，因此应采取果断措施，降低人口出生率。

然而，幸运的是，人类的历史并没有按马尔萨斯的预言发展，尽管他正确地指出了劳动边际报酬递减规律。

那么，马尔萨斯预言落空的原因是什么？既然马尔萨斯的预言落空了，你认为边际报酬递减规律还能起作用吗？为什么？

根据边际报酬递减规律的定义，可知马尔萨斯预言落空的主要原因在于：他并没有看到技术进步对于生产经营的重要推动作用，即马尔萨斯忽略了技术创新或技术进步对生产过程的作用，且是比较悲观的。这也只能归咎于时代的局限性，即马尔萨斯生活在工业革命刚刚起步的时期，那时的技术水平较为落后，技术创新的频次也很低，并没有出现快速的技术更迭或大规模的创新突破。

倘若马尔萨斯穿越到现代，遇到了"杂交水稻之父"袁隆平，估计他就不会产生这样的预言了。这就告诫读者在理解边际报酬递减规律时一定要注意该定律成立的前提条件，这是非常重要的。即，如果故事发生的情境满足边际报酬递减规律成立的所有前提条件，那么该规律就会成立；反之，则不成立。比如，我们在背英语单词时，一开始效率会很高，事半功倍，如前半个小时能记住50个单词，如果此时仍旧拼命猛学，而不劳逸结合，那么学习效果反而会事倍功半，出现边际效率递减，后半个小时可能只能记住10个单词。从事半功倍到事倍功半，即是边际报酬递减规律的生动体现。

2. 内在关系

上述分析了 TP、AP 和 MP 之间所存在的一个共性特征，即均存在拐点，那么这三个产量之间存在什么关系？

首先，分析劳动的总产量 TP_L 和边际产量 MP_L。如前文所述，$MP_L = \dfrac{dTP_L}{dL} = \dfrac{dQ}{dL}$，其几何意义为 MP_L 是 TP_L 曲线上某一点切线的斜率，因而当 $MP_L = 0$ 时，TP_L 达到最大值，如图4-3所示。具体而言，MP_L 曲线存在拐点，在 A' 点之前，边际报酬递增，此时 TP_L 位于 OA_L 段，以递增的速度增加；MP_L 曲线在 A' 点之后且在 C' 点之前时，边际报酬递减规律发生作用，但由于 $MP_L>0$，此时 TP_L 位于 AC_L 段，以递减的速度增加；当 MP_L 曲线位于 C' 点时，即 $MP_L=0$，此时 TP_L 曲线位于顶点 C，TP_L 达到最大值；而当 MP_L 曲线位于 C' 点右侧时，即 $MP_L<0$，此时 TP_L 曲线开始递减。因而，MP_L 的状态决定了 TP_L 的特征，具体归纳如图 4-4 所示：

$$\begin{cases} MP>0, TP 增加 \begin{cases} 拐点以前以递增的速度增加 \\ 拐点以后以递减的速度增加 \end{cases} \\ MP<0, TP 减少 \\ MP=0, TP 最大 \end{cases}$$

图 4-4 TP 和 MP 之间的内在关系

其次，分析劳动的平均产量 AP_L 和边际产量 MP_L。从图 4-3 反映的形态来看，如果边际产量 $MP_L>$ 平均产量 AP_L，即位于平均产量曲线的 OB' 一段时，平均产量 AP_L 增加；如果边际产量 $MP_L<$ 平均产量 AP_L，即位于平均产量曲线的最大值点 B' 右侧时，平均产量 AP_L 减少；而当边际产量 MP_L 与平均产量 AP_L 相交，即 $MP_L=AP_L$ 时，平均产量曲线达到最高点，AP_L 达到最大值。

为进一步说明边际产量 MP 与平均产量 AP 之间的内在关系，可以举例加以描述。

假设某班的大学英语四级（CET-4）平均成绩为 70 分，即 AP。此时，假定转入 1 名新同学，其 CET-4 成绩为 71 分，即 MP。由于 MP>AP，该班的 CET-4 平均成绩将上升。假定新同学的 CET-4 成绩为 69 分，即 MP。由于 MP<AP，该班 CET-4 平均成绩将下降。

根据上述分析，可以归纳出：只要边际产量大于平均产量，边际产量就会把平均产量往上拉，使平均产量呈现递增态势；只要边际产量小于平均产量，边际产量就把平均产量往下拉，使平均产量呈现递减态势；而当边际产量等于平均产量时，平均产量达到最大值，具体归纳如图 4-5 所示：

$$\begin{cases} MP>AP 时，AP 增加 \\ MP<AP 时，AP 减少 \\ MP=AP 时，AP 最大 \end{cases}$$

图 4-5 MP 和 AP 之间的内在关系

也可以从数学上给出 MP 和 AP 之间内在关系的公式证明，即：

$$\frac{dAP_L}{dL} = \frac{\frac{df(L)}{dL} \times L - f(L)}{L^2}$$

$$= \frac{1}{L}\left(\frac{df(L)}{dL} - \frac{f(L)}{L}\right) = \frac{1}{L}(MP_L - AP_L)$$

从上式可得，当 $MP_L=AP_L$ 时，$\frac{dAP_L}{dL}=0$，即平均成本曲线达到最高点，AP_L 达到最大值。相应地，当 $MP_L>AP_L$ 时，$\frac{dAP_L}{dL}>0$，此时平均成本曲线处于上升期，

AP_L 会随着劳动投入量的增加而增加；当 $MP_L < AP_L$ 时，$\dfrac{dAP_L}{dL} < 0$，此时平均成本曲线处于下降期，AP_L 会随着劳动投入量的增加而减少。

基于上述结论，可以进一步思考以下问题：假设你要招聘工厂流水线工人，在平均劳动产出与边际劳动产出中，你更关心哪一个变量？如果你发现自招聘工厂流水线工人后，平均产出开始下降，你是否会雇用更多的工人？这种情况的出现意味着你刚雇用的工人的边际产出如何？在构建一个团队时，最应该注重什么？为什么会有"不怕神一样的对手，就怕猪一样的队友"这种说法？

另外，根据 MP_L 和 AP_L 之间的比值关系，可以给出 MP_L 和 AP_L 与产出弹性之间的关系，如下所述：

$$e_L = \dfrac{\dfrac{\Delta X}{X}}{\dfrac{\Delta L}{L}} = \dfrac{\dfrac{\Delta X}{\Delta L}}{\dfrac{X}{L}} = \dfrac{MP_L}{AP_L}$$

从中可以看出，当 $MP_L > AP_L$ 时，$e_L > 1$，此时位于图 4-3 中 TP_L 曲线的 OB 段，是富有弹性的；当 $MP_L < AP_L$ 时，$e_L < 1$，此时位于图 4-3 中 TP_L 曲线的 BC 段（由于一般假定弹性为正值，所以并不包含 TP_L 曲线上越过 C 点的下降部分），是缺乏弹性的；当 $MP_L = AP_L$ 时，$e_L = 1$，此时位于图 4-3 中 TP_L 曲线的 B 点，刚好是单位弹性。

最后，分析劳动的总产量 TP_L 和平均产量 AP_L。从图 4-3 中可以看到，AP_L 是 TP_L 曲线上任一点与坐标原点的连线的斜率，因而当 AP_L 达到最大值（B' 点）时，TP_L 曲线上就有一条从原点出发的最陡的切线，即图 4-3 中的 OB 段。

3. 合理区域

根据上述所给出的 TP、AP 和 MP 之间的内在关系，可以得出短期内，厂商选择合理生产区间的范围。如图 4-6 所示，点 L_1 和 L_2 将总产量 TP_L 划分成三个区域：

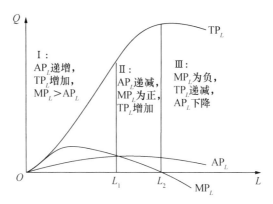

图 4-6　短期中合理生产区域的选择

在第Ⅰ区域，生产处于报酬递增阶段，即 TP_L 上升，AP_L 上升并达到最大值，MP_L 也上升到最大值，且 $MP_L > AP_L$。此时，由于 L 与 K 不是最佳比例，厂商所拥有的各生产要素还处于调整和磨合期，因而厂商不会停止生产，会继续扩大生产规模到下一阶段。

在第Ⅱ区域，生产处于报酬递减阶段，即 TP_L 上升，MP_L 为正值，且能 $MP_L = 0$ 时，TP_L 达到最大值，是生产者进行短期生产的决策区间。这一阶段始于 MP_L 与 AP_L 的交点处，即 AP_L 的最高点，终于 MP_L 与横轴的交点处，即 $MP_L = 0$。在该阶段，厂商投入的各种生产要素的潜能已发挥出来，彼此之间的搭配比例或配置结构也达到最优，因而能生产出最大的产量。

在第Ⅲ区域，生产处于负报酬阶段，即 TP_L 下降，AP_L 继续下降，MP_L 为负值，L 与 K 不是最佳比例，厂商会将生产规模缩减至上一个阶段。在此阶段，由于过多地投入某一生产要素，使得要素的边际生产力出现递减状态，整个生产过程也出现要素浪费和闲置的现象，因而该阶段并不是厂商配置生产要素的合理阶段。如同对一块土地施肥过多，不仅不会带来土地生产力的提升，反而会因过度施肥而使土地肥力急剧下降，甚至会导致土地原有的生态组织和元素构成遭到破坏。

上述甄别最佳生产区间的过程，与管理学中的产品生命周期理论（product life cycle，PLC）[①] 较为相似。如图4-7所示，只有当产品生产位于成熟期时，产品的销售量及利润才会达到最大值。

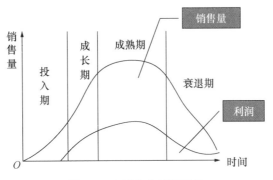

图4-7 产品生命周期理论

[①] 产品生命周期理论是由美国哈佛大学教授雷蒙德·弗农（Raymond Vernon）于1966年在其《产品周期中的国际投资与国际贸易》一文中首次提出。弗农认为，产品生命是指市场上的营销生命，产品的生命和人一样，要经历形成、成长、成熟、衰退这样的周期。就产品而言，也就是要经历一个投入、成长、成熟、衰退的阶段。而这个周期在不同技术水平的国家里，发生的时间和过程是不一样的，存在较大的差距和时差，这一时差表现为不同国家在技术上的差距，它反映了同一产品在不同国家市场上的竞争地位的差异，从而决定了国际贸易和国际投资的变化。该理论侧重从技术创新、技术进步和技术传播的角度来分析国际贸易产生的基础，将国际贸易中的比较利益动态化，研究产品出口优势在不同国家间的传导。

因而，对于理性的厂商来说，应该将生产规模控制在第Ⅱ区域，即产量位于 MP_L 与 AP_L 的交点（AP_L 达到最大值时）和 MP_L 与横轴的交点（$MP_L = 0$ 时）之间。根据这一特性，可以计算出这个阶段关于劳动投入量 L 的取值范围。

第四节 长期生产理论

1. 等产量曲线

上述介绍了短期生产理论，笔者运用的是边际产量分析法，这与基数效用论中的边际效用分析法较为相似。这一部分，笔者将分析长期生产理论，即所有生产要素均可发生变化时厂商的生产经营特征。与序数效用论中运用无差异曲线和预算线等作为分析工具较为相似的是，在长期生产理论中，笔者将运用等产量曲线和等成本曲线来进行分析。

所谓等产量曲线（isoquant curve），是指在技术水平不变的条件下，生产同一产量所需的两种生产要素（L 和 K）投入量的所有不同组合的轨迹，如图 4-8 所示。等产量曲线具有以下几个特点：（1）在同一坐标轴内，可以画出无数条等产量曲线；（2）离原点越近的等产量曲线，表示产量水平越低，离原点越远的则表示产量水平越高；（3）等产量曲线在一般情况下凸向原点，斜率为负；（4）任何两条等产量曲线是不能相交的。这些特征与无差异曲线的特征是非常相似的，只不过无差异曲线的坐标轴是商品 X_1 和 X_2，而等产量曲线的坐标轴是生产要素 L 和 K。

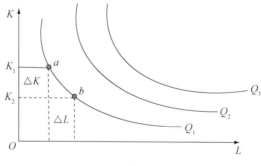

图 4-8 等产量曲线

2. 边际技术替代率

基于第三章所学知识，可知决定无差异曲线凸向原点的主要原因是边际替代率（MRS）递减。与之相似的是，导致等产量曲线凸向原点的主要原因是边际技术替代率递减。所谓边际技术替代率（marginal rate of technical substitution，MRTS），是指在维持产量水平不变的前提下，增加一单位某种生产要素投入量的同时，会减少另外一种生产要素的投入量。

从几何图形上来看，边际技术替代率可以看作是等产量曲线上某一点斜率的绝对值,即 $\mathrm{MRTS}_{LK} = -\dfrac{\Delta K}{\Delta L} = -\dfrac{\mathrm{d}K}{\mathrm{d}L}$,分子表示减少的要素投入量,分母表示增加的要素投入量。这与边际替代率的定义基本上是一致的。

与边际替代率存在递减规律一样,边际技术替代率也存在递减规律,即边际技术替代率递减规律(the law of diminishing marginal rate of technical substitution),它是指在维持产量不变的前提下,当一种生产要素的投入量持续等量增加时,每一单位的这种生产要素所能替代的另一种生产要素的数量是递减的。如图 4-9 所示,在技术水平不变的条件下,在增加等量的劳动投入(ΔL)的情形下,所放弃的资本投入量(ΔK)是愈来愈小的。正是由于边际技术替代率递减规律的存在,才使得等产量曲线向右下方倾斜,并凸向原点。

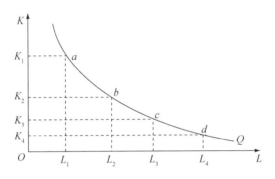

图 4-9 边际技术替代率及递减

在理解边际技术替代率递减规律时,一定要注意它的前提,即"维持产量不变"或"技术水平不变",这是非常重要的,不能忽视。

值得注意的是,至此可以将前文所述的几个递减规律作一个简要总结。首先,基数效用论中的边际效用递减规律;其次,序数效用论中的边际替代率递减规律;再次,短期生产理论(单一要素)中的边际报酬递减规律;最后,长期生产理论(两种要素)中的边际技术替代率递减规律。其实,这几个规律存在一一对应的关系,如边际效用递减规律与边际报酬递减规律相对应,边际替代率递减规律与边际技术替代率递减规律相对应。

3. 等成本线

在序数效用论中,对于消费者来说存在收入约束,即预算线(budget line)。同样,在生产过程中,对于厂商来说也存在预算线,即等成本线(isocost line),它是指在既定的成本和既定的生产要素价格条件下,生产者可以支付或购买到的两种生产要素的各种不同数量组合的轨迹,如图 4-10 所示。

根据上述定义,可以用函数形式来表示等成本线,即 $C = \omega L + \gamma K$,进一步可以变化成:$K = -\dfrac{\omega}{\gamma}L + \dfrac{C}{\gamma}$,其中 C 表示成本,L 和 K 分别表示劳动和资本的投入量,ω 和 γ 分别表示劳动和资本的价格,即工资和利率。从图 4-10 可以看出,等成本线的

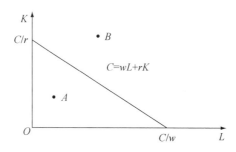

图 4-10　厂商（企业）所面临的等成本线

斜率为 $-\dfrac{\omega}{\gamma}$，它是劳动与资本的价格之比。

根据图 4-10 所给出的等成本线，可将坐标平面划分为三个层面，即在等成本线的左下方，即图中 A 点的位置，表示成本预算没有用完，还有剩余，此时厂商可以继续扩大生产规模；在等成本线的右上方，即图中 B 点的位置，表示成本预算超支，此时厂商面临负债，应该缩减生产规模；只有在等成本线上，才表示企业所有的成本预算刚好被用完，达到扩大生产规模的最大资金约束，此时既不存在剩余，也不存在负债。

4. 生产者均衡

如同有了无差异曲线和预算线就可以求解消费者均衡一样，有了等产量曲线和等成本线后，就可以求得生产者均衡，即生产者是如何把成本分配在两种生产要素的支付上，并实现生产要素的最优组合，进而实现利润最大化。

根据利润公式，即"利润＝总收益－总成本"，求得利润最大化通常有两种方法，即要么是既定成本条件下的产量最大化，要么是既定产量条件下的成本最小化，从而在满足利润最大化的条件下进一步求得生产要素的最优组合。

（1）既定成本条件下的产量最大化

所谓既定成本，是指在劳动的价格（ω）和资本的价格（γ）一定的条件下，厂商购买两种生产要素的全部成本（C）为既定的。为了实现既定成本条件下的最大产量，厂商必须选择最优的生产要素组合，使等产量曲线与等成本线的斜率的绝对值相等，即两种生产要素的边际技术替代率等于这两种生产要素的价格之比，也即 $\text{MRTS}_{LK} = \dfrac{\omega}{\gamma}$。对于这一结论，可以运用两种方法来分析。

首先，运用几何图形来分析生产者均衡。如图 4-11 所示，此时等成本线只有一条即 AB，而等产量曲线却有无数条，如 Q_1、Q_2 和 Q_3，其中有且只有一条等产量曲线（Q_2）与该等成本线（AB）相切，切点为 E。虽然 a 点和 b 点也在等成本线上，是厂商能够承受的，但是 a 点和 b 点所在的等产量曲线 Q_1 所表征的产量水平要低于 E 点所在的等产量曲线 Q_2 所表征的产量水平，因而 a 点和 b 点并不是厂商在成本既定条件下的最大产量。

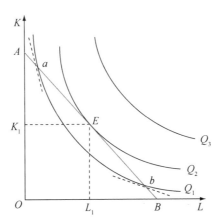

图 4-11 既定成本条件下的产量最大化

其次，用数学公式来求解生产者均衡。在多种投入的情况下，厂商的目标函数，即产量最大化的要求为：

$$\max Q = F(F_1, F_2, \cdots, F_n)$$

此时，厂商所面临的约束条件，即既定成本为：

$$\text{s.t.} \sum_{i=1}^{n} P_{F_i} \cdot F_i = C$$

基于此，构建拉格朗日函数：

$$\Pi = F(F_1, F_2, \cdots, F_n) - \lambda \Big(\sum_{i=1}^{n} P_{F_i} \cdot F_i - C \Big)$$

求解上述拉格朗日函数，即：

$$\frac{\partial \Pi}{\partial F_1} = \frac{\partial F}{\partial F_1} - \lambda P_{F_1} = \text{MP}_{F_1} - \lambda P_{F_1} = 0$$

$$\vdots \qquad \vdots \qquad \vdots$$

$$\frac{\partial \Pi}{\partial F_i} = \frac{\partial F}{\partial F_i} - \lambda P_{F_i} = \text{MP}_{F_i} - \lambda P_{F_i} = 0$$

$$\vdots \qquad \vdots \qquad \vdots$$

$$\frac{\partial \Pi}{\partial F_n} = \frac{\partial F}{\partial F_n} - \lambda P_{F_n} = \text{MP}_{F_n} - \lambda P_{F_n} = 0$$

$$\frac{\partial \Pi}{\partial \lambda} = \sum_{i=1}^{n} P_{F_i} \cdot F_i - C = 0$$

最后，可得出厂商实现产量最大化的均衡条件为：

$$\frac{\text{MP}_{F_1}}{P_{F_1}} = \cdots = \frac{\text{MP}_{F_i}}{P_{F_i}} = \cdots = \frac{\text{MP}_{F_n}}{P_{F_n}} = \lambda$$

上述公式表明，厂商要实现均衡，最优生产要素组合应满足各要素的边际产量与价格之比相等的条件，即支付在各要素上的每单位货币所产生的产量相等或一致。

（2）既定产量条件下的成本最小化

此处的既定产量是指在劳动的价格（ω）和资本的价格（γ）一定的条件下，厂商所能生产的产量是既定的。为了实现既定产量条件下的最小成本，厂商必须选择最优的生产要素组合，使等产量曲线与等成本线的斜率的绝对值相等，即两种生产要素的边际技术替代率等于两种生产要素的价格之比，也即 $\mathrm{MRTS}_{LK} = \dfrac{\omega}{\gamma}$。

从几何图形上进行分析，如图 4-12 所示，此时等产量曲线是既定的，只有一条，即 Q_1；而等成本线却有无数条，但与等产量曲线 Q_1 相切的只有一条，即 C_2，切点为 a。虽然等产量曲线 Q_1 与等成本线 C_3 也有交点，交点为 b 和 c，但是此时 b 和 c 所在的等成本线为 C_3，超过了既定的等成本线 C_2，是现有条件下无法得到的。因而，切点 a（L_1，K_1）表示厂商达到均衡时的最优生产要素组合。

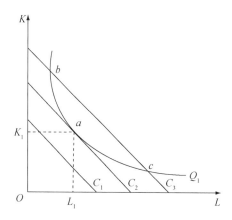

图 4-12 既定产量条件下的成本最小化

从数理推导上来论证既定产量下的成本最小化问题，可以表述为：
首先，构建目标函数，即成本最小化：

$$\min \sum_{i=1}^{n} P_{F_i} \cdot F_i$$

其次，既定产量的约束条件为：

$$\text{s.t. } F(F_1, F_2, \cdots, F_n) = Q$$

基于此，构建拉格朗日函数，即：

$$\Pi = \sum_{i=1}^{n} P_{F_i} \cdot F_i - \lambda (F(F_1, F_2, \cdots, F_n) - Q)$$

求解上述拉格朗日函数，即：

$$\frac{\partial \Pi}{\partial F_1} = P_{F_1} - \lambda \frac{\partial F}{\partial F_1} = P_{F_1} - \lambda \mathrm{MP}_{F_1} = 0$$

$$\vdots \qquad \vdots \qquad \vdots$$

$$\frac{\partial \Pi}{\partial F_i} = P_{F_i} - \lambda \frac{\partial F}{\partial F_i} = P_{F_i} - \lambda \mathrm{MP}_{F_i} = 0$$

$$\vdots \qquad \vdots \qquad \vdots$$

$$\frac{\partial \Pi}{\partial F_n} = P_{F_n} - \lambda \frac{\partial F}{\partial F_n} = P_{F_n} - \lambda \mathrm{MP}_{F_n} = 0$$

$$\frac{\partial \Pi}{\partial \lambda} = F(F_1, F_2, \cdots, F_n) - Q = 0$$

最后，可求得厂商实现均衡的条件为：

$$\frac{\mathrm{MP}_{F_1}}{P_{F_1}} = \cdots = \frac{\mathrm{MP}_{F_i}}{P_{F_i}} = \cdots = \frac{\mathrm{MP}_{F_n}}{P_{F_n}} = \lambda$$

综上所述，该条件与上述既定成本条件下的产量最大化求解出的结论是一致的，即厂商实现均衡的最优生产要素组合条件为边际技术替代率等于生产要素的价格之比，并且等于生产要素的边际产量之比，即 $\mathrm{MRTS}_{LK} = \dfrac{w}{r} = \dfrac{\mathrm{MP}_L}{\mathrm{MP}_K}$。

（3）由利润最大化得到最优生产要素组合

上述结论也可以通过直接求解利润最大化来得到。

由于利润＝收益－成本，即 $\pi = TR - C = P \cdot Q - C = P \cdot f(L, K) - (\omega L + \gamma K)$，当利润最大时，一阶导数为 0，可得到：$\dfrac{\partial \pi}{\partial L} = P \times \dfrac{\partial f}{\partial L} - \omega = 0$ 以及 $\dfrac{\partial \pi}{\partial K} = P \times \dfrac{\partial f}{\partial K} - \gamma = 0$，进一步化解可得：$\dfrac{\frac{\partial f}{\partial L}}{\frac{\partial f}{\partial K}} = \dfrac{\mathrm{MP}_L}{\mathrm{MP}_K} = \dfrac{\omega}{r}$。

因而，该结论与上述既定成本条件下的产量最大化以及既定产量条件下的成本最小化所推导出的生产要素最优组合的结论是一致的。

5. 生产扩展线

在序数效用论下，由预算线旋转可以产生价格—消费线，而由预算线平移可以产生收入—消费线，与之相似的是，在长期生产理论中，通过移动等产量曲线和等成本线可以形成生产扩展线。所谓生产扩展线（production expansion curve），是指在技术水平、要素价格和其他条件不变时，厂商改变生产规模所引起的生产要素最优组合点移动所形成的轨迹，也即当成本或产量发生变化后，厂商会沿生产扩展线选择最优的生产要素组合，如图 4-13 所示。生产扩展线也是一条等斜线，即一组等产量曲线中两要素的边际技术替代率相等的点的轨迹。

如图 4-14 所示，将生产扩展线进一步拓展，即将等产量线上斜率为 0 的点或者斜率为∞的点与原点相连，所形成的连线，称为脊线。由这两条脊线所围成的区域称

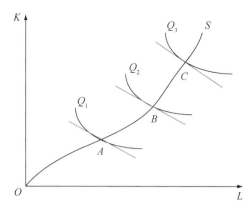

图 4-13 生产扩展线

为生产的经济区域,即图 4-14 中的阴影部分,是指厂商在长期扩张或收缩生产时所应遵循的区域,也即对厂商来说,只有在这个区域进行生产才是理性的,超越了这个区域便是不合理的,因为此时不论是劳动的边际产量还是资本的边际产量均是小于零的,即 $MP_L < 0$ 和 $MP_K < 0$。

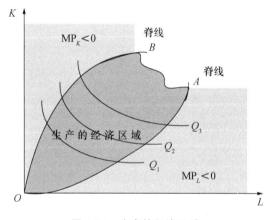

图 4-14 生产的经济区域

以 $MP_L < 0$ 所在区域为例,在生产的经济区域,等产量曲线是向右下方凸的,是一条正常的曲线;然而,当位于脊线之外时,等产量曲线逐渐变成水平并会向右上方卷曲。因而,在边际报酬递减规律的作用下,在继续增加劳动投入的状况下,劳动边际产量会由大于零(正常的等产量曲线)向等于零(水平的等产量曲线),再向小于零(向右上方卷曲的等产量曲线)的状态转变,只有当生产要素的配置和生产位于正常的等产量曲线阶段时,对于生产者来说才是合理的或经济的。相似的原理可以用来说明 $MP_K < 0$ 的阶段。

6. 规模报酬

由于在长期生产中所有要素均是可以发生变化的,即生产规模是可以产生变化的，因而会带来规模报酬现象。所谓规模报酬，是指在其他条件不变的情况下，企业投入的所有生产要素以相同比例增加或减少时所带来的产量的变化状况。

在分析规模报酬现象时，一般假定技术水平不变以及两种生产要素是按相同比例变化的。根据这一假定，可将规模报酬分为三种类型：一是规模报酬递增（increasing returns to scale），即产量增加的比例大于各种生产要素增加的比例，俗称"事半功倍"；二是规模报酬不变（constant returns to scale），即产量增加的比例等于各种生产要素增加的比例，俗称"恰到好处"；三是规模报酬递减（decreasing returns to scale），即产量增加的比例小于各种生产要素增加的比例，俗称"事倍功半"。

用数学公式来表示，即假设生产函数为 $Q=f(L,K)$，那么：

(1) $f(\lambda L, \lambda K) > \lambda f(L, K)$，规模报酬递增；

(2) $f(\lambda L, \lambda K) = \lambda f(L, K)$，规模报酬不变；

(3) $f(\lambda L, \lambda K) < \lambda f(L, K)$，规模报酬递减。

用几何图形来表示，如图 4-15 所示：(a) 表示规模报酬递增，即有 $AB > BC$，可能是由于劳动和资本的专业化程度提高、生产要素的不可分割性以及市场经营和管理上的经济性等原因，使得生产成本越来越小；(b) 表示规模报酬不变，即有 $AB = BC$；(c) 表示规模报酬递减，即有 $AB < BC$，可能是由于管理和协调难度增加、管理效率下降等原因，导致生产成本越来越大。

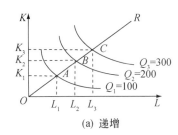 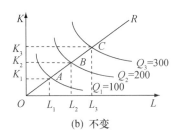 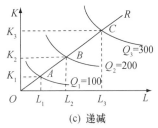

(a) 递增　　　　　　　　　(b) 不变　　　　　　　　　(c) 递减

图 4-15　规模报酬的三种形式

关于规模报酬或收益，还可以用齐次生产函数的形式来表示。

假设生产函数为：$Q = f(x_1, x_2, \cdots, x_n)$，现在每个生产要素都扩大 λ 倍，即 $f(\lambda x_1, \lambda x_2, \cdots, \lambda x_n) = \lambda^k f(x_1, x_2, \cdots, x_n)$。

当 $k>1$ 时，意味着产出的变动比例大于生产要素投入的增加比率，即规模报酬或收益递增；

当 $k=1$ 时，意味着产出的变动比例等于生产要素投入的增加比率，即规模报酬或收益不变；

当 $k<1$ 时，意味着产出的变动比例大于生产要素投入的增加比率，即规模报酬或收益递减。

笔者在之前的"生产函数"部分中给出的柯布—道格拉斯生产函数，即 $Q = AL^\alpha K^\beta$，可以很好地说明规模报酬的变化情形。当劳动的投入量和资本的投入量都扩大 λ 倍时，即有 $A(\lambda L)^\alpha (\lambda K)^\beta = \lambda^{\alpha+\beta} AL^\alpha K^\beta$，此时：当 $\alpha+\beta>1$ 时，生产形式为规模报酬递增；当 $\alpha+\beta<1$ 时，生产形式为规模报酬递减；当 $\alpha+\beta=1$ 时，生产形式为规模报酬不变。

此处，再补充一点与上述规模报酬相关的内容，即欧拉定理（Euler's theorem）。所谓欧拉定理，是指在完全竞争的产品市场和要素市场上，在规模报酬不变的条件下，当达到市场均衡时，所有生产要素实际所取得的报酬总量正好等于社会所生产的总产品。因而，欧拉定理又叫作边际生产力分配理论，或是产品分配净尽定理，笔者对该定理先作一简单的数学描述。

在完全竞争的条件下，厂商使用两种生产要素，即劳动 L 和资本 K，其价格分别为 ω 和 r。在完全竞争条件下厂商使用生产要素所应遵循的原则为：要素的边际产品价值等于要素价格，即 $P\times \mathrm{MP}_L=\omega$ 和 $P\times \mathrm{MP}_K=r$。①可得，$\mathrm{MP}_L=\omega/P$ 和 $\mathrm{MP}_K=r/P$。其中，ω/P 和 r/P 分别表示劳动和资本的实际报酬。这意味着在完全竞争市场条件下，单位劳动和单位资本的实际报酬分别等于劳动和资本的边际产量。

现假定整个社会的劳动总量和资本总量分别为 L 和 K，社会总产品为 Q。根据欧拉定理，在市场均衡的条件下，所有生产要素实际所取得的报酬总量正好等于社会所生产的总产品，即 $Q=L\times \mathrm{MP}_L+K\times \mathrm{MP}_K$。

下面运用两种方法对上述结论予以证明。首先，假设生产函数是线性齐次的，在规模报酬不变的作用下，有 $\dfrac{Q}{L}=f\left(\dfrac{L}{L},\dfrac{K}{L}\right)=f(1,k)=g(k)$，其中，$k=\dfrac{K}{L}$ 为人均资本，$\dfrac{Q}{L}$ 为人均产量，是人均资本 k 的函数。且有：

$$Q=g(k)\times L$$

令 Q 对 L 和 K 求偏导，则有：

$$\frac{\partial Q}{\partial L}=\frac{\partial [L\times g(k)]}{\partial L}=g(k)+L\times \left[\frac{\mathrm{d}g(k)}{\mathrm{d}k}\right]\times \left[\frac{\mathrm{d}k}{\mathrm{d}L}\right]$$

$$=g(k)+L\times g'(k)\times \left(-\frac{k}{L}\right)=g(k)-k\times g'(k)$$

其中，$\dfrac{\mathrm{d}k}{\mathrm{d}L}=\left(\dfrac{K}{L}\right)'=-\dfrac{K}{L^2}=-\dfrac{k}{L}$。

$$\frac{\partial Q}{\partial K}=\frac{\partial [L\times g(k)]}{\partial K}=L\times \left[\frac{dg(k)}{dk}\right]\times \left[\frac{\partial k}{\partial K}\right]=L\times g'(k)\times \left(\frac{1}{L}\right)=g'(k)$$

在上式推演中，笔者运用了 $\dfrac{\partial k}{\partial K}=\left(\dfrac{K}{L}\right)'=\dfrac{1}{L}$。

由上述两式，即可得欧拉分配定理：

$$L\times \left(\frac{\partial Q}{\partial L}\right)+K\times \left[\frac{\partial Q}{\partial K}\right]=L\times [g(k)-k\times g'(k)]+K\times g'(k)$$

$$=L\times g(k)-K\times g'(k)+K\times g'(k)=L\times g(k)=Q$$

---

① 关于"在完全竞争条件下厂商使用生产要素所应遵循的原则"，笔者将会在第六章中作详细说明，此处不展开，读者有一大致了解即可。

上述分析的是规模报酬不变的情况，如果生产函数是规模报酬递增的，按照边际生产力分配原则，此时会出现产品不够分配给各个生产要素的情形，即：

$$L \times \left(\frac{\partial Q}{\partial L}\right) + K \times \left(\frac{\partial Q}{\partial K}\right) > Q$$

如果生产函数是规模报酬递减的，则按照边际生产力原则进行分配，此时会出现产品在分配给各个生产要素之后还有剩余的情形，即：

$$L \times \left(\frac{\partial Q}{\partial L}\right) + K \times \left(\frac{\partial Q}{\partial K}\right) < Q$$

其次，假设生产函数 $Q=f(L, K)$ 为 n 齐次函数，即 n 为任意的齐次生产函数，该函数既可以是线性的，也可以是非线性的，形式为：$Q = L \times g(k)$。

将该函数对 L 和 K 分别求偏导，可得：

$$\frac{\partial Q}{\partial L} = [L \times g(k)]' = ng(k) + L \times g'(k) = ng(k) + L \times g'(k) \times \left(\frac{K}{L}\right)'$$

$$= ng(k) - kg'(k)$$

$$\frac{\partial Q}{\partial K} = [L \times g(k)]' = L \times g'(k) \times \left(\frac{K}{L}\right)' = g'(k)$$

综合上述两式，可得：

$$L \times \left(\frac{\partial Q}{\partial L}\right) + K \times \left(\frac{\partial Q}{\partial K}\right) = nL \times g(k) = nQ$$

当 $n=1$ 时，此时生产函数为规模报酬不变，有：$L \times \left(\frac{\partial Q}{\partial L}\right) + K \times \left(\frac{\partial Q}{\partial K}\right) = Q$，此式即为欧拉分配定理。

当 $n>1$ 时，此时生产函数为规模报酬递增，有：$L \times \left(\frac{\partial Q}{\partial L}\right) + K \times \left(\frac{\partial Q}{\partial K}\right) > Q$，即产品不够分配给各个生产要素。

当 $n<1$ 时，此时生产函数为规模报酬递减，有：$L \times \left(\frac{\partial Q}{\partial L}\right) + K \times \left(\frac{\partial Q}{\partial K}\right) < Q$，即产品在分配给各个生产要素之后还有剩余。

上述主要说明了各要素的贡献之和等于总产出，换个角度来说，在完全竞争条件下，总产出可以按照各要素的贡献进行分配。此种状态下的分配不仅是有效率的，而且是公平的，且实现了产出出清。然而，现实中，完全竞争的条件很难达到，因而实际收入很难按贡献进行分配，往往存在一定的扭曲和失衡。

第五节　成本及其属性

1. 成本的种类

生产过程与成本核算是紧密联系的，因而笔者将生产理论和成本理论放在一章中进行讲解。前面也提到，生产理论这一部分是承上启下的，因此，笔者要介绍一下生产理论和成本理论之间的内在联系。在对成本理论进行说明之前,首先要了解成本的概念及其分类。

案例二　张先生是否应该辞职开店?

张先生是一家IT企业的会计师,年薪8万。他的挚友王先生认为他的才能在于经营管理,建议他辞掉现在的职务,自己开一家快餐店。

王先生的理由是:张先生可以自己当老板,节省人力成本;同时,张先生还有门面房,可以省下租金。

王先生的话乍一看挺有道理。但是,真的有道理吗?如果张先生采纳了王先生的建议,开店的成本如何衡量?

对于张先生是否要开店,关键取决于张先生如何理解和权衡成本。对此,首先要对成本有一了解。

所谓成本,主要是指生产成本,即生产一定产量所应支付的费用,因而成本主要取决于各种生产要素的价格及其投入量。成本具有多种类型。从经济学角度来分析,生产成本＝经济成本＝隐性成本＋显性成本,其中显性成本（explicit cost）又称为会计成本,是指厂商在要素市场上购买或租用生产所需的相关要素的实际支出,是记录在账簿或账本上的;隐性成本（implicit cost）是指对自己所拥有的且被用于生产的相关要素应支付的费用,是不在账目上反映的,如自有房屋被当作厂房投入生产经营,在会计账目上并无租金支出这一项。因而,隐性成本必须从机会成本的角度进行度量,要按照企业所拥有的自有生产要素在其他用途中所能得到的最高收入来测度,否则厂商完全可以把自有生产要素用作其他用途,以获得更高的报酬。因而,经济学和会计学在考虑成本时的思维方式是不一样的,经济学中的成本不仅包含显性成本,而且还涵盖隐性成本,是更为全面的成本,而会计学中的成本仅指账面上的成本。

案例三　张先生的快餐店盈利了吗?

张先生听从了王先生的建议,使用自己的店铺和自有资金,开了一家快餐店。经过一年的辛苦经营,张先生在年终核算时发现,扣除各项开销,会计利润为12万元。张先生觉得还不错。

后来,张先生又盘算了一下:自己原来受聘于IT企业可得工资8万元、自有资金借给他人可得利息4万元、店铺出租可得租金3万元。张先生陷入了沉思……

那么,你认为张先生盈利了吗?他开这个店是否值得?

根据经济学对成本的基本定义,张先生的机会成本为15万元,超过了他开店获得的会计利润12万元,因而张先生不应该自己开店。也即,如果要开一家店,在计算成本时,不仅要考虑房租、进货费用、借款利息、员工工资、水电费、税金等这些账面上的显性成本,还要把付给自己的工资、垫付资金所应得的利息以及自有住房出租所应得的房租等这些机会成本考虑在内。通过权衡后,才能决定是否要开这个店,以及开这个店是否值得。

这里需要对机会成本加以深入理解,对此笔者在第一章已简单介绍。美国经济学家米尔顿·弗里德曼(Milton Friedman,1912—2006年)在《弗里德曼的生活经济学》①中对"机会成本"是这样理解的:"烟鬼选择吸烟,吸毒人选择吸毒,是因为如果他们不吸烟、不吸毒,就必须放弃对他们来说更为重要的东西;穷人选择不去看病,是因为如果看病,就必须放弃对他们来说更为重要的东西。"其中,烟鬼和吸毒人放弃吸烟和吸毒的机会成本是什么?那就是烟瘾和毒瘾,而这种瘾对于烟鬼和吸毒人来说是无法舍弃的,所以他们会想尽一切办法甚至是牺牲生命来满足自己的欲望;而对于穷人来说,如果去看病,那么看病的机会成本可能就是温饱,因为对穷人来说,钱是非常珍贵的,如果把仅有的钱用了看病,那么就很有可能会饿肚子。可以说,有选择就会存在机会成本,因为大多数人面对多种选择时,往往很难两全其美,所以就存在权衡,有权衡就会有舍弃,有舍弃就存在机会成本。大到人生大事,如对学生来说究竟是选择读研还是工作,小到日常琐事,如今晚是去看电影还是去图书馆学习,等等,可以说,人生处处存在机会成本。因而,大家在考虑问题时,要更多地从经济学的视角去思考,这样才能制定更加合理的规划。

案例四 爱情的机会成本

我国台湾地区经济学家高希均②在《经济学的世界》③中指出:爱情也有机会成本。让我们再重温一首大家熟知的青海民歌:《在那遥远的地方》④。

这首民歌中的男主角为了追求活泼动人的"好姑娘",所付出的机会成本是抛弃财产,所得到的就是跟着心爱的"好姑娘"去放羊,每天看着她那粉红的小

---

① 《弗里德曼的生活经济学》通俗易懂的风格、充满睿智的论述,不仅是喜欢经济学的读者最合适的读本,也可以成为在经济学迷宫中摸不清方向的学生最好的辅导书。一句话,《弗里德曼的生活经济学》将教你在日常生活中如何作出正确选择、如何制定合理战略,让你更从容地驾驭生活。
② 高希均,1936年生于南京,成长于我国台湾地区,美国密歇根州立大学博士,曾任美国威斯康星大学河城校区经济系主任、中国台湾大学商学研究所讲座教授。现任威斯康星大学经济系教授、《天下》《远见》杂志社及天下远见文化出版公司社长。
③ 该书的理论体系和案例资料已趋于完备,反映了经济学发展的新进展和全球经济,尤其包括中国经济的发展成就、问题与趋势。此外,该书还体现了作者多年来将经济学中国化或本土化的努力。和一般经济学教科书充斥、甚或仅有欧美案例资料不同,该书给读者展现了中国在社会经济现代化进程中的得失,对于大学生和需要掌握一定经济知识的企业界人士、公务员、媒体工作者及一般读者来说,是一部理想的经济学入门书籍。
④ 《在那遥远的地方》是一首由王洛宾创作的民歌,是电影《小城之春》的插曲。1994年,王洛宾凭借该曲获得联合国教科文组织东西方文化交流特殊贡献奖。这是王洛宾最珍视的歌,也是王洛宾所有歌曲中艺术评价最高的,被誉为"艺术里的珍品,皇冠上的明珠"。

脸和那美丽金边的衣裳。当然，也可以换个角度来考虑，男主角可以让这位"好姑娘"放弃放羊的生活，去他所在的城市里工作和生活，或许这样的机会成本要小一些。

2．利润的种类

经济学是从稀缺资源配置的角度来研究生产一定数量某种产品所需付出的代价，因而必须要考虑机会成本。同样，在厂商追逐最为关心的利润时，也需要将机会成本考虑进去。根据对成本的分类，笔者在此阐释一下与之相关的三种利润。

（1）经济利润（economic profit）：是指企业的总收益和总成本之间的差额，是一种超额利润（excess profit），用公式表示为：经济利润＝总收入－总成本，又因为总成本＝显性成本＋隐性成本＝会计成本＋机会成本，因而有：经济利润＝总收入－显性成本－隐性成本＝总收入－会计成本－机会成本。

（2）会计利润（accounting profit）：是指企业的总收益扣除账面成本（显性成本）之后的剩余，用公式表示为：会计利润＝总收入－会计成本。

（3）正常利润（normal profit）：通常是指企业家对自己所提供的企业家才能的报酬支付，属于隐性成本。

经过简单推演，可知：经济利润＝会计利润－机会成本，因而经济利润一般要小于会计利润。同时，经济利润并不包括正常利润，即当厂商的经济利润为零时，厂商仍然可以得到全部的正常利润，因为经济利润为零仅仅意味着厂商没有超额利润可以获取，但是可以弥补所有要素的开支，包括企业家自己的才能。从本质上讲，正常利润不是利润而是成本，属于隐性成本，是企业家继续留在原产业从事生产经营所必需的最低报酬，即企业家自己给自己发工资，以补偿自己的辛苦付出。

笔者在前文也提到，经济学和会计学对于成本的理解视角是不一样的，那么，经济学家（economist）和会计师（accountant）又是如何看待企业生产经营中的收益、成本和利润等概念的？具体如图4-16所示：

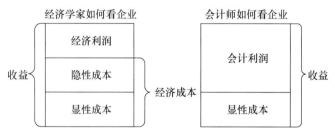

图4-16 经济学家和会计师如何看待企业的成本与利润

3．短期成本曲线

生产理论中有短期生产函数和长期生产函数之分，与之相对应，在成本理论中也有短期与长期的区分，区分的关键也在于生产要素是否是可以全部变动的。因此，将部分投入可调整并能随产量变动而变动的成本称为可变成本（variable cost，VC），如原材料、燃料支出和工人工资等。而将部分投入不可调整或不随产量变动而变动的成本称为固定成本（fixed cost，FC），即短期必须支付的且不能调整的要素费用，如厂房和设备折旧及管理人员工资等。而对于长期来说，一切成本均是可以调整的，因而没有固定成本与可变成本之分。

在短期成本理论中，总的来说，与成本相关的概念有七个，如图4-17所示：

图 4-17 短期成本理论中的成本类型

（1）总不变成本或总固定成本（total fixed cost，TFC）是指厂商在短期内为生产一定数量的产品而对不变生产要素所支付的总成本。

（2）总可变成本（total variable cost，TVC）是指厂商在短期内为生产一定数量的产品而对可变生产要素所支付的总成本。

（3）总成本（total cost，TC）是厂商在短期内为生产一定数量的产品对全部生产要素所支付的总成本，包括总不变成本和总可变成本，即 $TC(Q) = TFC + TVC(Q)$。

（4）平均不变成本或平均固定成本（average fixed cost，AFC）是厂商在短期内平均每生产一单位产品所消耗的不变成本，即 $AFC(Q) = \dfrac{TFC}{Q}$。

（5）平均可变成本（average variable cost，AVC）是厂商在短期内平均每生产一单位产品所消耗的可变成本，即 $AVC(Q) = \dfrac{TVC(Q)}{Q}$。

（6）平均总成本（average cost，AC）是厂商在短期内平均每生产一单位产品所消耗的全部成本，即 $AC(Q) = \dfrac{TC(Q)}{Q} = \dfrac{TFC + TVC}{Q} = AFC(Q) + AVC(Q)$。

（7）边际成本（marginal cost，MC）是厂商在短期内增加一单位产量时所增加的总成本，即 $MC(Q) = \dfrac{\Delta TC(Q)}{\Delta Q} = \dfrac{dTC}{dQ}$。

下面笔者对上述七种成本的几何图形作相应说明：

（1）短期总成本（short-run total cost，STC）

由于 $STC(Q) = TFC + TVC(Q)$，又因为 TFC 是不变的，同时在短期中仅有两种生产要素的情况下，可设 $TFC = \gamma \times \overline{K}$，且 $TVC(Q) = \omega \times L(Q)$，因而有 $TC(Q) = \gamma \times \overline{K} + \omega \times L(Q)$，即短期总成本曲线的形状主要由短期可变成本决定，即这两者的图形形状是一样的，且这两者之间的距离就是 TFC，如果没有产量，短期总成本最小，且等于固定成本。

又由于短期可变成本 TVC（Q）主要取决于劳动的投入量 L（Q），根据边际报酬递减规律，在技术水平不变的条件下，一开始随着某种生产要素（如劳动）投入量的增加，产量也会递增，此时企业处于生产效率比较高的阶段，具有规模效应，因而可变成本以递减的速度增加；之后，伴随该生产要素投入量的持续增加，边际报酬越过拐点后进入递减阶段，即产量会减少，生产效率降低，企业陷入规模不经济阶段，此时，可变成本会以递增的速度增加。

因而，TVC（Q）曲线是从原点出发的，首先呈现的形态是先以递减的速度增加，之后以递增的速度增加；STC（Q）曲线与 TVC（Q）曲线的形状是一致的，只不过两者的距离是 TFC，即 STC（Q）曲线在纵轴的截距为 TFC，具体如图 4-18 所示：

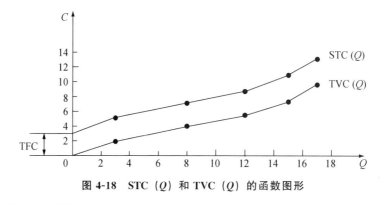

图 4-18　STC（Q）和 TVC（Q）的函数图形

（2）短期平均成本（short-run average cost，SAC）

由于 SAC＝AFC＋AVC，因而，笔者先分析平均固定成本曲线和平均可变成本曲线的形状，之后再分析短期可变成本曲线的形状。

首先，由于 $AFC(Q)=\dfrac{TFC}{Q}$，且 TFC 是一常数，因而随着产量 Q 的不断增加，$AFC(Q)$ 将会不断递减，并逐渐趋向于零。在图形上表现为一条向右下方倾斜的渐近线（asymptote），如图 4-19 所示：

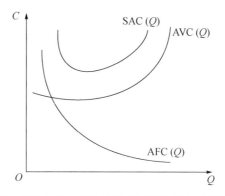

图 4-19　SAC（Q）、AVC（Q）和 AFC（Q）的函数图形

其次，由于 $\text{AVC}(Q)=\dfrac{\text{TVC}(Q)}{Q}$，因而在边际报酬递减规律的作用下，AVC($Q$) 曲线一开始会随着产量的不断增加而逐渐下降，当产量增加到一定数量，即边际报酬的拐点时，AVC(Q) 曲线达到最低点，而后随着产量的继续增加，AVC(Q) 曲线开始上升，即 AVC(Q) 曲线会呈现先下降后上升的态势，如图 4-19 所示。

最后，由于 $\text{SAC}(Q)=\dfrac{\text{TC}(Q)}{Q}=\text{AFC}(Q)+\text{AVC}(Q)$，因而短期可变成本曲线的形状是由 AFC（$Q$）曲线和 AVC（$Q$）曲线同时决定的。根据上述对 AFC（$Q$）曲线以及 AVC（$Q$）曲线的分析，可知 SAC（$Q$）曲线的总体形状应与 AVC（$Q$）曲线相似，但是两者又有一定的区别，即在 AFC（Q）曲线的作用下，SAC（Q）曲线在 AVC（Q）曲线的上方，且两者无限接近，但不相交，同时 SAC（Q）曲线的最低点应在 AVC（Q）曲线最低点的左方，如图 4-19 所示。

另外，准确地刻画和描绘函数图形是学习、理解并掌握经济学内容和知识要点的基本功。函数图是否画得到位和精准，能直接反映学生所学经济学知识是否扎实，对经济学的理解是否透彻。因而，在学习经济学的过程中，不仅要明白其中的基本原理及其相应的数理推导，还要清晰地掌握经济学概念的几何意义和图形特征。

（3）短期边际成本（short-run marginal cost，SMC）

由于 $\text{SMC}(Q)=\dfrac{\Delta\text{STC}(Q)}{\Delta Q}=\dfrac{\text{dSTC}}{\text{d}Q}$，$\text{STC}(Q)=\text{TFC}+\text{TVC}(Q)$，所以 SMC（$Q$）的变动与 TFC 无关，SMC（$Q$）实际上等于增加单位产量所增加的可变成本 TVC（Q），即 $\text{SMC}(Q)=\dfrac{\Delta\text{TVC}(Q)}{\Delta Q}$。

关于 SMC(Q) 曲线的几何形状，可以先进行简单推导：由于在短期生产过程中，边际报酬递减规律会发生作用，即一开始当边际产量 MP 递增时，处于规模经济阶段，会导致边际成本 MC 递减；之后，当生产要素投入量增加并超过一定界限时，就会进入边际产量 MP 递减阶段，此时，因处于规模不经济阶段而导致边际成本 MC 递增。因而，短期边际成本曲线应是一条先下降而后上升的"J"形曲线，即一开始时，边际成本随产量增加而减少，但是当产量增加到一定程度并越过拐点值之后，边际成本就会随产量的增加而增加，如图 4-20 所示：

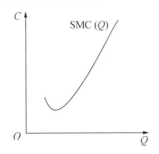

图 4-20 SMC（Q）曲线的形状

边际成本对厂商的产量决策有着重大的意义，即在技术水平不变的条件下，当产量较低时，多生产一件产品会使成本呈下降趋势，即边际成本处于递减阶段；而当产量增加到一定程度时，多生产一件产品会使成本呈上升趋势，即边际成本处于递增阶段。

案例五　为什么航空公司愿意向顾客提供折扣机票？

一般而言，航空公司的成本可以分为固定成本和可变成本。固定成本包括飞机购置费、乘务员工资、检修费及机场设施等；可变成本包括燃料和服务费等。对航空业来说，它的成本大部分是由固定成本构成的。即，当飞机上有很多空位时，每增加一位乘客产生的边际成本很小，一般只会增加乘客的餐费和飞机的燃料费等。此时，如果航空公司多卖一张票所获得的收益（边际收益）大于边际成本，则多卖票就能增加利润。因而，现实生活中，很多航空公司都会推出诸多优惠的购票措施。

类似的例子还有很多，如拼车、教育培训和发展公共交通等。以教育培训为例，一般而言，只要教室能容纳足够多的学生，一堂课对于一个老师来说，教10个学生与教50个学生是一样的，因而边际成本基本上没有多大的变化，无非是多增加一套培训资料而已。然而，此时，多增加一个学生的边际收益是大于多增加一个学生的边际成本的，因而很多教育培训机构往往倾向于多招学生，诸如一些考研或考证机构通过发挥规模效应以获得更多的收益。

（4）各短期成本之间的内在关系

通过上述分析可知，短期生产中所存在的七种成本存在相互关联的内在关系。根据图4-21，可以进一步分析得到：

首先，关于STC、TVC与SMC之间的相互关系。在边际报酬递减规律的作用下，SMC曲线呈现先降后升的特征，与之对应的是，STC曲线和TVC曲线的斜率也由递减变为递增，而且SMC曲线的最低点E与STC曲线和TVC曲线的拐点相对应，如图4-21中的A点和C点。这里运用了SMC是STC曲线上某一点的切线的斜率这一知识。

其次，关于SAC、AVC与SMC之间的相互关系。同样，在边际报酬递减规律的作用下，SMC曲线呈现先降后升的"U"形特征，这使得SAC和AVC曲线也均呈现先降后升的"U"形特征，且SMC曲线的变动要快于SAC和AVC曲线的变动，表现在图形中，即SMC曲线的最低点要早于或左偏于SAC和AVC曲线的最低点；同时，SMC曲线相交于SAC和AVC曲线的最低点，即由于$AFC(Q)$的存在，使得AVC曲线的最低点F要低于且左偏于SAC曲线的最低点G；另外，SAC曲线的最低点G和AVC曲线的最低点F，即短期平均成本和短期平均可变成本的最小值，分别对应STC曲线和TVC曲线的B点和D点。

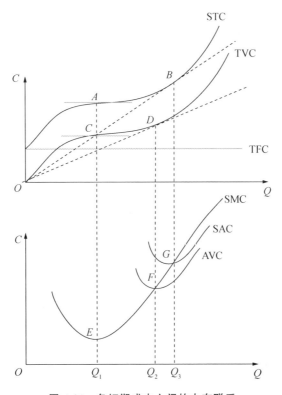

图 4-21 各短期成本之间的内在联系

（5）成本函数与产量函数之间的内在关系

笔者在前文中提到生产理论和成本理论之间具有内在自洽的对偶关系。下面，笔者将着重分析一下这两个理论之间的对应关系。

首先，平均产量 AP 与平均可变成本 AVC 之间的关系。从数学公式来理解，由于 $\text{AVC} = \dfrac{\text{TVC}}{Q} = \dfrac{\omega \times L(Q)}{Q} = \dfrac{\omega}{\dfrac{Q}{L(Q)}} = \dfrac{\omega}{\text{AP}}$，因而在短期，在劳动力价格 ω 保持不变的条件下，平均产量 AP 与平均可变成本 AVC 之间成反比关系，即 AP 递减时，AVC 递增；AP 递增时，AVC 递减；而当 AP 达到最大值时，AVC 为最小值，两者是一一对应的。

其次，从几何图形上来看，如图 4-22 所示，AP 曲线顶点对应 AVC 曲线最低点；MP 曲线在 AP 曲线的顶点相交，相应地，MC 曲线在 AVC 曲线的最低点相交，也是一一对应的。

再次，边际产量 MP 与边际成本 MC 之间的关系。由于 $\text{MC} = \dfrac{\text{dTC}}{\text{d}Q} = \dfrac{\text{d}(\omega \times L(Q) + \gamma \times \overline{K})}{Q} = \dfrac{\omega}{\dfrac{\text{d}Q}{\text{d}L(Q)}} = \dfrac{\omega}{\text{MP}}$，因而，在劳动力价格 ω 保持不变的条件下，边际产量 MP 与边际成本 MC 之间也成反比关系，即 MP 曲线先上升后下降，相应

地，MC 曲线则先下降后上升，且 MC 曲线的最低点对应 MP 曲线的最高点，即顶点，如图 4-22 所示。

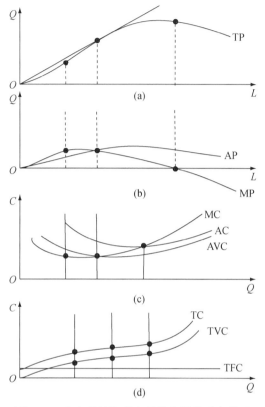

图 4-22　生产理论和成本理论之间的对应关系

最后，总产量 TP 与总成本 TC 之间的关系。从上述对短期总成本的分析可知，在边际报酬递减规律的作用下，总产量 TP 与总成本 TC 之间成反比关系，即当 TP 曲线递增时，TC 曲线和 TVC 曲线递减；而当 TP 曲线递减时，TC 曲线和 TVC 曲线递增；相应地，TP 曲线上的两个拐点分别对应 TC 曲线和 TVC 曲线上的拐点，如图 4-22 所示。

关于生产理论和成本理论之间的对偶关系，可以总结如下：总产量曲线和总成本曲线之间凹凸性相反，且拐点是对应的；边际产量和边际成本存在反向变动关系，因而两者的变动方向相反，且二者极值点相对应；平均产量和平均可变成本也存在反向变动关系，因而两者的变动方向也相反，且二者极值点也相对应。

4．长期成本

与上述短期成本分析对应，长期成本是指厂商能根据产量调整全部要素，并在每一个产量水平上可以选择最优规模进行生产。因而，在长期并不存在固定或不变成本，长期成本共有三种，即长期总成本、长期平均成本和长期边际成本。需要注重的是，如何从短期成本推导长期成本。

(1) 长期总成本（long-run total cost，LTC）

所谓长期总成本，是指长期中生产一定数量产品所需支付的成本总和。由于长期生产中产量投入的规模是可以调整的，因而长期总成本是厂商在各种产量水平上的最低总成本。

从几何图形上来看，如图4-23所示，长期总成本曲线应与短期总成本曲线的形状相似，只不过LTC曲线应该从原点出发，因为不存在不变成本。同时，在规模经济的作用下，LTC曲线可以分为三段：OQ_1段，即开始阶段，因生产要素的潜能无法充分利用，处于导入或磨合阶段，此时成本增加幅度大于产量增加幅度，因而LTC曲线较陡；Q_1Q_2段，即成熟阶段，存在规模经济，生产要素充分利用，因而LTC曲线平坦；Q_2以后段，即衰退阶段，规模产量递减，成本增加幅度大于产量增加幅度，因而LTC曲线较陡。这也如同一辆新车，刚开始行驶的时候，由于车子尚处于磨合期，各项功能还没有完全激活，因而耗油量比较高；当行驶一段里程后，如1万公里之后，此时车子的各项性能已磨合好，车子处于最佳状态，因此开起来比较顺畅，耗油量也比较低；然而，当你再开一段里程之后，比如10万公里之后，车子的零部件开始出现各种故障，车子性能也逐渐下降，因而油耗量不断增加，行驶舒适感不断下降，再行驶一段里程后，可能就要报废了。

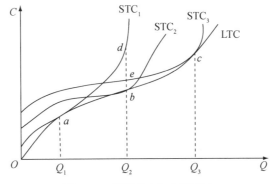

图4-23 长期成本与短期成本

从构成来看，LTC曲线可由STC曲线推导而来。假设长期内只有三种可供选择的生产规模，分别由三条STC曲线表示。三条STC曲线的截距不同，生产规模由小到大的顺序依次为STC_1、STC_2和STC_3。

假定厂商生产Q_2的产量。此时，厂商面临三种选择：STC_1是较小规模，最低总成本在d点；STC_2是中等规模，最低总成本在b点；STC_3是较大规模，最低总成本在e点。在d、b、e三点中b点的成本最低，因为b点是LTC曲线与STC_2曲线的切点，代表生产Q_2产量时的最优规模和最低成本，所以长期内，厂商应在STC_2规模上生产Q_2的产量。

同理，基于上述方法，可以找出长期内每一产量水平上的最优规模和最低长期总成本，即长期内可以通过调整产量以选择最优规模，从而实现以最低总成本生产的目的，也即可以找出无数个类似的b点，并把这些点连接起来，就得到LTC曲线。从图

4-23 也可以看出，LTC 曲线是无数条 STC 曲线的包络线（enveloping line）。

（2）长期平均成本（long-run average cost，LAC）

所谓长期平均成本，是指厂商长期内按产量平均计算的最低成本。与短期平均成本曲线一样，长期平均成本曲线也存在一定的变动规律，即呈"U"形变化，随着产量的增减，长期平均成本曲线呈现先减少后增加的态势。同样，可以对此现象进行简单推导。

从几何意义上来看，LAC 曲线是 LTC 曲线上的点与原点连线的斜率所形成的一条曲线，因而可以从 LTC 曲线推导出 LAC 曲线。

假设在长期内，可供厂商选择的生产规模只有三种，依次是：SAC_1、SAC_2 和 SAC_3，如图 4-24 所示。在这三种规模下的产量选择分别为：生产 Q_1 产量时，应选择 SAC_1，最低成本为 OC_1；生产 Q_2 产量时，应选择 SAC_2，最低成本为 OC_2；生产 Q_3 产量时，应选择 SAC_3，最低成本为 OC_3。

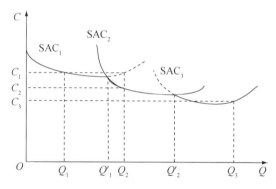

图 4-24 厂商长期内生产规模的确定

假设此时生产量位于 Q_1' 水平，则既可选择较小规模 SAC_1，也可选择中等规模 SAC_2，因为在 Q_1' 水平上，这两类成本恰好相同。那么，究竟选择哪一种规模呢？这取决于长期内厂商的生产规模是处于扩张阶段还是收缩阶段。如果处于扩张阶段，则应选择 SAC_2，最低成本为 OC_2；如果处于收缩阶段，则应选择 SAC_1，最低成本为 OC_1。

与之相类似，在长期内，存在无数生产规模，因而有无数条 SAC 曲线，也即存在无数个最低成本，把这些代表最优规模的最低成本点连接起来所形成的轨迹，即为长期平均成本曲线，如图 4-25 所示，即在每一产量水平上，都有一个 LAC 曲线与 SAC 曲线的切点，该切点所对应的平均成本就是生产相应产量水平的最低平均成本。因而，LAC 曲线是 SAC 曲线的包络线。从该包络线中可以看出，只有在 Q_1 点，LAC 曲线的最低点和 SAC 曲线的最低点相切且相等。

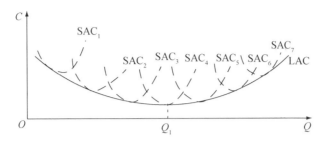

图 4-25　由 SAC 曲线推导出 LAC 曲线

（3）长期边际成本（long-run marginal cost，LMC）

所谓长期边际成本，是指长期内每增加一单位产品所增加的成本。由于 LMC 曲线是 LTC 曲线上相应点的斜率，因而可以由 LTC 曲线推导出 LMC 曲线。笔者根据短期和长期之间的对应关系，采用更为直观的方法，即基于 SMC 曲线来推导 LMC 曲线。

由于 LTC 曲线是 STC 曲线的包络线，因而在每个产量水平上，LTC 曲线都与代表最优规模的 STC 曲线相切，切点所形成的斜率相同，即 LMC＝SMC。

现假设长期内只有三种规模，分别为 SAC_1、SAC_2 和 SAC_3；相应的短期边际成本线分别为 SMC_1、SMC_2 和 SMC_3，如图 4-26 所示。由于 SAC_1 曲线与 LAC 曲线相切，切点决定了最优的生产规模，即产量 Q_1，同时在此点上应有 LAC＝SAC_1，并且由于切点的斜率相同，进而有 LMC＝SMC_1，也即产量 Q_1 能使 LMC＝SMC_1。由于产量 Q_1 对应 SMC_1 曲线上的点为 P，因而 P 点又应在 LTC 曲线上。

以此类推，可以得到无数个 P 点，如图 4-26 中的 R 点和 S 点等，把这些点连起来就形成了 LMC 曲线。从图中也可以看到，LMC 曲线并不是 SMC_i 曲线的包络线，这与 LTC 曲线和 STC 曲线、LAC 曲线和 SAC 曲线之间的关系是不一样的，后两者均构成包络关系。

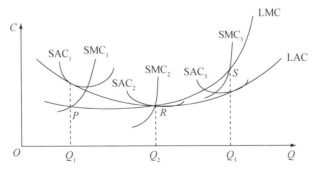

图 4-26　LMC 曲线的推导过程

从图 4-26 中还可以看到：在 SMC 曲线与 LMC 曲线的交点左边，SMC 曲线位于 LMC 曲线的下面，即 SMC＜LMC；在交点右边，SMC_i 曲线位于 LMC 曲线的上方，即 SMC＞LMC。因而，SMC 曲线的变动会影响 LMC 曲线的变动。另外，从 LAC 曲线与 LMC 曲线的位置来看，当 LMC＜LAC 时，LAC 曲线呈下降态势；当 LMC＞LAC 时，LAC 曲线呈上升态势；当 LMC＝LAC 时，LAC 曲线处于最低点。因而，如同短期生产过程中一样，LMC 曲线的变动也会影响 LAC 曲线的变动。

5. 内在经济与外在经济

在长期内，由于生产规模是可以发生变化的，这种规模的变化会带来生产成本和生产效益的变化，如经济性与不经济性。因而，有必要研究生产规模所引致的经济效应，进而为厂商对生产过程特性的研究提供参考和启示。

（1）内在经济与内在不经济

内在经济，也称为规模经济（economies of scale），是指厂商由自身内部规模扩大所引起的经济效益的提高，即这是由内因所引起的。产生内在经济的情境一般是在其他条件不变的情形下，产量增加倍数超过了成本增加倍数，进而使成本下降、效益提升。产生内在经济的原因主要有：在生产过程中使用更先进的技术、实行专业化生产、对副产品进行综合利用以及采用新的组织架构提高管理效率等。

有内在经济就有内在不经济或规模不经济（diseconomies of scale），它是指随着厂商规模扩张到一定程度后，由于自身规模过大而引起的经济效益的下降。产生内在不经济一般是在其他条件不变的情形下，成本增加倍数超过了产量增加倍数，进而导致成本上升、效益下降。产生内在不经济的原因主要有：厂商内部合理分工被破坏导致生产难以协调、管理阶层的增加导致信息传递成本较大、产品销售规模庞大导致生产环节冗长，效率低下等，正如"X 非效率"所界定的情形那样。所谓"X 非效率"（X-inefficiency），是指在垄断企业的大组织内部存在资源配置的低效率状态。"X 非效率"是美国哈佛大学教授勒伯斯坦（Leibenstein）在 1996 年所提出的反映大企业内部效率及水平状况的一个概念。他认为，大企业特别是垄断性的大企业，外部市场竞争压力小，内部层次多，关系复杂，机构庞大，加上企业制度安排方面的原因，使企业成本最小化和利润最大化的经营目标难以实现，导致企业内部资源配置效率降低。

（2）外在经济与外在不经济

同样，存在内在经济，就有外在经济（external economy）。所谓外在经济，是指由于行业规模扩大，给个别厂商带来的产量与收益的增加，即这是由外因所引起的。外在经济会使厂商的长期平均成本曲线往下移动，如图 4-27 所示，长期平均成本曲线从 LAC_1 移动到 LAC_2，使得生产成本总体下降。产生外在经济的原因主要有：技术水平更为发达和便捷、行业信息和人才更容易获得和流通、公共服务更为高效和便民等。

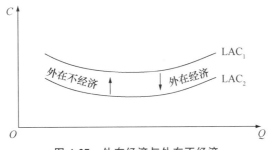

图 4-27 外在经济与外在不经济

既然有外在经济，就有外在不经济（external diseconomy），它是指行业规模扩大，给个别厂商带来的产量与收益的减少。外在不经济会使厂商的长期平均成本曲线往上移动，如图 4-27 所示，长期平均成本曲线从 LAC_2 移动到 LAC_1，使得生产成本总体上升。产生外在不经济的原因主要有：竞争加剧导致要素价格提高、环境污染导致环境治理成本增加、基础设施供给不足导致成本上升等。

第六节 本章小结

本章通过讲解生产理论和成本理论，着重介绍了形成供给曲线的两个基础性理论。尽管本章内容较为庞杂，既涉及生产，又论及成本，但是这两方面的内容存在对应性和契合性，一个是产量问题，一个是成本问题，是同一问题的拓展和深化。

通过本章的学习，除了需要对生产的主体即企业存在的理由、生产函数的类型、生产成本的种类、生产中所产生的外部性等内容进行掌握外，还需要从短期和长期两个层面对生产过程及其成本构成的基本特征、分析工具和均衡原则等进行理解和掌握，形成供给曲线的理论基石。

在学习供求理论之后，需要将之运用到具体的市场类型中。对此，需要根据不同的市场类型，基于供求理论分析每一种市场类型的结构构成和均衡状况，据此弄清楚每一种市场类型的内在特征及其运行机制。这是笔者将在下一章中着重探讨和分析的。

第七节 思 考 题

1. 请正确阐释边际报酬递减规律。
2. 请举例说明内在经济与外在经济的主要内容。
3. "1/10 的工人生产了 1/3 以上的产量，再增加工人只会减少平均产量"，如果此话是正确的，是否符合收益递减规律？
4. 在生产的三个阶段中，请问：（1）为什么厂商作出理性决策应在第二阶段？（2）厂商将使用什么样的要素组合？（3）如果 $P_L=0$，或 $P_K=0$，或 $P_L=P_K$，厂商应如何经营？
5. 请用图形说明和数理推导两种方式说明生产理论和成本理论之间的内在联系。

第五章

市 场 理 论

【导　读】　在本章，笔者将对市场理论进行研究。所谓市场，是指从事物品买卖的交易场所或接洽点，是物品买卖双方相互作用并得以决定其交易价格和交易数量的一种组织形式或制度安排。从交易费用的角度来看，企业是市场的一种替代。从这个意义上讲，企业是构成市场的一个组成部分，因而有必要了解在不同的市场环境下，企业所面临的决策特征和均衡状况。通常来说，决定市场类型划分的主要因素有市场上厂商的数目、厂商所生产的产品的差别程度、单个厂商对市场价格的控制程度以及厂商进入或退出一个行业的难易程度等。根据上述划分标准，可将市场分为以下四种类型：完全竞争市场、垄断竞争市场、寡头市场、垄断市场。那么，这四大市场有何特征？其均衡状况又是怎样的？这是本章要回答的主要问题。

【关键词】　完全竞争；完全垄断；垄断竞争；寡头垄断

第一节　完全竞争市场

1. 概念特征

完全竞争市场（perfect competition market），从字面上来看，是指竞争[①]非常激烈的市场，所以该市场又称为纯粹竞争市场或自由竞争市场，其含义是指一个行业[②]中有非常多的生产或销售企业，它们都以同样的方式向市场提供同类的、标准化的产品，

[①]　这里的"竞争"主要是指面对市场的压力，企业为了能够不被市场淘汰、立足市场而进行的竞争，对企业间来说，可能并不存在任何直接的竞争，如价格战、促销战等。

[②]　这里要将市场（market）和行业（industry）作一区分。所谓行业，是指为同一个商品市场生产和提供商品的所有厂商的总体。因而，可将行业看作市场的一部分，或者市场是行业的集合体。谈到行业，又会提到另一个名词，即"产业"。产业是指由利益相互联系的、具有不同分工的、由各个相关行业所组成的业态总称，尽管它们的经营方式、经营形态、企业模式和流通环节有所不同，但是它们的经营对象和经营范围是围绕共同产品而展开的，并且可以在构成业态的各个行业内部完成各自的循环。例如，国民经济分为第一产业（主要指农业）、第二产业（主要指工业和建筑业）和第三产业（主要指服务业）。因而，从这个层面上讲，产业也是行业的集合体。然而，产业和市场是不同的概念。产业是具有相同属性的行业的抽象化集合，而市场可以是具有相同属性的行业集合，如特指的专业市场，也可以是不同类型的行业集合，如泛指的一般市场，而且市场更侧重于为买卖活动提供交易的场所，尽管这种形态可以是有形的场所，如集贸市场、批发市场、人才市场等，也可以是无形的场所，如金融市场、房地产市场等。

如粮食、棉花等农产品，买卖双方对于商品或劳务的价格均不能控制，产品价格一般只能随市场总体的供求关系而定。

从该定义中可知，完全竞争市场具有以下五大特征：第一，买者和卖者数量众多；第二，产品同质（homogeneity），所有企业都提供同样的产品；第三，进出自由，企业可以自由地进入或退出市场，即市场几乎没有壁垒；第四，价格既定，企业无定价权，为价格的接受者（price-taker）；第五，信息充分（complete information），所有的买者和卖者都完全掌握市场信息，或者买者和卖者均是透明人。这五大特征是相互关联的，集中反映了完全竞争的本质要求和内在属性。

根据上述对市场的定义以及特征分析可知，完全竞争市场是一个较为理想化或理论化的市场，现实生活中所对应的例子并不多，如上述定义中所给出的农产品市场，或者证券投资中的散户市场等。因为在这些市场上，确实存在大量的买者和卖者，他们获取市场信息的渠道基本上是相似的，因而所掌握的信息基本上是对称的；同时，主体数量众多，且所经营的产品也基本是同质的，因而他们也无法操控价格。另外，在这两个市场上，对于一般的农户或散户来说，进出基本上是无成本的，即可以自由进入或退出。

2. 需求特征

基于完全竞争市场的基本特征，可以得出该市场的需求特征。如图 5-1（a）所示，对于整体的完全竞争市场来说，其供给和需求曲线符合供求定理，即供给曲线向右上方倾斜，需求曲线向右下方倾斜；而对于单个的完全竞争厂商来说，由于其是价格接受者，只能被动地接受完全竞争市场所形成的价格 P_e，因而其所面对的需求曲线就是由整体的完全竞争市场所决定的均衡价格 P_e，它是一条平行于横轴的具有完全弹性的水平直线，如图 5-1（b）所示。

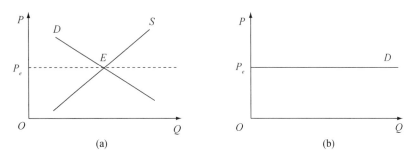

图 5-1 完全竞争市场的需求特征

也正是由于完全竞争市场中厂商是价格接受者，它所提供的产品是同质且无差别的，所以在完全竞争市场中，厂商没有必要去做广告，其主要任务就是把同质的产品生产出来，并向市场进行销售。

3. 短期均衡

(1) 短期生产决策的均衡条件

上述为完全竞争市场的基本特征,那么在完全竞争市场的情境下,企业如何作出生产决策呢?下面结合一个案例来进行具体分析。

三毛卖牛奶

话说三毛从部队复员之后,用津贴买了几头奶牛,为城市里的居民提供新鲜牛奶。假设出售牛奶的农户众多,因此三毛所面临的市场是一个完全竞争市场。即,无论是三毛还是其他农户,均需要按照市场决定的价格进行售卖,不能进行低价销售。

那么,在既定价格下,三毛应该生产多少牛奶呢?

对于三毛来说,要作出生产决策,首先需要知道生产牛奶的收益、成本和利润等指标。首先来分析三毛所面临的三个收益,即生产牛奶所获得的总收益(TR)、生产一桶牛奶的平均收益(AR)以及多生产一桶牛奶的额外收益即边际收益(MR)。根据生产和销售牛奶的情况,三毛制作了一张收益统计表(如表5-1所示)。从该表中,可知在市场价格既定的条件下,即 $P=6$,总收益(TR)会随着产量的增加而不断上升;平均收益(AR)和边际收益(MR)则均为常数,且等于市场价格。

表5-1 三毛卖牛奶收益统计

产量(桶)	价格(元)	总收益(元)	平均收益(元)	边际收益(元)
Q	P	TR	AR	MR
1	6	6	6	6
2	6	12	6	6
3	6	18	6	6
4	6	24	6	6
5	6	30	6	6
6	6	36	6	6
7	6	42	6	6
8	6	48	6	6

根据以上案例,可以推导出:在完全竞争市场上,厂商所具有的平均收益(AR)和边际收益(MR)等于市场价格(P),即 $P=AR=MR$,也即在完全竞争市场上,价格、平均收益和边际收益是同一条直线,即所谓的"三线合一",如图5-2所示。

在知道了售卖牛奶的收入之后,还需要知道所售牛奶的成本是多少,这样才能构成一个比较完整的成本—收益分析框架。根据三毛在生产和售卖牛奶过程中所记录的

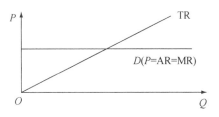

图 5-2 完全竞争市场上的"三线合一"

总收益和总成本，可以绘制出成本—收益表，并据此计算出利润（π）以及边际收益（MR）和边际成本（MC），如表 5-2 所示：

表 5-2 三毛卖牛奶的成本—收益分析

产量（桶）	总收益（元）	总成本（元）	利润（元）	边际收益（元）	边际成本（元）
Q	TR	TC	π	MR	MC
0	0	3	−3	—	—
1	6	5	1	6	2
2	12	8	4	6	3
3	18	12	6	6	4
4	24	17	7	6	5
5	30	23	7	6	6
6	36	30	6	6	7
7	42	38	4	6	8
8	48	47	1	6	9

从表 5-2 中可以看到，当牛奶产量达到 5 桶时，三毛所获得的利润达到最大值，即 7 元，边际收益和边际成本均为 6 元，且与牛奶的价格相等。有读者可能会问：为什么不是生产 4 桶牛奶的时候利润达到最大值？因为当产量为 4 桶时，最大利润也为 7 元，与生产 5 桶时的情形一样，但为什么取 5 桶呢？这主要在于：一方面，对于三毛来说，一般是通过试错法来寻找到达到利润最大化时的产量，如当产量为 4 桶时，利润为 7 元，三毛并不知道该利润是否是最大利润，一般会扩大生产规模；当产量为 5 桶时，利润也为 7 元，同样，三毛也不能确定该利润是否是最大利润，因而又会进一步扩大生产规模；而当产量为 6 桶时，利润却为 6 元，出现了下降态势，由此，三毛应该明白当产量为 5 桶时，其所获得的利润即为最大利润。因而，对三毛来说，今后再进行类似生产的话，应将生产规模控制在 5 桶。另一方面，虽然产量在 4 桶时，三毛所获得的利润也为 7 元，但是边际收益 MR 为 6 元，而边际成本 MC 为 5 元，即多生产一单位产品所带来的收益增加量要大于成本增加量，因而对于理性人来说，会继续扩大生产规模，直至边际收益 MR 和边际成本 MC 相等，即均为 6 元时，停止扩大生产。

从上述分析中，也能得到一定的启示，即厂商在使利润最大化时，一方面可以通过试错的方式探求得到利润最大化的产量，另一方面也可以通过遵循 MR＝MC 的原则来确定最佳产量。显然，前一种方法需要的更多的是经验积累，而后一种方法则需要知道生产过程中的各种变量的数据和指标。尽管这两种方法殊途同归，但是从经济学的角度来看，基于 MR＝MC 的原则来确定最大利润及其最佳产量更为科学和规范。

可以进一步通过几何图形来分析厂商获得利润最大化时的条件和特征。如图 5-3 所示，完全竞争市场下厂商的总成本（TC）曲线和总收益（TR）曲线相互围绕，构成了两个交点（Q_1 和 Q_2）和三个区域，其中两个交点为盈亏平衡点，即总收益和总成本相等，三个区域中有两个为阴影部分，即亏损区域，理性的厂商不会在此范围内进行生产，因而厂商会选择在由两个交点所形成的中间区域即所谓的正经济利润区进行生产。那么，在此区域中，如何确定最佳产量呢？显然，要达到利润最大化，就要使正经济利润区中的总收益（TR）曲线和总成本（TC）曲线之间的垂直距离最大，那么应使这两条曲线在某一点的切线的斜率相等，即 MR＝MC，也即图中的点 Q^*。

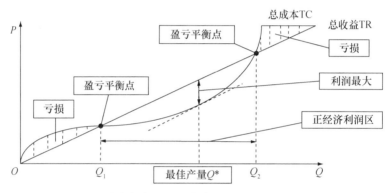

图 5-3 完全竞争市场下厂商获得利润最大化的决策分析

另外，也可采用边际分析法来进一步解析完全竞争市场下厂商达到利润最大化的特征。如图 5-4 所示，在坐标轴内，根据厂商的边际成本曲线 MC 和需求曲线 $D(P＝MR＝AR)$ 的相交情况，可以分为三种情形：一是 MR＞MC，如位于 Q_1 点时，由于边际收益大于边际成本，理性的厂商会选择扩大生产规模，产量会向 X 轴的右边移动。二是 MR＜MC，如位于 Q_2 点时，由于边际收益小于边际成本，理性的厂商会选择缩减生产规模，产量会向 X 轴的左边移动。三是 MR＝MC，如位于 Q^* 点时，由于边际收益等于边际成本，理性的厂商会选择在此点进行生产，即若产量位于该点的左边，如 Q_1 点，厂商会扩大生产规模，直至 Q^* 点；若产量位于该点的右边，如 Q_2 点，厂商会缩减生产规模，直至 Q^* 点，因而最终的均衡点或稳定状态应为 Q^* 点。在此点所获得的利润为图 5-4 中的阴影部分，即由需求曲线 $D(P＝MR＝AR)$ 和平均成本曲线 AC 所围成的区域。因而，厂商获得利润最大化的条件为 MR＝MC。

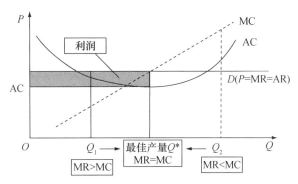

图 5-4　完全竞争市场下厂商达到利润最大化的边际分析

还可以从数学上来进一步论证厂商达到利润最大化的条件。由于厂商的目的在于利润最大化，即 $\max\pi = TR - TC = f(Q)$。对该式求产量 Q 的一阶导，并令其等于零，有：$\dfrac{d\pi}{dQ} = \dfrac{d(TR)}{dQ} - \dfrac{d(TC)}{dQ} = MR - MC = 0$，进而有：$MR = MC$。在完全竞争市场，根据"三线合一"原则，则进一步有：$P = MR = AR = MC$。

边际收益等于边际成本（MR＝MC）具有广泛的用途，不仅适用于对经济问题的分析，同样也适用于对一些社会现象或生活事例等的分析。例如，为什么"一个和尚挑水喝，两个和尚抬水喝，三个和尚就无水喝"？这种因人多而导致的集体效率低下的困境不仅可以用博弈论中的"囚徒困境"理论来进行分析，而且也可以用成本—收益分析方法来进行分析。

假设和尚们的情况都是相同的，不存在老弱病残等情况。当只有一个和尚时，他花一分力气可以获得两桶水，即 MR＝2，MC＝1，显然他有动力继续挑水喝。当有两个和尚时，每个和尚花半分力气可获得半桶水喝，即 $MR = MC = \dfrac{1}{2}$，和尚们依然有动力抬水喝。当有三个和尚时，要么其中的两个和尚抬水，另外一个和尚就"搭便车"，免费喝水，此时负责抬水的和尚的边际成本 $MC = \dfrac{1}{2}$，但是边际收益 $MR = \dfrac{1}{3}$，而那个"搭便车"的和尚的边际收益 $MR = \dfrac{1}{3}$，但边际成本 MC＝0，因为他没有花任何力气；要么其中一个和尚挑水，另外两个和尚"搭便车"，显然这种情况对挑水的和尚很不公平，其 MC＝1，但获得的 $MR = \dfrac{1}{3}$，而另外两个和尚的 MC＝0，但边际收益均为 $MR = \dfrac{1}{3}$。因而，这就会造成和尚多了反而没有水喝的现象，即"搭便车"（free rider problem）现象。要破解这种困境，可以引入公认的第三方力量，如由寺庙住持来安排这三个和尚挑水的值日表，并且制定严厉的奖罚制度，激发和尚们挑水的积极性。

同时，还可以对"为何对国有企业的监管总是事与愿违"以及"在我国，公共场所禁烟、禁吐痰、禁涂鸦、禁大声喧哗等措施为何效果不佳"等类似的社会现象，运用成本—收益分析方法来进行分析，其主要原因就在于边际收益和边际成本是不相等的，因而会导致个人行为的利弊权衡或趋利避害现象。

（2）市场行情与短期生产决策

上文分析了完全竞争市场上厂商达到利润最大化时所应遵循的原则，即 MR＝MC。那么，在此原则下，根据完全竞争市场的不同行情，在短期，厂商会作出什么样的生产决策？

如图 5-5（a）所示，根据 MR＝MC 可以决定最佳产量，同时又有 $P>$ AC，所以厂商存在盈利空间，即具有超额利润；在图 5-5（b）中，恰有 $P=$ AC，即平均成本线与需求曲线相切，切点也刚好为 MR、MC 的交点，厂商处于盈亏平衡状态，该切点也称为盈亏平衡点或收支相抵点；在图 5-5（c）中，需求曲线 P 位于平均成本曲线 AC 和平均可变成本曲线 AVC 的中间，此时根据 MR＝MC 原则所确定的在 MC 曲线上的点位于平均成本曲线 AC 的最低点和平均可变成本曲线 AVC 的最低点之间，虽然产生亏损，但由于厂商损失的是不管如何都要支付的固定成本，因而厂商在此阶段仍然会继续生产；在图 5-5（d）中，需求曲线 P 位于平均成本曲线 AC 之下，此时不仅无法弥补固定成本，甚至会损失平均可变成本，因而在此阶段，厂商会停止生产，其中需求曲线 P 与平均可变成本曲线 AVC 的切点也称为停止营业点。

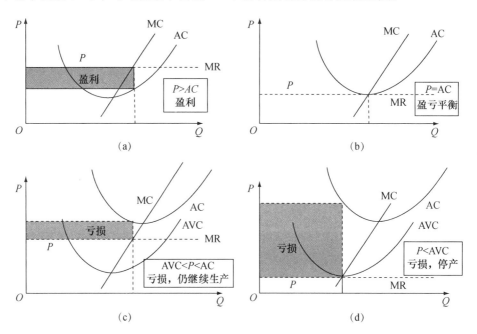

图 5-5 不同市场情形下厂商的生产决策

用数学公式来进行描述和分析，可以总结如下：

$$P>\text{AC} \xrightarrow{} P\times Q > \text{AC}\times Q \xrightarrow{} \text{TR} > \text{TC}$$
盈利　　　　　　　盈利　　　　　　　盈利

$$\text{AVC} < P < \text{AC} \xrightarrow{} \text{AVC}\times Q < P\times Q < \text{AC}\times Q \xrightarrow{} \text{TVC} < \text{TR} < \text{TC}$$
亏损，仍继续生产　　　　亏损，仍继续生产　　　　亏损，仍继续生产

$$P < \text{AVC} \longrightarrow P \times Q < \text{AVC} \times Q \longrightarrow \text{TR} < \text{TVC}$$
亏损，停产　　　　　亏损，停产　　　　　亏损，停产

需要注意的是，上述厂商的行为决策和利益分析是短期的，因而存在盈利、亏损等现象，如果是长期的，正如笔者在后文所指出的，理性的厂商在"天下熙熙，皆为利来；天下攘攘，皆为利往"的经营原则指导下，最终的均衡结果为利润等于零，即成本和收益相等。

(3) 短期决策与固定成本

在分析上述不同市场行情下厂商的短期生产决策时，可以看到在图 5-5 (c) 中，即使厂商面临固定成本的亏损，只要生产收益依然能支撑这部分亏损的固定成本，那么厂商仍有继续生产的动力，而厂商是否停产只涉及对总收益和总变动成本或价格以及平均变动成本的比较和权衡，并不涉及固定成本。

这意味着在管理决策过程中，在决定利润最大化的产出水平时，在决定该生产多少或是否应该关门歇业时，固定成本并不是最重要的，厂商可以不用考虑固定成本，这称为固定成本的不相关性。其中的主要原因是固定成本是厂商在经营的一开始就要支出的（或者承诺按期支出的，无论有无收入都要遵守诺言进行支付），而且一旦支出就无法全部收回，① 是已"沉没"的成本，因而又称为"沉没成本"（sunk cost），是决策时无须考虑的成本。

现实生活中也有很多有关沉没成本的事例。例如，一般来说，饭店会从早上一直经营到晚上，这是因为不管饭店开还是不开，前期投入的包括店面租金、设备资产等的成本都已经支付，是已经"沉没"的成本，此时多增加一个顾客，就能多获得一份收益。还有，为何失恋是十分痛苦的？这主要是因为在结束一段感情时，之前所投入的包括情感、时间甚至是金钱等均是难以收回的，是"沉没"的。此外，还有像二十四小时旅馆、网吧、民航淡季打折等，这些都可以运用沉没成本的思维方式来进行分析。

(4) 短期供给曲线

根据上述不同市场行情下的短期生产决策，可以知道厂商向市场提供产品的底线不能低于平均变动成本曲线的最低点。因而，在完全竞争市场上，厂商的供给曲线应是高于最小平均变动成本 AVC 的那部分边际成本曲线，也就是图 5-6 中加粗的那一段边际成本曲线 MC，即供给曲线仅仅是边际成本曲线 MC 的一部分，其约束条件为 $Q \geq \min\text{AVC}$。完全竞争厂商的短期供给曲线表示的是厂商在每一个价格水平上的供给量都是能够给他带来最大利润或最低成本的最优产量。这也是供给曲线的原本要义。

---

① 有读者觉得可以通过变卖固定资产的方式进行成本回收。一般而言，这种"变卖"是无法按照固定资产的原价进行交易的，通常会打折售卖，因而无法全部收回。

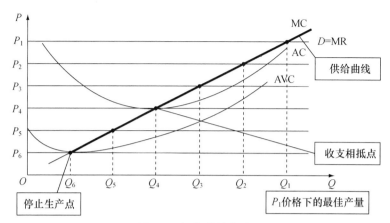

图 5-6　短期供给曲线

当投入价格不变时,把所有厂商的供给曲线水平进行加总,即可构成整个市场的供给曲线。

(5) 生产者剩余

第三章分析了消费者剩余。既然有消费者剩余,自然也有生产者剩余。所谓生产者剩余(producer surplus,PS),是指厂商在提供一定数量的某种商品时实际的总支付和愿意接受的最小支付之间的差额,如图 5-7 所示,它衡量的是厂商进行产品生产所获得的满足程度。其计算方式为:$PS = P_0 Q_0 - \int_0^{Q_0} f(Q) \mathrm{d}Q$,即图 5-7 中的阴影部分。

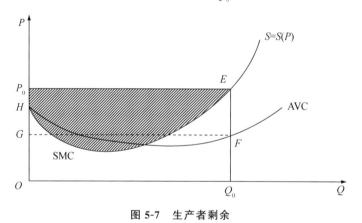

图 5-7　生产者剩余

4. 长期均衡

上述分析的是完全竞争市场的短期理论,那么在所有要素或成本均可发生变化的条件下,完全竞争市场的均衡又有哪些特征呢?

长期内,由于所有成本均是可变的,即没有固定成本,同时所有生产要素均能自由流动,即进出无障碍,因而完全竞争市场的长期竞争性均衡将会使经济利润为零,即在 $P = \mathrm{LAC}$ 处达到均衡。这主要在于:

当市场价格高于平均成本时,即 $P > \text{LAC}$,就存在超额利润,即使是最差的企业也能盈利,如图 5-8 中的 P_1。这将吸引许多企业进入该市场,摊薄总利润,扩大总供给,使供给曲线向右下方移动。当市场价格等于平均成本时,即 $P = \text{LAC}$,不存在超额利润,即经济利润为零,但有正常利润,因为所获得的收益能够弥补所产生的成本(包括企业家雇用自己的成本等),如图 5-8 中的 P_2。在这种状态下,新企业不会进入,老企业也不会退出,完全竞争市场中的企业将以最优规模进行生产,行业达到均衡。当市场价格低于平均成本时,即 $P < \text{LAC}$,企业处于亏损状态,如图 5-8 中的 P_3。这将导致很多企业退出该市场,进而减少总供给,使供给曲线向左上方移动。

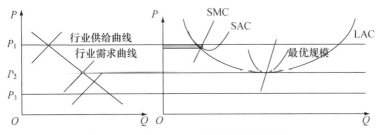

图 5-8 长期竞争性市场均衡的演变过程

因而,在长期内,完全竞争市场达到均衡时,应有 $P = \text{LAC}$,即需求曲线和长期平均成本曲线相切,在切点处虽然不存在经济利润,但是能获得正常利润,或者存在会计利润,且这部分利润为正,即为弥补企业家才能和厂商自有要素的那部分隐性成本。

根据上述长期竞争性市场均衡的演变分析,结合短期均衡条件,可以得出完全竞争市场在长期内实现均衡的条件为:$P = \text{LMC} = \text{LAC} = \text{SMC} = \text{SAC}$,即点 (Q_E, P_E) 所对应的状态(如图 5-9 所示),它是需求曲线和长期平均成本曲线的切点,也是长期平均成本曲线(LAC)的最低点。

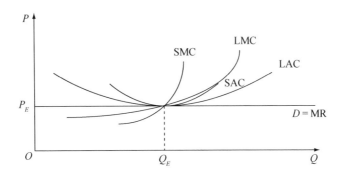

图 5-9 完全竞争市场达到长期均衡所应满足的条件

5. 行业供给

笔者在推导上述完全竞争市场的短期供给曲线时指出:"当投入价格不变时,把所有厂商的供给曲线水平加总,即可构成整个市场的供给曲线。"基于此,根据供给曲线的变动情况,可以将完全竞争市场所面临的行业划分为以下三种类型:

（1）成本递增行业（increasing-cost industry），即当某行业中的所有企业扩大生产规模而使投入量增加时，某种投入即生产要素的价格便会提高，则该行业就是成本递增行业，其长期供给曲线是向右上方倾斜的。如图 5-10 所示，在完全竞争市场，厂商原有的生产水平为 a 点，现在扩大生产规模，导致对生产要素的需求量增加，进而导致生产成本增加，反映在价格上就会使均衡价格从 P 上升至 P'。此时，厂商的均衡点会从 a 点向右上方移动到 b 点，如图 5-10（a）所示。同时，整个行业的均衡点也会从 A 点向右上方移动到 B 点，如图 5-10（b）所示，进而形成递增型的长期供给曲线。现实经济发展中的诸多行业均属于成本递增型的，例如，当前我国所存在的一些产能过剩行业，如钢铁、水泥、电解铝和平板玻璃等行业，以及一些劳动密集型行业，如纺织业、食品加工等行业。

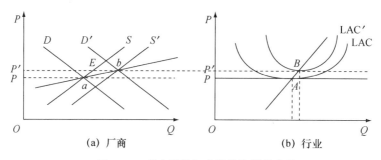

图 5-10 成本递增行业的长期供给曲线

（2）成本不变行业（constant-cost industry），即如果当某行业的产量和投入量均增加时，全部投入的价格仍保持不变，即维持在 P 的水平上，如图 5-11 所示。即伴随着生产规模的扩大，厂商的均衡点会从 $E_1(Q_{i1},P_1)$ 移动到 $E_2(Q_{i2},P_1)$，而不是 $E_3(Q_{i2},P_2)$，反映在行业整体上会使均衡点从 $A(Q_1,P_1)$ 向右平移到 $B(Q_3,P_1)$，形成水平型的长期供给曲线，即此时行业的长期供给曲线是完全弹性的。

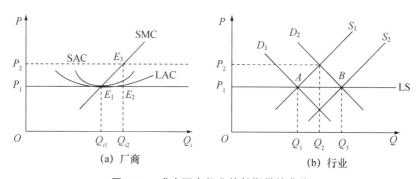

图 5-11 成本不变行业的长期供给曲线

（3）成本递减行业（decreasing-cost industry），即当某行业的产量和投入量均增加时，全部投入的价格会下降，如图 5-12 所示。伴随着生产规模的扩大，厂商的均衡点会从 $E_1(Q_{i1},P_1)$ 向右下方移动到 $E_2(Q_{i2},P_2)$，反映在行业整体上则从 $A(Q_1,P_1)$ 向右下方移动到 $B(Q_2,P_2)$，形成递减型的长期供给曲线，此时行业的长期供给曲线是向左下方倾斜的。在现实中，这类行业更多的是指一些新兴行业，如人工智能、物联网、大数据等行业。

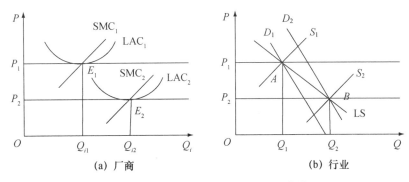

图 5-12　成本递减行业的长期供给曲线

6. 消费者统治

市场是由供给者和需求者共同组成的，但这两者的力量往往是不对等的，如同笔者在第二章中探讨供给变动和需求变动所带来的均衡价格变动中所看到的那样。在经济社会中，消费者在商品生产这一最基本的经济问题上起决定性作用，称为消费者统治，即所谓的买方市场。

消费者统治的作用表现为：消费者用手中的货币购买商品，如同是向商品进行"货币投票"，从而引导为了获得最大利润的生产者依据"货币选票"的情况来安排生产，即生产者是根据消费者的意志来组织生产和提供产品的，反映的是需求侧对于供给侧的引导作用。现实生活中，很多企业生产产品要围绕市场需求展开，以满足消费者的需求为中心，并根据消费者的偏好特征组织生产，包括决定生产什么、生产多少以及如何生产等，如对于人才培养，需要围绕厂商或市场的用工需求展开，否则就会出现毕业即等于失业的现象。

那么，是否存在生产者统治？答案是存在的，即生产者在商品的生产和提供中起主导作用。经济学家让·巴蒂斯特·萨伊所提出的"供给会自行创造需求"或"生产会自行创造销路"，即萨伊定律或萨伊市场定律，主要说明经济活动一般不会导致发生任何生产过剩的危机，更不可能导致就业不足。这反映的就是供给侧对于需求侧的主导影响。现实经济中，很多产品的研发制造是通过供给侧来进行的，如手机从传统的功能机到现在的智能机，从有键盘的手机到没有键盘的手机，很多发明设计来自于研发人员的灵感和创意。

现阶段，我国所提出的"供给侧结构性改革"，其实质就是通过调整和优化供给侧商品的生产、组织和结构，更好地引导和满足需求侧，进而提升经济发展质量和品质。

7. 行为评价

理解完全竞争市场是学习市场理论的基础，尽管从假设条件来看，与现实的市场相差甚远。因为只有把完全竞争市场理论搞懂了，才能比较和分析垄断竞争、寡头垄断以及完全垄断。如同在物理学领域，一开始要学的是真空世界，之后再研究有摩擦的现实世界。理论研究往往是先从简单的抽象层面展开的，之后再逐步放宽假设条件，逐步加入现实世界中的特征，使模型一步步逼近现实，从而有更强的解释力和说服力。

在完全竞争市场中，由于需求曲线与平均成本曲线相切，说明竞争能驱使企业在 AC 曲线的最低点上生产，因此生产效率能达到最高，在这种情形下，生产者只获得必要的正常利润。同时，在完全竞争市场中，有 $P = MR = MC$，说明从社会的角度来看，资源在各种产品之间的分配是最优的。这是因为可以把价格 P 看作社会对多生产一件某种产品的价值评价，而 MC 是多生产一件该产品的机会成本，即多生产一件该产品所需追加的资源如用于生产其他产品可能得到的最大价值。

因而，如果 $P > MC$，即对某种产品的价值评价超过了其所拥有的机会成本，表明该产品的产量相对不足，应把更多的资源配置于该产品的生产上；如果 $P < MC$，即对某种产品的价值评价低于其所拥有的机会成本，表明该产品的产量相对过多，此时应该将更多的资源配置于其他产品的生产上；只有当 $P = MC$ 时，企业把资源配置于该产品的生产是适当的，不会存在紧缺，也不会存在过剩，即实现了均衡。

综上，完全竞争市场具有以下三个特征：（1）市场效率最高；（2）生产者成本最低；（3）消费者效用最大。当然，也存在缺点，即：（1）社会成本不一定最低，因为社会成本（social cost）是全社会各个生产部门成本的汇总，它具有外部性，且会给社会带来额外成本，如工厂排放的污染气体，其污染成本是由整个社会所承担的；（2）由于产品同质无差别，因此容易抹杀个性化需求；（3）由于生产者数量众多，竞争充分，因而生产者的规模很小，很难实现规模经济；（4）竞争必然引起垄断，这主要在于激烈的竞争会迫使部分厂商通过创新获得更多的竞争优势，而创新会使产品产生差异化，从而打破完全竞争的市场格局，进而产生垄断，即所谓的"马歇尔冲突"（Marshall conflict）。

最后，笔者引用经济学家萨缪尔森在《经济学》一书中对完全竞争市场的评论："事实上，对于完全竞争的很大一部分的颂扬是文不对题的。喜欢讥讽的人对于完全竞争所说的话可能正和萧伯纳对于基督教所说的一样：它唯一的毛病是它从来没有实施过。"

第二节 完全垄断市场

1. 概念特征

与完全竞争市场相对应的是完全垄断市场（perfect monopoly market），即由一家厂商完全控制整个市场的商品供给。由于市场上只有一个卖者，即卖方垄断，而且由这个卖者来决定价格，所以该垄断者能够获得超额利润。

完全垄断市场的特点包括：（1）一家厂商代表了整个行业，控制了某种产品的全部供给，即厂商＝行业；（2）其他厂商进入该行业极为困难或不可能，资源难以流动，即市场进入壁垒高；（3）产品不存在任何相近的替代品，即产品具有排他性；（4）完全垄断厂商可以控制和操纵市场价格，即价格具有一定的主观性。

形成垄断的原因有：（1）竞争产生垄断，即独家厂商控制了生产某种商品的全部资源或基本资源的供给，独家厂商拥有了生产某种商品的专利权或代理权，这就如上文所说的"马歇尔冲突"，即通过竞争倒逼创新进而产生垄断；（2）政府的特许，即行政垄断，如铁路、供电供水、航运等行业，通过政府控制、行政审批和许可等形成垄断；（3）自然垄断（natural monopoly）或资源垄断，即所提供的产品具有排他性但没有竞争性，[①] 也即这种垄断产品是他人无法生产的，因而并不存在竞争，如石油的开采，是一家厂商凭借先天优势、资源禀赋或独特区位等形成的垄断，其他厂商无法拥有。

2. 需求状况

由于市场上只有一个卖者，因而完全垄断厂商的需求曲线即是整个市场的需求曲线，或"行业需求＝企业需求"。由于完全垄断厂商是价格制定者，它可以通过减少产量来提高价格，因而其需求曲线是向右下方倾斜的，即斜率为负，如图 5-13 所示：

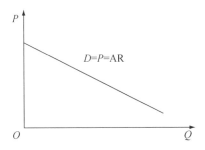

图 5-13　完全垄断厂商的需求曲线

同时，还可以给出完全垄断厂商的平均收益曲线 AR。由于总收益 $TR = P(Q) \times Q$，所以平均收益 $AR = \dfrac{TR}{Q} = P(Q)$，平均收益曲线 AR 与需求曲线重合，即需求曲线 D（价格曲线 P）＝平均收益曲线 AR。

再来看一下完全垄断厂商的边际收益曲线 MR 有何特征，是否如同完全垄断市场一样，也存在"三线合一"？

由于 $MR(Q) = \dfrac{dTR(Q)}{dQ} = \dfrac{d(PQ)}{dQ} = P + Q\dfrac{dP}{dQ} = P\left(1 + \dfrac{Q}{P} \cdot \dfrac{dP}{dQ}\right) = P\left(1 - \dfrac{1}{e_d}\right)$，因而完全垄断厂商的边际收益曲线 MR 不仅仅取决于价格曲线 P，而且还与商品的弹

---

① 关于产品的竞争性和排他性构成私人产品、准公共产品还是纯公共产品的相关内容，笔者将在第八章中给出分析和说明。

性 e_d 有关，这意味着在完全垄断市场上，只有"两线合一"，即需求曲线 D（价格曲线 P）＝平均收益曲线 AR，并不存在"三线合一"。

同时，在完全垄断市场上，伴随着销量的增加，价格会下降，从而边际收益也会减少，这就意味着边际收益曲线 MR 应位于需求曲线 D 的下方，且边际收益曲线 MR 比需求曲线 D（或价格曲线 P 和平均收益曲线 AR）下降得更快，而且两者的差距会越来越大，主要是因为增量（MR）的变化比存量（AR）的变化快得多，如图 5-14 所示。另外，也可证明，若需求曲线为线性，如 $P=a-b\times Q$（a，$b>0$），则边际收益曲线 MR 要比平均收益曲线 AR 陡两倍。

证明如下：因为需求曲线为 $P=a-b\times Q$（a，$b>0$），则平均收益为 AR＝P＝$a-b\times Q$，边际收益为 MR＝$a-2b\times Q$，如图 5-14 所示。点 F（边际收益曲线 MR 与横轴的交点）是 OG（其中，点 G 是平均收益曲线 AR 与横轴的交点）的中点。

对此，可以把边际收益曲线 MR 和总收益曲线 TR 对应起来进行分析。当边际收益曲线与横轴相交时，此时产量为 F，且有 MR＝0（如图 5-14（a）所示），将该产量对应到总收益曲线 TR 上，此时，其刚好位于总收益曲线 TR 的最顶端（如图 5-14（b）所示），即达到 TR 的最大值。

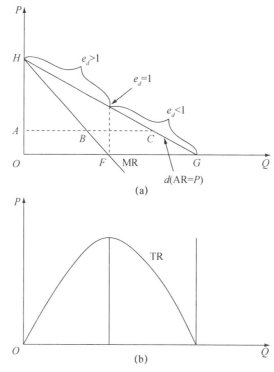

图 5-14 完全垄断市场的 MR 和 TR 之间的关系

3. 短期均衡

虽然完全垄断厂商拥有价格控制权，但是依然要根据市场定价原则制定价格，即遵循 MR＝MC 的利润最大化原则来进行决策，不可以随意定价。因而，对于完全垄断厂商来说，其短期均衡的条件为：MR＝SMC。

由于平均成本曲线（AC）与需求曲线（$D=P=AR$）是两条不同的线，因而完全垄断厂商不一定总是能获得利润。在短期，完全垄断厂商的均衡有三种情况：超额利润、无利润或蒙受损失。

如图 5-15 所示，在（a）中，根据 MR＝MC 的原则，可以确定最优产量为点 M，该点对应到平均成本曲线 AC 的点为 F，所形成的成本为 S_{OMFG}；同理，该点对应需求曲线 $D=P=AR$ 的点为 K，所形成的收益为 S_{OMKN}，因而此时所获得的超额利润或经济利润为 S_{GFKN}。

在（b）中，由于平均成本曲线 AC 与需求曲线 $D=P=AR$ 相切，因而此时成本和收益均为 S_{OMKN}，且不存在超额利润，即处于零利润状态。

在（c）中，由于成本所形成的 S_{OMFG} 要大于收益所形成的 S_{OMKN}，因而此时完全垄断厂商处于亏损状态。

从上述分析可知，即使是市场上仅有一个产品供给者，即完全垄断厂商，如果经营不善，也有可能会出现亏损。

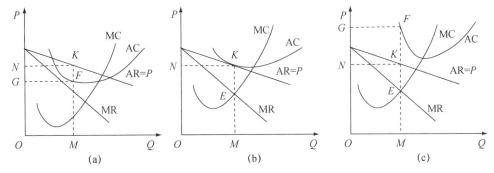

图 5-15 完全垄断厂商短期均衡的三种情况

4. 长期均衡

短期内，由于完全垄断厂商无法调整全部生产要素，因而其某一规模上的最大利润从长期来看不一定是最大的。长期内，完全垄断厂商可以通过调整生产规模来实现利润最大化，即通过在高价少销与低价多销中进行选择，使所达到的产量能实现利润最大化。因而，在长期内，完全垄断厂商不会出现利润消失或亏损，而是会存在垄断利润，厂商获得最大利润的长期均衡条件为：MR＝LMC＝SMC。

5. 垄断势力

由于完全垄断厂商具有价格控制权，那么这种对价格的控制程度如何测度？市场中企业将价格制定得高于完全竞争状态下所形成的价格的能力称为垄断势力。其值越大，说明企业越有可能对市场形成垄断。用公式来表示，即垄断势力＝$P-MR$ 或 $P-MC$，衡量的是价格超出其边际收益或边际成本的程度。

一般来说，如果一件商品对消费者很重要，如油、盐、酱、醋等，是消费者难以舍弃的东西，那么厂商就可以对这些商品制定比较高的价格；反之，如果一件商品对消费者来说是可有可无的，并不是紧缺或急需的，如高档汽车、名贵手表等，那么厂商则很难对这些商品制定比较高的价格。换句话说，垄断势力与商品的需求弹性是息息相关的，一般而言，商品的需求弹性越大，垄断势力越小；需求弹性越小，垄断势力越大；对于完全竞争商品来说，由于其需求弹性无限大，因而垄断势力是零。那么，如何来证明该结论呢？

由于垄断势力 $= P - MR$，根据上文又有 $MR = P\left(1 - \dfrac{1}{e_d}\right)$，所以垄断势力 $= \dfrac{P}{e_d}$。在短期价格保持不变的条件下，即可得出垄断势力与商品的需求弹性呈负相关的关系。

从几何意义上来论证，如图 5-16 所示，市场 A 和市场 B 的弹性是不一样的，其中市场 A 是缺乏弹性的，市场 B 是富有弹性的。在 MR＝MC 的定价原则下，可知市场 A 的价格 P_A 要高于市场 B 的价格 P_B。因而，上述结论进一步得到证明。

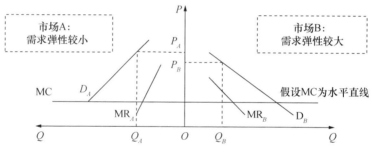

图 5-16　垄断势力与需求弹性之间的关系

6. 供给曲线

前文给出了完全垄断市场的需求曲线，那么其供给曲线如何？有何特征？

由于完全垄断条件下的价格和产量是同时决定的，即完全垄断厂商具有价格控制权，它在确定价格的同时，也会给出相应的供给量，因而，对完全垄断厂商来说，就会出现策略性供给的现象。即，当商品价格已经被制定在某一水平时，完全垄断厂商为了期待价格能进一步上涨，可以控制商品供给量，即让商品产量不变甚至下降，人为造成短缺现象，这就导致完全垄断商品的价格和产量之间并无一一对应的关系，且会出现不规则的供给曲线，而该结论也可以推广到带有不同垄断程度的不完全竞争市场中。

例如，对某一地区来说，假设当地仅有一家房地产商，该厂商为了能将房子卖更高的价钱，极有可能采取"捂盘惜售"的策略，即使房价已处于高位，该厂商也会有意通过控制供给人为抬高房价。

7. 定价策略

由于完全垄断厂商是市场价格的制定者,因而该厂商可以根据市场情况,制定不同的定价策略,以此确定市场价格,即所谓的差别定价。完全垄断厂商的定价包括价格歧视、两部收费和捆绑销售等。

(1) 价格歧视 (price discrimination)

价格歧视是指同一厂商在同一时间内对同一产品向不同的购买者索取不同的价格。形成价格歧视是有一定的基本条件的,一是厂商需具有一定的市场力量;二是消费者具有不同的偏好,且这些偏好能被区分开来;三是不同的消费者群体或不同的销售市场是相互隔离的。按照价格歧视程度的不同,可以将价格歧视分为三类:一级价格歧视、二级价格歧视和三级价格歧视。

所谓一级价格歧视 (first-degree price discrimination),是指厂商对每一单位产品都按消费者所愿意支付的最高价格出售,又称完全价格歧视。从该定义中可知,一级价格歧视对厂商的要求比较高,需要知道消费者对每一单位产品愿意并且能够支付的最高价格,从而逐个制定商品价格。正是因为这样,一级价格歧视下的厂商能将所有消费者剩余转化为垄断利润。如图 5-17 所示,厂商能对每一单位的商品都制定不同的价格,如 $P_1, P_2, \cdots, P_e$,并能将原有的消费者剩余,即 $S\triangle P_eCD$,转化为垄断利润,在此情形下,消费者剩余为零。

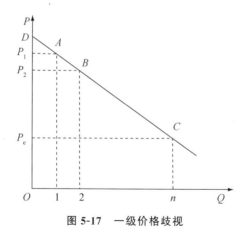

图 5-17 一级价格歧视

从效率上说,一级价格歧视是有效率的,因为它使得总剩余最大化,这与完全竞争市场的效率是一样的;从公平上说,由于所有消费者剩余均变成了生产者剩余,所以对消费者来说是不公平的,但并不是绝对的不公平,因为厂商对消费者索取的价格虽然是消费者所能支付的最高价格,但该价格也是消费者愿意支付的,并不存在强买强卖的现象,因而从这个角度来说分析,一级价格歧视似乎又是公平的。

一级价格歧视虽然效率比较高,但是也存在弊端。在市场上,由于消费者人数众多,而且信息是不完全的或者是非对称的,因而,厂商很难确切地知道不同消费者的保留价格 (reservation price),导致厂商很难实施一级价格歧视。

所谓二级价格歧视（second-degree price discrimination），是指完全垄断厂商根据不同的消费者及其购买量确定不同的价格。这在现实生活中比较普遍。例如，服务机构对于持有 VIP 卡和普通卡的消费者会提供不同的服务和价格，以商业银行为例，如果你是该行的 VIP 客户，去该行办事基本上就不需要排队，如果是普通顾客的话，可能就需要排很长时间的队；还有，对于那些容易度量和记录的劳务，如煤气、电力、水、电话通信等，这些机构也可以根据消费者的具体消费量实行不同的价格策略，如电力公司所实行的分段定价或分段收费政策。

由于二级价格歧视是对不同的消费数量段规定不同的价格，因而厂商并不能像一级价格歧视那样能够得到消费者的全部剩余。如图 5-18 所示，厂商在消费数量段 OQ_1、Q_1Q_2 和 Q_2Q_3 制定了不同的价格 P_1、P_2 和 P_3，所索取的消费者剩余并转化成垄断利润的部分为六边形 $FCGBP_1P_3$ 的面积，可知消费者剩余并没有被完全垄断厂商完全榨取。

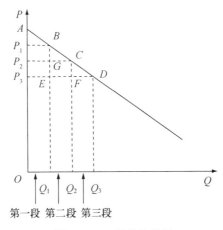

图 5-18 二级价格歧视

对厂商来说，二级价格歧视有利于扩大市场份额，增加厂商收益，毕竟厂商攫取了大部分的消费者剩余；对消费者来说，需要分类讨论，即对于购买较多的消费者，效用是增加的，因为其支付的价格较低，而对于购买较少的消费者来说，虽然其所支付的价格在其心理预期之内，但是与购买较多的消费者的价格相比，相对较高，因此其效用是降低的。基于此，总体来说，二级价格歧视对总福利（即垄断厂商福利和消费者福利的总和）的影响究竟是增加还是减少，是不确定的。

所谓三级价格歧视（third-degree price discrimination），是指对同一种产品在不同市场或对不同消费者群体所制定的价格是不同的。如同一款电子产品或同一品牌的汽车，国内价格和国际价格往往是不一样的。在电影《我不是药神》中，抗癌药"格列卫"在国内和国际上的售卖价是不一样的，一瓶"格列卫"在印度的成本价折合人民币 500 元，零售价折合人民币 2000 元，但在我国售价却高达 2 万元，一般消费者无法承受。因而，该电影一放映，即引起了广泛讨论。该电影所叙述的事件也成为推进我国药价改革的重要事件，以使"天价药不再天价"。

形成三级价格歧视的原因主要在于消费者在两个市场间不能套利（arbitrage）或者套利的成本过大，导致这两个市场能够被区分开来，或者这两个市场的需求弹性是不一样的，这样就可以在需求弹性小的市场上索取较高价格，而在需求弹性大的市场上制定较低价格。例如，同一款汽车在国外卖得比较便宜，而在国内定的价格却比较高，这主要是因为：一方面，国内消费者去国外买车然后再将车运回国内，成本是非常高昂的，不仅要支付运费，而且还要支付关税，手续也较为烦琐；另一方面，国外消费者对汽车已司空见惯，并不觉得稀奇，因而弹性较大，而对国内消费者来说，汽车还没有成为普通商品，并非家家户户都能负担，弹性相对较小。

从生产者剩余来看，其收益肯定是增加的；对消费者来说，因为厂商在不同市场实行不同的价格，因而会使一部分消费者受益，另一部分消费者则会遭受损失，但总的来看，这在某种程度上促进了社会的公平，因为它会使其中一部分消费者以较低的价格享受同样的商品或服务。因而，与二级价格歧视相类似，二级价格歧视对消费者和生产者的总福利的影响方向也是不确定的。

基于此，可以对价格歧视的内容进行总结，具体如下表所示：

表 5-3　三种价格歧视的综合比较

价格歧视级别	按人或市场歧视	按购买量歧视	知道或不知道谁是谁
一级价格歧视	是	是	是
二级价格歧视	否	是	否
三级价格歧视	是	否	否

（2）两部收费

两部收费（two-part tariff），又称双重收费，是指厂商要求消费者先支付一定的费用以获得商品的购买权，然后再要求消费者为每一单位商品支付额外的费用。例如，出租车的起步价和里程价、手机的月租费和话费等。垄断厂商实行两部收费的主要目的是攫取尽可能多的消费者剩余。

（3）捆绑销售

捆绑销售（bundling sale）是指厂商要求消费者在购买某种产品的同时，必须购买另一种产品，进而可以处理一些难以销售的产品。如很多商品会打着"买一送一"的标语，将一些较好卖的商品和一些卖得不好的商品进行捆绑销售。捆绑销售一般在存在与需求负相关的商品时适用，如对正常品和劣等品进行搭售，因为对同样为需求是正相关的商品进行捆绑销售，并不能给厂商带来额外的收益。

8. 效率评价

根据上述对于定价策略的分析可知，相较于完全竞争市场来说，完全垄断市场并不能使消费者和厂商的总福利最大化，存在因垄断而造成的净损失，因而需要对完全垄断市场的效率进行总体评价，以更好地明晰该市场的特征。

如图 5-19 所示，在完全竞争下所形成的价格为 P_e，消费者剩余为 $S_{\triangle P_eSA}$；在完全垄断下，根据 MR＝MC 的原则，所形成的价格为 P_m，消费者剩余为 $S_{\triangle P_mRA}$。此时，因垄断而导致的消费者剩余损失为 $S_{\square P_eSRP_m}$。在这部分消费者剩余损失中，$S_{\square P_eKRP_m}$ 是因为垄断厂商以较高价格、销售数量的商品而获得的垄断利润，即原本属于完全竞争市场下消费者剩余的 $S_{\square P_eKRP_m}$ 部分转变为完全垄断市场下的生产者剩余，而真正的消费者剩余的净损失为 $S_{\triangle KSR}$。

对于生产者剩余来说，在完全竞争价格 P_e 下能销售数量 Q_e 的商品，现在因垄断，使得价格提升至 P_m，销售数量减少至 Q_m，因而垄断厂商会损失原本以完全竞争价格出售但因销售数量减少（Q_e-Q_m）时可获得的额外利润，即生产者剩余净损失为 $S_{\triangle ESK}$，其中 $S_{\square Q_mQ_eSE}$ 是垄断厂商在边际成本 MC 下能够支付得起的成本，并没有因此而导致损失。因而，此时完全垄断厂商的收益变化为 $S_{\square P_eKRP_m}-S_{\triangle ESK}$。

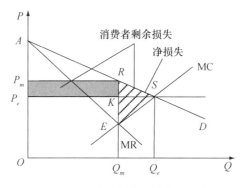

图 5-19 完全垄断市场的效率评价

因而，从整个社会福利角度来看，垄断所造成的社会净损失为 $S_{\triangle ESR}$，即消费者剩余净损失 $S_{\triangle KSR}$ 和生产者剩余净损失 $S_{\triangle ESK}$ 之和。

第三节 垄断竞争市场

1. 概念特征

上述介绍了两种比较极端的市场组织形式，即完全竞争和完全垄断，现实中存在更多的是既有垄断又有竞争的市场组织形式，称为垄断竞争市场。所谓垄断竞争市场（monopolistic competition market），是指既垄断又竞争或既不完全垄断又不完全竞争的市场，即许多厂商共同生产和销售某一类既有差别又可以互相替代的产品的市场组织。

存在垄断竞争市场的最基本条件为同种产品之间存在差别，是同类但又不同样的市场。同类能确保竞争，不同样能形成垄断。这是因为在现实中，很多产品并不完全相同，如可能存在物理性能差别、消费者主观偏好差异、销售服务差异、地理位置差异以及特殊需要差异等引起的商品异质性。同时，该市场要存在较多的厂商，非一家独大,并且进出相对容易,即市场壁垒比较低,这样才能确保所构成的市场具有竞争性,而非被完全垄断。现实生活中,类似的市场有白酒市场(如五粮液、茅台、汾酒、洋河等品牌的竞争)、汽车市场(如丰田、大众、通用、奔驰等品牌的竞争)。

由于垄断竞争厂商的产品是有差别的,即使是同种产品,也有可能存在质量、包装、牌号、销售条件甚至是服务质量上的差别,从而使每个厂商都能得到一部分顾客的偏爱、信任甚至是忠诚,进而影响产品的销售。因而,在垄断竞争市场,垄断竞争厂商往往会通过改进产品品质、精心设计商标和包装、改善售后服务等手段,进行非价格竞争,以此来扩大自己产品的市场销售份额。同时,厂商为了突显自己产品的特色,在竞争中能获得垄断优势,会进行广告宣传。[①] 可以说,广告是体现产品差别化的重要方式。这与完全竞争市场是不同的,因为在完全竞争市场上厂商是不需要做广告的。

在垄断竞争市场上,还存在一种因模仿或仿制垄断产品而产生的"山寨"现象。"山寨"产品在日常生活中经常能够见到,如仿制名牌手提包、衣服、手机等。产生"山寨"现象的原因在很大程度上是因为正品具有一定的垄断性,且比较昂贵,是一般消费者所无法承受的,而这些消费者又有购买这些产品的欲望,此时"山寨"产品能在很大程度上满足这部分消费者的消费需求。因而,从这个角度来看,"山寨"产品的出现是有利于增加消费者福利的。然而,"山寨"产品也存在弊端,由于其模仿正品,因此不仅会存在粗制滥造、质量低下或者安全隐患等问题,给消费者带来损失,而且长此以往,必将会对整个行业发展产生不利影响,即不利于自主创新,容易被锁定和俘获。

2. 需求状况

既有垄断又有竞争是垄断竞争市场的特征,因而垄断竞争厂商所面临的需求曲线的弹性应该介于完全竞争市场和完全垄断市场之间,即相对于完全竞争厂商所面对的需求曲线而言,垄断竞争市场的需求曲线要更陡峭一些,更缺乏弹性,这主要在于垄断竞争厂商具有一定的定价权,而非仅仅是价格的接受者;相对于完全垄断厂商所面对的需求曲线,垄断竞争市场的需求曲线要更平坦一些,即更富有弹性,这主要在于垄断竞争市场的厂商面临一定的竞争,在定价时并非像完全垄断厂商那样一家独大,而是要考虑其他厂商的反映,因此会受其他厂商影响。因而,垄断竞争厂商的需求不仅取决于厂商自己价格的影响,还取决于其他厂商的决策。

具体而言,在垄断竞争市场上,如某厂商降价后,对其他厂商来说,有两种反映:首先,其他厂商不降价,则该厂商的需求量会遵循需求规律出现增加现象,如图5-20所示中的 d_1 需求曲线,价格由 P_1 下降至 P_2,需求量则由 Q_1 增加至 Q_2,这种不受其他厂商影响的需求曲线称为主观需求曲线(subjective demand curve)。

其次,如果其他厂商也降价,此时该厂商的需求量并不会像 d_1 需求曲线那样增

---

① 如果观察一下电视台所播放的广告,就会发现关于酒和汽车的广告是最多的。

加那么多。如图 5-20 所示，当该厂商的需求价格由 P_1 下降至 P_2 时，此厂商主观的预期需求量会增加至 Q_2，但是，此时其他厂商也会和该厂商作出同样的反应，即增加需求量，这就导致该厂商实际所增加的需求量在受其他厂商扩大产量的影响下，并不会像预期那样增加到 Q_2，而是仅仅增加到 Q_3 的水平，形成点 B（Q_3，P_2），因而，此时主观需求曲线会调整至通过 B 点的 d_2 需求曲线。

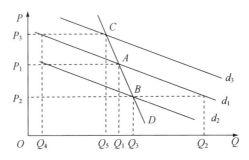

图 5-20　垄断竞争厂商市场需求曲线的推演过程

同理，如果该厂商实行提价策略，将价格从 P_1 提升至 P_3，其主观预期需求量会从 Q_1 减少至 Q_4，然而其他厂商看到该厂商的这个举动之后，也会作出类似的行为决策，因而该厂商实际的需求量不会减少至 Q_4，而是会停留在 Q_5 的水平，形成点 C（Q_5，P_3），此时该厂商的主观需求曲线会调整至通过 C 点的 d_3 需求曲线。

最终，把图中的 A、B、C 三点连起来，就形成了 D 曲线，这条需求曲线是单个厂商与其他厂商经过博弈或权衡之后所形成的需求曲线，因而称为客观需求曲线（objective demand curve）。

通过上述分析可知，在垄断竞争市场上，存在两条需求曲线，即主观需求曲线 d 和客观需求曲线 D。从图 5-20 反映的特征来看，主观需求曲线 d 较为平坦，弹性大，斜率较小，它体现的是行业的垄断性和产品的差别性，而客观需求曲线 D 较为陡峭，弹性小，斜率较大，它体现的是行业的竞争性和产品的替代性；同时，当所有厂商同样调整价格时，整个市场价格的变化会使单个厂商的主观需求曲线 d 沿客观需求曲线 D 上下移动，两者的交点表示垄断竞争市场的供求平衡状态，即客观需求曲线 D 反映了单个厂商与其他厂商处于博弈的均衡状态。

3. 短期均衡

与在其他市场上一样，垄断竞争厂商要实现短期均衡，首先要满足 MR＝MC 的原则。在短期，垄断竞争厂商可以在部分消费者中形成垄断地位，因而实现利润最大化要符合 MR＝MC 的原则。与此同时，在此过程中也要考虑与其他厂商的竞争关系，即在作产量和价格决策时，其均衡点应位于主观需求曲线与客观需求曲线的交点处，也即厂商按自己意愿所作出的决策，要和在与其他厂商博弈后所形成的均衡价格是一致的。

如图 5-21 所示，垄断竞争厂商的均衡点（Q_E，P_E），均衡状态是由短期边际成本曲线 SMC 和边际收益曲线 MR 的交点 E 以及主观需求曲线 d 和客观需求曲线 D 的交点 H 所共同形成的。这意味着在绘制短期垄断竞争市场的均衡状态时，要确保 H 点和 E 点在同一条直线上。显然，若 $P_E>$ SAC，存在超额利润；若 $P_E<$ SAC，则处于亏损状态。

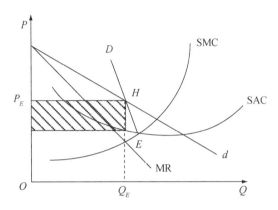

图 5-21 垄断竞争市场的短期均衡

4. 长期均衡

由于存在竞争，因而当垄断竞争市场达到长期均衡时，垄断竞争厂商就不会存在垄断利润或超额利润。如图 5-22 所示，长期平均成本曲线 LAC 与主观需求曲线 d 相切并与客观需求曲线 D 相交，交点为 G，此时垄断竞争厂商的总收益和总成本刚好相抵，因而不存在垄断利润。

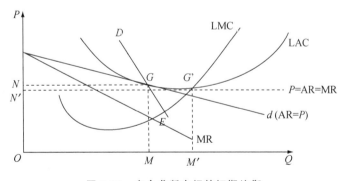

图 5-22 完全垄断市场的短期均衡

从图 5-22 中也可以看出，由于垄断竞争市场的均衡点 G 在长期平均成本曲线 LAC 最低点 G′ 的左边，因而，它与完全竞争市场所形成的均衡水平相比存在效率损失。即垄断竞争市场的均衡价格要高于完全竞争市场的均衡价格，而垄断竞争市场的均衡产量要低于完全竞争市场的均衡产量。在垄断竞争市场上，消费者支付了较高的价格却获得了较少数量的产品，这就是由垄断而带来的效率损失和福利代价。对此，一般把完全竞争厂商在长期平均成本曲线（LAC）最低点上所形成的产量称为理想产量，而把实际产量所表示的产量与理想产量之间的差额称为多余或过剩的生产能力，即对于厂商来说，其在垄断竞争市场下，生产 M' 点的产量，并以 N' 点的价格进行销售，即能达到利润最大化，但在完全竞争市场下，该厂商需要生产 M 点的产量，但要以 N 点的价格进行销售才能达到利润最大化，因而理性的厂商会选择在垄断竞争市场上进行生产，MM' 之间的产量就被称为多余的或过剩的生产能力，是厂商不愿意生产的。

第四节 寡头垄断

1. 概念特征

寡头市场（oligopoly market），又称寡头垄断市场，是指少数几家厂商控制了整个市场的产品生产和销售的市场组织。其垄断程度介于垄断竞争与完全垄断之间。

寡头市场具有多种类型。例如，根据生产产品的特征，寡头市场分为纯粹寡头行业和差别寡头行业。前者是指寡头之间的产品是同质的，如中石油和中石化所提供的石油是同质的；后者则指寡头之间的产品是有差别的，如肯德基和麦当劳所提供的快餐食品是不一样的。另外，按寡头数量的多少来分，有双寡头市场和多寡头市场，前者如我国的石油市场基本上是中石油和中石化两家企业独大，后者如中国的电信市场，包括中国电信、中国移动和中国联通三大运营商。再按相互关系来划分，有对抗性寡头和联合性寡头，现实生活中寡头之间更多的是对抗性的，如国际两大饮料巨头可口可乐和百事可乐，当然，也有联合性的，像石油输出国组织所形成的垄断组织等。

根据上述定义，可知寡头市场的特点包括：(1) 厂商数目屈指可数，是能够数得过来的；(2) 产品差别可有可无，既可是同质的，也可是异质的；(3) 存在进入的障碍或门槛，一般厂商是无法顺利进入的；(4) 寡头之间的利害关系紧密，呈现亦敌亦友的状态，即"没有永恒的朋友，也没有永恒的敌人，只有永恒的利益"。

产生寡头市场的原因，主要包括：(1) 因规模经济形成企业"大鳄"或企业"航母"，如我国家电市场的苏宁、国美等；(2) 因控制生产资源供给形成资源垄断型寡头，如中石油和中石化等；(3) 因政府支持或扶持形成权利垄断型寡头，如我国电力市场的两大电网公司国家电网和南方电网。

相较于其他市场来说，寡头垄断市场的价格特点，主要有其最高价格接近于完全垄断下的垄断价格，最低价格应大于完全竞争市场长期均衡时的竞争价格；同时，寡头垄断市场的价格较为稳定，一旦形成，不会轻易变动，因而寡头厂商一般喜欢非价格竞争方式，以避免两败俱伤，因为价格战的结果往往是竞争双方利润都趋向于零，甚至会陷入破产境地，虽然这对消费者来说往往是有利的。基于该特点，为了避免价格战所带来的损害，同时也为了充分利用垄断力量，寡头厂商之间会通过操纵价格来获得尽可能多的利润，如通过形成价格同盟（price alliance）来制定统一价格，或者通过彼此之间的默契形成稳定价格，还有可能由一家最大的寡头先行定价，其他寡头跟随定价等。

由于寡头垄断市场的厂商数目屈指可数，厂商之间比较容易形成微妙的竞争与合作的关系，因而有必要对寡头市场中的几个经典模型进行介绍。

2. 古诺模型

古诺（Cournot）模型又称古诺双寡头模型（Cournot duopoly model），或双寡头模型（duopoly model），是由法国经济学家安东尼·奥古斯丁·古诺（Antoine Augustin Cournot）于1838年提出，该模型研究的是双寡头垄断市场的产量竞争问题。

该模型假定：在寡头市场上，有两个寡头厂商 A 和 B，他们生产同一种产品，具有相同的需求曲线；同时，他们独立决定各自的生产产量，且产量总和会影响市场价格；另外，为研究方便，假设他们的生产成本不变，即 MC=0，并以对方产量维持前一期水平为前提来决定自己的每期产量，这就意味着古诺模型是一个完全信息的静态博弈模型（complete information static game model），即博弈方对于彼此的信息是完全了解和充分掌握的，且又是同时作出决策。根据上述假设，可以求解古诺均衡。对此，笔者首先运用反应函数图示法来给出古诺模型均衡解的直观表述，之后再运用数理模型进行推导求证。

（1）反应函数图示法

所谓反应函数，是指在厂商 B 的各种产量水平下，厂商 A 制定最优反应的产量组合。根据上述假设，为分析问题方便，作进一步的假设，即市场需求函数 $P=90-Q_d$；市场供给函数 $Q_s=Q_A+Q_B$。根据市场均衡条件 $Q_d=Q_s$，即 $P=90-(Q_A+Q_B)$。可知，在价格水平 P 保持不变的条件下，只要一个厂商变动产量，另一个厂商也必须变动自己的产量。根据利润最大化原则，厂商 A 和 B 会不断调整产量。最终所形成的均衡结果如图 5-23 所示，即在点 E（30，30）处实现均衡。从该图可知，该点所表征的每个寡头厂商的产量刚好等于完全竞争市场均衡产量的 $\frac{1}{3}$，即 $30=90\times\frac{1}{3}$。那么，这个经验结论应该如何证明？

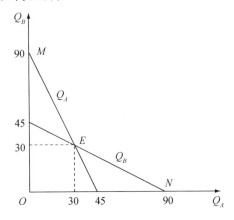

图 5-23 寡头垄断市场均衡推演的反应函数图示法

(2) 反应函数的数理推导

根据上述假设，可知需求函数为：$P=90-(Q_A+Q_B)$，且 $MC=0$，因而厂商 A 的利润为：$\pi_A=P\times Q_A=(90-Q_A-Q_B)Q_A=90Q_A-Q_AQ_B-Q_A^2$。

由于厂商 A 和厂商 B 是同时决策的，因而可以假设厂商 B 的产量不变，则当厂商 A 实现利润最大化时，有：$\dfrac{d\pi}{dQ_A}=90-Q_B-2Q_A=0$。

进一步可以求得：$Q_A=45-0.5Q_B$，此即厂商 A 的反应函数。

同理，可以求得厂商 B 的反应函数为：$Q_B=45-0.5Q_A$。

将这两个方程联立，即可求出厂商 A 和厂商 B 达到利润最大化时的均衡解，即 $Q_A=Q_B=30$。

与此同时，如果这个市场是完全竞争市场，根据完全竞争市场达到均衡时的特征，即 $P=AR=MR=MC$，又因为 $MC=0$，所以 $P=90-Q_d=0$。又由于市场达到均衡时，有 $Q_d=Q_s=Q_e$，所以完全竞争市场均衡时的总容量为 90，这反映在图 5-23 中，刚好位于需求曲线 $P=0$ 的地方，也即图中的 M 点或 N 点。

根据上述推导可知，两寡头厂商各自实现均衡时的产量均为市场容量的 $\dfrac{1}{3}$，其产量总和为市场总容量的 $\dfrac{2}{3}$，剩余的 $\dfrac{1}{3}$ 市场容量，寡头垄断市场无法满足，是因垄断导致的社会净损失。

基于此，也可将双寡头市场的结论推演至有 n 个寡头时的均衡解，即 n 个寡头下单个寡头厂商的均衡产量为 $=\dfrac{\text{市场总容量}}{n+1}$，$n$ 个寡头均衡产量的总和为 $=\dfrac{\text{市场总容量}}{n+1}\times n$。也即，如果有 3 个寡头，则每个寡头的均衡产量为市场总容量的 $\dfrac{1}{4}$，3 个寡头总的均衡产量为 $\dfrac{3}{4}$。

3. 伯特兰德模型

古诺模型中寡头厂商的竞争对象是产量，那么，有没有针对价格竞争的寡头模型？答案是有的。

伯特兰德模型（又译为"伯川德模型"）是由法国经济学家约瑟夫·伯特兰德（Joseph Bertrand）于 1883 年建立的。可以说，古诺模型和之后要介绍的斯塔克尔伯格模型，均是把厂商的产量作为竞争手段，是一种产量竞争模型，而伯特兰德模型是价格竞争模型，两者有着本质的区别。

与古诺模型一样，假设市场上有两个企业，生产相同的产品。然而，与古诺模型不同的是，伯特兰德模型中企业的决策变量为价格。伯特兰德模型所形成的均衡结果将会导致：若两个企业制定不同的价格，低价的企业会拥有整个市场，而高价的企业则会丧失整个市场；若两个企业制定相同的价格，对消费者来说，从任何一方购买商

品均是无差异的,因而两个企业平分市场。基于此,进一步作如下假设:

假设1:厂商1和厂商2生产的产品是同类型的,具有一定的替代性。

假设2:需求函数是线性的,且厂商1和厂商2的需求函数分别为:
$$q_1 = q_1(P_1, P_2) = a_1 - b_1 P_1 + d_1 P_2$$
$$q_2 = q_2(P_1, P_2) = a_2 - b_2 P_2 + d_2 P_1$$

假设3:生产无固定成本,厂商1和厂商2的边际成本分别为 c_1 和 c_2。

假设4:厂商同时决策,因而也是完全信息的静态博弈。

基于此,可以求得厂商1和厂商2的利润函数分别为:
$$u_1 = u_1(P_1, P_2) = P_1 q_1 - c_1 q_1 = (P_1 - c_1)(a_1 - b_1 P_1 + d_1 P_2)$$
$$u_2 = u_2(P_1, P_2) = P_2 q_2 - c_2 q_2 = (P_2 - c_2)(a_2 - b_2 P_2 + d_2 P_1)$$

均衡解为:
$$P_1^* = \frac{1}{2b_1}(a_1 + b_1 c_1 + d_1 P_2^*)$$
$$P_2^* = \frac{1}{2b_2}(a_2 + b_2 c_2 + d_2 P_1^*)$$

可以说,从数学角度来说,上述均衡解已经无法再进行简化了。然而,如果从经济学角度来说,可以对其进一步推演。

伯特兰德模型均衡的含义在于,如果同行业中的两家企业经营同样的产品,且成本一样,则价格战必定会使每家企业按价格等于边际成本的原则来进行定价,此时每个厂商只能获得正常利润,即在寡头垄断市场下得到了完全竞争市场的结果,即 $P_1^* = P_2^* = c_1 = c_2$。这也就意味着没有一个企业可以通过控制市场价格而获取垄断利润,但是这个结论在现实生活中很难令人信服。事实上,企业间的价格竞争往往并没有使均衡价格降到边际成本这一水平上,而是高于边际成本,企业仍能获得超额利润。那么,为什么在现实生活中达不到伯特兰德均衡呢?这种因价格竞争所导致的理论与现实相悖的现象称为"伯特兰德悖论"。

另外,如果两家企业的成本不同,则从长期看,成本低的企业势必会挤走成本高的企业,这就演变成完全垄断市场了,改变了既有寡头市场的格局,这超出了伯特兰德模型的研究范围。

伯特兰德模型在以下两方面受到了批评:一是在企业生产相同产品时,往往产量竞争更符合实际;二是即使企业在价格竞争中选择了相同的价格,也不一定平分市场份额,因为企业在价格竞争中还受其他诸多复杂因素的影响,如商品品质、消费者偏好以及套利成本等。不论如何,伯特兰德模型在帮助人们理解企业决策的相互影响方面还是有启发的。

4. 斯塔克尔伯格模型

斯塔克尔伯格模型(Stackelberg leadership model)或称斯塔克尔伯格竞争(Stackelberg competition),是由德国经济学家斯塔克尔伯格(H. Von Stackelberg)

于20世纪30年代提出来的,该模型是古诺模型的动态化。

斯塔克尔伯格模型的基本假设条件为:一个寡头行业中有两个厂商,他们生产相同的产品,其中一个寡头厂商是处于支配地位的领导者(leader),另一个寡头厂商是追随者(follower);两个寡头厂商的决策变量均是产量,即每个厂商都是通过选择自己的最优产量来实现各自的利润最大化。

斯塔克尔伯格模型的决策思路或理论机制为:由于领导型厂商有先动优势,因而会在了解并考虑追随型厂商对自己所选择的产量的反应结果的基础上来决定自己的利润最大化行为决策;而对于追随型厂商来说,其行为方式是在给定领导型厂商产量选择的前提下作出实现自己利润最大化的产量决策。

该决策过程实质上是一个完全信息动态博弈(complete information dynamic game),即每一参与者都拥有所有其他参与者的特征、策略以及得益函数等方面的准确信息,并且在行动上具有先后顺序。对于完全信息动态博弈的求解思路是按照逆向归纳法(backward induction)进行的,即动态博弈中的先行动者,在选择行为时必然会考虑后行动者的行为选择,只有处于最后阶段的参与人,才能不受其他参与人的制约而直接作出选择,因而当后面阶段的参与人的选择确定后,前一阶段的参与人的行为也就相对容易确定了。其本质是"向前展望,向后推理",即首先仔细思考自己的决策可能引发的所有后续反应,包括后续反应的后续反应,直至博弈结束;然后,从最后一步开始,逐步倒推,以此找出自己在每一步的最优选择,即序贯理性(sequential rationality)。逆向归纳法排除了不可信的威胁或承诺。下面运用该方法来求出寡占的斯塔克尔伯格模型的均衡解。

其基本假设同上述的古诺模型,与古诺模型的不同之处在于,斯塔克尔伯格模型将厂商1假设为先行动者,厂商2为后行动者。

同样,假设寡头垄断市场的需求函数为:$P=90-Q$,其中 $Q=q_1+q_2$。则,厂商1的利润函数为:$u_1=q_1 P(Q)=q_1(90-q_1-q_2)$;厂商2的利润函数为:$u_2=q_2 P(Q)=q_2(90-q_2-q_1)$。

基于逆向归纳法,可以先确定厂商2的最优解,即厂商2的利润函数 u_2 对产量 q_2 求导并令其等于零,可得:$q_2=45-\frac{1}{2}q_1$。将 q_2^* 代入厂商1的利润函数 u_1 中,可得:$u_1=q_1\left(45-\frac{1}{2}q_1\right)$,基于此,再对该方程求 q_1 的导数并令其等于零,可得:$q_1=45$,进而可以求出 $q_2=22.5$。

将此结果与古诺模型所得的均衡结果进行比较,可得:在斯塔克尔伯格模型中,作为先行者的厂商1,其所获得的均衡产量要大于其在古诺模型中所得到的均衡产量,而作为后行动者的厂商2,其所获得的均衡产量要小于其在古诺模型中所得到的均衡产量。这说明厂商1具有先动优势,会在优先制定产量的条件下尽可能多地增加产量,当然,他也会考虑厂商2的行为选择,而非一家独大。

5. 价格领导者模型

现实生活中，价格领导者模型通常有三种表现：

一是晴雨表型企业价格领导模式。即作为领导者的企业被称为晴雨表型企业，该企业不一定是该行业中规模最大或效率最高的企业，但是它能够较为准确地预测市场行情的变化，并能据此对市场上需求或成本条件的变动作出合理反应。

二是支配型企业价格领导模式。即行业中占支配地位的主导厂商根据其自身利润最大化原则来决定价格和产量，其他跟随者则被动地接受主导厂商或支配型企业所制定的价格，并由此决定能使自己利润最大化的产量。

三是低成本企业价格领导模式。假设行业中有三家巨型企业 A、B、C，他们默认市场由三家企业平分，因此假设这三家企业所面对的需求曲线是相同的，即 $d_A = d_B = d_C$。再假定三家企业生产的产品是同质的，但生产的成本不同。

因而，在这种模式中，价格领导者是成本最低的那家企业。如图 5-24 所示，市场上有三家寡头厂商，他们根据 MR＝MC 原则，决定各自利润最大化下的均衡产量和均衡价格，即分别为 (P^*, Q_A) (P_B, Q'_B) 和 (P_C, Q'_C)。从图 5-24 的对比中可知，$P^* < P_B < P_C$，因而寡头 A 是低成本企业，其所制定的价格水平影响并决定寡头 B 和 C 的定价范围，因为如果高价的寡头 B 和 C 不想被低价的寡头 A 排挤出市场，那么他们必须要遵循这一规则。因而，在价格 P^* 下，寡头 B 和 C 的产量分别为 Q_B 和 Q_C，高于根据 MR＝MC 原则所决定的均衡产量。

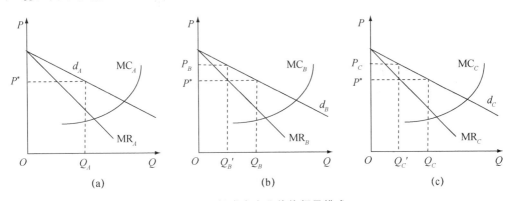

图 5-24 低成本企业价格领导模式

下面，笔者进一步通过数理模型来论证价格领导者模型的内在特征：

假设 1：在寡头垄断市场上，在任一市场价格水平上的市场总需求量都可以分解为两部分，即领导型厂商 1 和追随型厂商 2 所分别面临的市场需求量。

假设 2：厂商 1 决定市场价格，厂商 2 接受该价格，即厂商 1 在事先了解厂商 2 的供给曲线以及自己所面临的市场需求曲线的前提下，决定能够给自己带来最大利润的均衡价格，而处于追随地位的厂商 2 则只能接受该价格，并在此价格水平下实现自己的利润最大化。

假设 3：寡头垄断市场的需求曲线的函数为：$D(p) = a - bp$。

假设 4：价格追随者的成本函数为：$C_2(y_2) = \dfrac{y_2^2}{2}$，则 $MC_2(y_2) = y_2$。

假设 5：价格领导者的成本函数为：$C_1(y_1) = cy_1$，则 $MC_2(y_2) = c$。

根据逆向归纳法，先求厂商 2 即追随者的均衡解。根据 MR＝MC 原则，同时厂商 2 又是价格接受者，即其所面对的价格是既定的，因而有：$y_2 = p$。

在市场出清的条件下，市场需求量由价格领导者和价格追随者共同构成，而追随者的需求量为 $y_2 = p$，则价格领导者的需求曲线为：$R(p) = D(p) - S(p) = a - bp - p = y_1$，则反需求函数为：$p = \dfrac{a}{b+1} - \dfrac{1}{b+1} y_1$。

根据 MR＝MC 原则，可以求得价格领导者达到均衡状态时的条件为：$\dfrac{a}{b+1} - \dfrac{2}{b+1} y_1 = c$。

据此，可以进一步求出价格领导者和追随者的均衡产量，具体的求解过程笔者不再给出，关键是要分析并掌握其中的求解思路。

6. 斯威齐模型

上述模型分别阐释了寡头厂商在静态和动态情形下对产量和价格进行博弈的均衡解，下面笔者再介绍一个因进行价格博弈而形成的比较特殊的寡头模型，即斯威齐（Sweezy）模型。该模型又称为拐折的需求曲线模型，是由美国经济学家保罗·斯威齐（Paul Marlor Sweezy）建立的，主要用来说明寡头厂商不愿轻易变动产品价格，价格能够维持在一种比较稳定的状态，即在寡头市场上产品价格具有刚性。

现假定两寡头生产同质产品，并进行价格竞争。为了能稳定市场份额，在制定价格时会遵循跟跌不跟涨的原则，即一家寡头厂商降价时，其他厂商会跟着降价；一家寡头厂商提价时，其他厂商则会保持价格不变，此时提价的厂商因提价所损失的市场份额会被其他厂商瓜分。

如图 5-25 所示，一家寡头厂商处于初始点 $A(P_1, Q_1)$。根据上述假定，当其采取提价举动时，其他厂商会保持价格不变，因而该寡头厂商的需求量将会下降很多，此时处于需求曲线富有弹性的 AE 段；当该寡头厂商采取降价策略时，其他厂商也会跟进，降低价格，因而该寡头厂商的需求量不会增加很多，此时处于需求曲线缺乏弹性的 AD 段。该厂商所拥有的边际收益曲线 MR，会在点 H 与点 N 之间形成一段垂直的落差。这段落差表明：只要边际成本曲线 MC 在点 H 与点 N 范围内变动，寡头垄断厂商的均衡产量和均衡价格就会保持不变，即位于均衡点 (Q_1, P_1) 处，此时的价格为 P_1，具有刚性，不会发生变动。基于此形成的需求曲线 $E-A-D$，称为弯折的需求曲线。

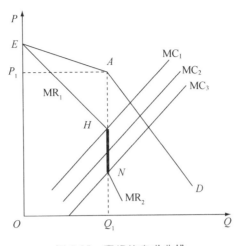

图 5-25 弯折的需求曲线

7. 卡特尔组织

寡头厂商之间不仅有竞争，也会有合作，即通过相互勾结或串谋（collusion），以获得更大的利润。卡特尔组织便是寡头厂商合谋的一种方式。①

所谓卡特尔，是指寡头厂商之间就有关价格、产量和瓜分市场销售区域等达成明确协议而建立的垄断组织。例如，1960 年，亚非拉石油生产国组成的石油输出国组织（organization of the petroleum exporting countries，OPEC）便是典型的卡特尔组织。

卡特尔组织通常采用的运营策略是"限产保价"。例如，OPEC 通过压缩产量和抬高价格，对世界石油市场产生了很大影响。然而，卡特尔组织在运用该策略时也要遵循相应的原则，即利润最大化原则 MR＝MC。此时，相当于把所有卡特尔组织成员看作一个完全垄断厂商，通过制定统一的价格，以获取整个卡特尔组织的利润最大化。在此条件下，再按照产量分配原则，即各个厂商的边际成本要相等且都等于卡特尔组织的边际收益，也即 $MC_1 = MC_2 = \cdots = MC = MR$，以此来确定每个卡特尔组织成

---

① 目前，较为常见的垄断组织主要有以下四种形式：卡特尔、辛迪加、托拉斯、康采恩。(1) 卡特尔是生产同类商品的企业为了垄断市场，赚取高额垄断利润，通过签订各种协定（如划分销售区、规定商品产量、确定销售价格等）所组成的垄断联盟。参加卡特尔的企业，要受所订协议的约束，但各企业在生产、商业和法律上仍然保持独立。卡特尔只是一种初级形式的垄断组织，这种形式于 1865 年出现在德国。比较流行的卡特尔有三种：划分销售市场的卡特尔；规定统一价格的卡特尔；规定生产规模的卡特尔。(2) 辛迪加是由生产同类商品的各大企业为了高价销售商品和低价购买原材料，通过签订共同销售商品和采购原材料的协定而建立起来的垄断组织。参加辛迪加的企业在生产和法律上仍保持独立性，但它们丧失了商业上的独立性。这种形式在 19 世纪末 20 世纪初的西欧比较流行。(3) 托拉斯是由生产同类商品或者与该类商品有密切联系的许多大企业联合组成，参加托拉斯的各企业在生产、商业、法律上都不再是独立的生产经营单位，由托拉斯组织董事会及其委任的经理来统一全部经营活动。它是比较稳定和比较高级的垄断组织形式。这种垄断组织形式于 1882 年在美国产生，在 20 世纪初得到迅速发展。(4) 康采恩是由不同经济部门的许多大企业联合组成的垄断组织。参加康采恩的既有单个的企业，又有其他垄断组织，既有工业企业，又有商业企业、交通运输企业以及银行和保险公司等，其中最大的银行或企业则是这个庞大复杂组织的核心。康采恩最明显地表现出垄断市场上金融机构和工业相结合的特点。

员的最佳产量。

然而，这是从理论上来制定每个卡特尔组织成员最佳产量的方法。现实生活中，由于卡特尔组织成员并非是同质的，有的可能储油量更高，有的可能开采技术水平更先进等，很难做到 $MC_1=MC_2=\cdots=MC=MR$。因而，具有生产优势的卡特尔组织成员就有单独违背合同的动机，通过偷偷扩产而独享限产好处，导致卡特尔组织的不稳定，这也是博弈论中的"囚徒困境"（prisoner's dilemma），即个体理性往往会大于集体理性。

第五节 综 合 比 较

本章主要介绍了完全竞争、垄断竞争、寡头垄断和完全垄断四大市场的主要内涵、特征、均衡等内容，笔者现将这四大市场的基本内容再作一综合比较，以进一步明确这些市场的主要特征，具体如表5-4和表5-5所示：

表5-4 四大市场的综合比较一

市场结构	厂商数目	产品性质	市场控制能力	行业进入难度	现实中的例子
完全竞争	很多	同质商品	无	自由进入	粮食市场
完全垄断	一个	不可替代商品	完全控制	不能进入	公用事业
垄断竞争	较多	可替代的差异产品	有一定控制能力	容易进入	品牌商品
寡头垄断	很少	同质或差异产品	较大控制能力	进入困难	百事可乐与可口可乐

表5-5 四大市场的综合比较二

市场类型	新厂商加入	超额利润		均衡条件	
		短期	长期	短期	长期
完全竞争	容易	有	无	$MR=MC=AR$	$MR=MC=LAR=LAC$
垄断竞争	较易	有	无	$MR=MC$	$MR=MC$，$LAR=LAC$
寡头垄断	不易	有	有	—	—
完全垄断	不可能	有	有	$MR=MC$	$MR=LMC=SMC$

第六节 本 章 小 结

本章中，笔者从供给和需求两个层面对市场理论中的四种类型，即完全竞争、完全垄断、垄断竞争以及寡头垄断进行了分析，可以看作供求理论在市场结构中的进一步运用。通过本章的学习，需要掌握每一种市场类型的内在特征、均衡状况以及效率评价等，尤其是在寡头市场中，还需要明晰每一种寡头模型的构造情境、假设条件以及基本结论。通过综合性的比较分析，对市场类型以及决策模型有全面而深入的理解和掌握。

到此，笔者主要的分析情境是产品市场，并未对形成并支撑产品市场的要素市场进行研究和分析。那么，要素市场主要包含哪些生产要素？每一种生产要素具有什么样的供求特征？要素市场达到均衡时会产生怎样的作用效果？笔者将在下一章中对这些内容进行讲述和分析。

第七节 思 考 题

1. 请用图形说明完全竞争厂商短期均衡的形成及其条件。

2. 请说明古诺模型、伯特兰德模型、斯塔克尔伯格模型、价格领导者模型以及斯威齐模型之间的区别和联系。

3. 某一彩电制造商认为，他所在的行业是完全竞争行业。他觉得同其他彩电制造商之间存在激烈竞争，其他彩电制造商一旦大做广告，采取降价措施或提高服务质量，他也会及时作出反应。请你根据所学的有关完全竞争的知识，判断该彩电制造商所在的行业是否为完全竞争行业。

4. 假定产量水平的边际社会收益大于边际社会成本，请说明这种产量水平时配置无效率的原因。

5. 请综合比较完全竞争、垄断竞争、寡头垄断和完全垄断这四大市场的内在特征和主要区别。

第六章

要素市场理论

【导　读】　本章主要阐述生产要素的价格是如何决定的。在推导产品需求曲线时，假定消费者的收入是既定的，但没说明其收入水平是如何决定的；在推导产品供给曲线时，假定生产要素的价格是既定的，但没说明其价格是如何决定的。在产品市场中，产品的需求者是消费者，供给者是厂商，而在要素市场中，要素的需求者是厂商，供给者是消费者。消费者和厂商在这两个市场上进行了身份的互换。那么，要素市场的需求和供给具有哪些特征？达到均衡时又需要满足哪些条件？这是本章要解决的问题。

【关键词】　生产要素的需求；生产要素的供给；洛伦兹曲线；基尼系数

第一节　基 本 概 念

所谓生产要素（production factor），是指为进行生产和服务活动而投入的各种经济资源。如同产品市场理论一样，生产要素也得到了学者们的关注和研究。生产要素理论由亚当·斯密提出，法国经济学家让·巴蒂斯特·萨伊对该理论加以公式化，提出了"三位一体"的公式，即把生产要素分为三类：土地、劳动和资本，其价格分别称作地租、工资和利息。后来，英国经济学家阿尔弗雷德·马歇尔又增加了企业家才能，成为现在惯用的"四位一体"公式。其中，企业家才能的价格称为利润，其所具有的经济增长功能及其效应会随着企业在资源配置中作用的提升而愈发重要，被学界广泛关注和深入研究。"四位一体"生产要素的具体内容如图6-1所示。

本章主要解决的问题是生产要素的价格是如何决定的，其主要的理论基础是边际生产力理论（theory of marginal productive）[①]，即在其他条件不变和边际生产力（即边际收益）递减的前提下，一种生产要素的价格不仅取决于边际生产力，而且还要考虑要素的边际成本，只有当要素使用的边际成本和边际收益相等时，厂商才能在要素

[①]　该理论是由19世纪末美国经济学家克拉克首创并进一步用于其分配论分析的。约翰·贝茨·克拉克（John Bates Clark，1847—1938年），美国经济学家，哥伦比亚大学教授，美国经济学会创始人。他倡导静态与动态两种经济分析方法，对现代经济学产生了广泛影响。

使用上达到利润最大化。下文分别从生产要素的需求、供给和均衡三个层面加以介绍和说明。

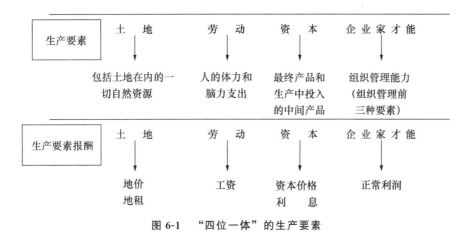

图 6-1 "四位一体"的生产要素

第二节 生产要素的需求

1. 一般厂商使用生产要素的原则

作为生产要素的需求者，厂商在使用生产要素时也要遵循相应的原则，即要将生产要素的功效发挥到最佳状态，以满足厂商追求利润最大化的目标。当然，厂商购买生产要素不是为了自己的直接需要，而是为了生产和出售产品以获得收益，因而它是一种间接需求，是从消费者对产品的直接需求中派生出来的，因此可以把厂商对生产要素的需求称为引致需求。

对于厂商来说，利润最大化原则要求其在产品市场上满足边际收益等于边际成本。那么，对于要素市场来说，是否也应遵循该原则，使生产要素的边际收益和边际成本相等？

使用生产要素所获得的边际收益称为边际收益产品（marginal revenue product，MRP），即增加一单位某种生产要素的投入量所增加的收益。由于边际收益产品是从厂商的视角来界定的，作为产品的卖方，厂商对生产要素的需求具有一定的决定权，因而可以将边际收益产品看作在卖方垄断条件下厂商所增加的收益。从要素到收益，需要经过产品这一环节，即应先由要素转变为产品，之后再由产品转换成收益。也即，厂商的生产要素会影响产量，同时产量又会影响厂商的收益，因而可以将由使用要素所获得的边际收益产品写成：边际收益产品＝边际产量×边际收益，即 MRP＝$\frac{\Delta TR}{\Delta L}=\frac{\Delta Q}{\Delta L}\times\frac{\Delta TR}{\Delta Q}$＝MP×MR，也即 $L\to R$ 可以分解为 $L\to Q$ 和 $Q\to R$ 两个过程。

同样，使用生产要素也会带来相应的成本，这些成本称为边际要素成本（marginal factor cost，MFC），即增加一单位某种生产要素的投入量所增加的成本。

由于边际要素成本是从生产要素的供给者即消费者的视角来界定的，作为产品的买方，消费者对生产要素的供给具有一定的决定权，因而边际要素成本是在买方垄断条件下厂商所增加的成本，用公式可表述为：边际要素成本＝边际产量×边际成本，即 MFC＝MP×MC。

因而，为了最大限度地发挥生产要素的效用和贡献，应使多投入一单位生产要素所获得的收益和所产生的成本相等，即 MRP＝MFC。因为如果 MRP＞MFC，即增加一单位要素所增加的收益大于所增加的成本，此时利润将会增加。为追求利润最大化，厂商肯定会不断地增加生产要素投入。随着生产要素投入量的不断增加，生产要素的边际产量会下降，进而边际收益也会下降，从而导致边际收益产品也下降，最终达到 MRP＝MFC。反之，如果出现 MRP＜MFC，则说明增加一单位要素所增加的收益小于所增加的成本，此时应该减少投入，从而提升边际收益，最终也将达到 MRP＝MFC。"要素使用的边际收益＝要素使用的边际成本"，这是利润最大化原则在要素市场中的运用。

2. 完全竞争厂商使用生产要素的原则

（1）完全竞争厂商

上述分析的是一般厂商，现在笔者具体分析完全竞争厂商在使用生产要素时所应遵循的基本原则，以给出要素市场理论的一般基准。一般将同时处于完全竞争的产品市场和完全竞争的要素市场中的厂商称为完全竞争厂商。与完全竞争的产品市场相似，完全竞争要素市场具有以下几个基本特征：要素的供求双方人数都很多；要素没有任何区别；要素供求双方都具有完全的信息；要素可以充分自由地流动。另外，根据完全竞争的定义，完全竞争厂商所面对的要素投入价格和产品产出价格均应为常数。那么，对完全竞争市场来说，完全竞争厂商没有定价权力，而对不完全竞争市场来说，不完全竞争厂商拥有一定的定价权力。

按照产品市场和要素市场是否同时处于不完全竞争的状态，可以将不完全竞争厂商分为三种情况：（1）产品市场完全竞争＋要素市场不完全竞争，称为买方垄断厂商，即买方具有定价权；（2）产品市场不完全竞争＋要素市场完全竞争，称为卖方垄断厂商，即卖方具有定价权；（3）产品市场不完全竞争＋要素市场不完全竞争，称为买卖双方垄断，即买卖双方均具有一定的定价权。

在只使用一种生产要素和生产单一产品的假设条件下，与一般厂商一样，完全竞争厂商在使用生产要素时也应遵循 MR＝MC 原则。

（2）边际产品价值

在完全竞争条件下，边际收益产品被称为边际产品价值（value of the marginal product，VMP），表示在完全竞争条件下，厂商增加使用一单位要素所增加的收益。由于在完全竞争条件下，有边际收益等于价格，即 MR＝P，因此 MRP＝MP×P＝VMP。因而，可以看出，VMP 只是 MRP 的一个特例，是边际收益产品在完全竞争市场上的体现。

现只考虑一种生产要素,即劳动。根据上述结论,有:$VMP(L)=P\times MP(L)$。由于在完全竞争市场中,产品价格 P 是既定的,因而 VMP(L)主要取决于 MP(L)。根据第四章所学内容,由于存在边际报酬递减规律,即随着生产要素 L 的增加,边际产量 MP(L)会不断递减,这就导致边际产品价值曲线 VMP(L)也呈现递减态势。这两者之间的具体数量关系如表 6-1 所示,将表 6-1 中的内容用图形来表示,则如图 6-2 所示,边际产品价值曲线是向右下方倾斜的。

表 6-1 边际产量 MP 和边际产品产值 VMP 之间的关系

要素数量(L)	边际产量($MP(L)$)	边际价格(P)	边际产品价值($VMP(L)=MP(L)\times P$)
1	10	2	20
2	9	2	18
3	8	2	16
4	7	2	14
5	6	2	12
6	5	2	10
7	4	2	8
8	3	2	6
9	2	2	4
10	1	2	2

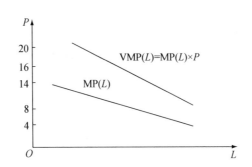

图 6-2 边际产品价值曲线和边际产量曲线

从上述分析可知,在完全竞争条件下,边际产品价值曲线 VMP(L)的形状与要素边际产量曲线 MP(L)的形状是一样的,但两者的位置不同,这主要取决于产品价格 P 是大于、等于还是小于 1。即如果产品价格 P 大于 1,则边际产品价值曲线 VMP(L)高于边际产品曲线 MP(L),如图 6-2 所示;如果产品价格 P 小于 1,则情况正好相反;如果产品价格 P 等于 1,则两条曲线刚好完全重合。

(3)边际要素成本

厂商使用生产要素是有成本的,其中增加一单位要素所增加的成本称为边际要素成本。由于在完全竞争的要素市场上,厂商只能被动接受要素价格,因而可以把要素价格看成是常数。

在完全竞争条件下,假设厂商所使用的生产要素为劳动,其价格为工资 ω,ω 是一常数。由于 $C(L)=\omega\times L\Rightarrow\dfrac{\mathrm{d}C(L)}{\mathrm{d}L}=\omega$,因而完全竞争厂商使用生产要素的边际成本 $\mathrm{MFC}=\omega$。它与产品的边际成本 MC 的区别在于:MC 是指增加一单位产品所增加的成本,即 $\mathrm{MC}=\dfrac{\mathrm{d}C(L)}{\mathrm{d}Q}$,而 MFC 是增加一单位生产要素所增加的成本,即 $\mathrm{MFC}=\dfrac{\mathrm{d}C(L)}{\mathrm{d}L}$。由于 $\mathrm{MFC}=\omega$,因而使用生产要素的边际成本曲线在图形上表现为从既定的生产要素价格水平出发所引出的一条水平直线,如图 6-3 所示:

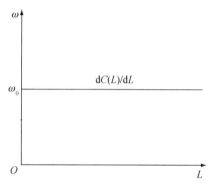

图 6-3 边际要素成本曲线

(4)完全竞争厂商使用生产要素所应遵循的原则

根据上述所给出的边际产品价值和边际要素成本,即可得出完全竞争厂商使用生产要素的原则。即边际产品价值等于该要素的市场价格,$\mathrm{VMP}=\omega$ 或 $\mathrm{MP}\times P=\omega$。此时,完全竞争厂商利润最大化,所使用的要素数量即为最优要素数量。

可以运用两种方法得出完全竞争厂商为实现利润最大化所应达到的条件。

一是图示法。如图 6-4 所示,如果 $\omega<\mathrm{VMP}$,表明多增加一单位要素投入所获得的收益要大于所支付的成本,则完全竞争厂商会扩大要素需求量;如果 $\omega>\mathrm{VMP}$,则表明多增加一单位要素投入所获得的收益要小于所支付的成本,则完全竞争厂商会减少要素需求量;只有当 $\omega=\mathrm{VMP}$ 时,多增加一单位要素投入所获得的收益与所支付的成本相等,此时完全竞争厂商对要素的需求量处于均衡状态,既不会增加,也不会减少。

二是数学法。由于完全竞争厂商的利润函数为:$\pi(L)=P\times Q(L)-\omega\times L$,对其求劳动 L 的一阶导并令之为零,即 $\dfrac{\mathrm{d}\pi(L)}{\mathrm{d}L}=P\dfrac{\mathrm{d}Q(L)}{\mathrm{d}L}-\omega=0$,求解得 $P\times\mathrm{MP}(L)=\mathrm{VMP}=\omega$。

对上述不同条件下厂商使用生产要素所应遵循的原则进行总结,即:(1)当产品市场和要素市场均为完全竞争时,完全竞争厂商使用生产要素的原则为 $\mathrm{VMP}=\mathrm{MP}\times P=\omega$;(2)当产品市场是完全竞争而要素市场是垄断时,买方垄断厂商使用生产要素

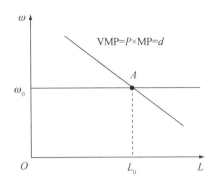

图 6-4 完全竞争厂商达到均衡时的要求

的原则为 VMP＝MFC；（3）当要素市场是完全竞争而产品市场是垄断时，卖方垄断厂商使用生产要素的原则为 MRP＝MR×MP＝ω；（4）当产品市场和要素市场均是垄断时，即买卖双方均具有垄断势力时，使用生产要素的原则为 MRP＝MFC。具体如表 6-2 所示：

表 6-2 不同市场类型下厂商使用生产要素所应遵循的原则

产品市场类型	要素市场类型	厂商使用生产要素的原则
完全竞争	完全竞争	VMP = MP × P = ω
完全竞争	垄断	VMP = MFC
垄断	完全竞争	MRP = MR × MP = ω
垄断	垄断	MRP = MFC

3. 完全竞争厂商对生产要素的需求曲线

完全竞争厂商的要素需求函数反映的是在其他条件不变时，完全竞争厂商的要素需求量与要素价格之间的关系。由于 VMP＝P×MP（L）＝ω，其中产品价格 P 为常数，不受要素价格 ω 的影响，当要素价格 ω 上升，导致 MP（L）也会上升，根据边际报酬或生产力递减规律，此时，厂商对要素的最佳使用量即需求量 L 将会下降，这表明要素价格 ω 与要素需求量 L 之间存在负相关的关系。

根据上述推演可知，在完全竞争条件下，厂商对单一要素的需求曲线就是其边际产品价值曲线 VMP（L），它也是向右下方倾斜的，如图 6-5 所示。因为按照 VMP＝P×MP(L)＝ω 的原则，当劳动力价格为 ω_1 时，完全竞争厂商对其需求量为 L_1，如图中的 A 点，此时能实现均衡，即利润最大化；当劳动力价格下降到 ω_0 时，由于 VMP＞ω_0，表明要素的收益大于成本，因而完全竞争厂商会增加要素使用量，对劳动的需求量将会增加到 L_0，如图中的 B 点。也可以这么理解，当劳动力价格下降到 ω_0 时，要保持或要遵循 VMP＝P×MP(L)＝ω，在价格 P 不变的条件下，则必须要减少 MP（L），而根据边际报酬递减规律，只有增加劳动投入时，才会使边际产量减少，

即由 A 点增加到 B 点。因而，把 A 点和 B 点连接起来，就形成了完全竞争厂商对劳动 L 的需求曲线，它刚好与边际产品价值曲线 VMP（L）重合。

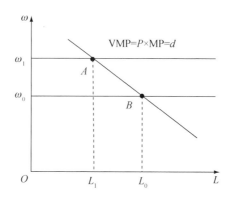

图 6-5　完全竞争厂商对生产要素的需求曲线

4. 从厂商需求曲线到市场需求曲线

在知道了单个完全竞争厂商对一种生产要素的要素需求曲线后，如何得出该要素的市场需求曲线？是不是要素的市场需求曲线就等于所有厂商的边际产品价值曲线的简单加总？

在推导上述单个厂商要素需求曲线等于其边际产品价值曲线的过程中，实际上隐含了两个"潜在假定"：第一，要素的边际产品曲线 MP（L）不直接受要素价格 ω 变化的影响，这一假定局限于讨论只有一种生产要素的情况，即只探讨边际报酬或生产力递减规律发生效应的情形；第二，产品价格 P 不受要素价格 ω 变化的影响，这一假定局限于讨论只有一个厂商进行生产调整，不考虑其他厂商的调整情况，即只探讨单个厂商在要素价格变动下如何调整要素投入进而优化产量选择，并不涉及与其他厂商的相互作用及其带来的对产品价格的影响。

如果一旦将此"潜在假定"扩大到多个厂商的调整行为，即此时单个厂商并不是孤立的，而是处在与其他厂商的博弈之中，则单个厂商的要素需求曲线将"脱离"其边际产品价值曲线。因此，当研究整个市场的情况时，市场的要素需求曲线并不等于所有厂商的边际产品价值曲线的简单加总，而是经过与其他厂商相互作用之后所形成的行业调整曲线的加总。

假设厂商对要素需求的原有均衡点为 H（L_0，ω_0），如图 6-6 所示。现在该厂商将要素价格下降到 ω_1，则要素需求量理应增加到 L_2，即图中的 A 点。然而，此时其他厂商在该厂商进行价格调整后，为了不被淘汰出局，也会进行价格调整。在相互作用下，要素价格下降会使要素 L 的边际产品价值曲线向左下方移动，例如，从 $P_0 \times$ MP 移动到 $P_1 \times$ MP，从而在要素价格 ω_1 下，L 的需求量不再是 L_2，而是更少一些的 L_1，即图中的 I 点。

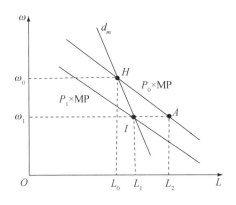

图 6-6　行业调整曲线

重复上述过程，即可以得到其他与 H 和 I 性质相同的点。将这些点连接起来，即可以得到经过多个厂商调整或博弈之后的厂商 m 对于要素 L 的需求曲线 dm。dm 称为行业调整曲线，即在多个厂商相互作用后得到的单个厂商的要素需求曲线，它也是往右下方倾斜的，但是它比边际产品价值曲线更陡峭一些。这与垄断竞争市场中的主观需求曲线 d 和客观需求曲线 D 有着相似的推演逻辑和作用特征。

假定完全竞争要素市场中包含 n 个厂商，每个厂商如同上面的厂商 m 一样，在经过行业的调整之后，均形成了各自的要素需求曲线，分别为 $d_1, d_2, \cdots, d_m$，那么整个市场的需求曲线 D 就可以看成是所有这些厂商的要素需求曲线的简单水平相加，即 $D = \sum_{m=1}^{n} d_m$。也即，只有经过行业调整过之后的要素需求曲线才能进行加总，才能形成整个市场的要素需求曲线。

第三节　生产要素的供给

1. 生产要素使用的基本原则

上述主要分析了生产要素的需求及其特征，与之相对应的是，还需要对生产要素的供给加以说明。对此，首先要界定生产要素供给的范围和主体。

生产要素所有者具有不同的种类：（1）根据使用要素的身份，要素所有者既可以是产品的生产者，即企业家本身，也可以是产品的消费者，即劳动者，因而要素所有者具有非单一性；（2）根据生产过程，要素所有者既可以是"中间要素（投入）"所有者，即向生产过程再次投入中间要素的生产者，也可以是原始要素所有者，即向市场直接提供诸如劳动等要素的所有者。此处，笔者主要指的是原始要素的所有者。

所谓要素供给，是指在一定的要素价格水平下，作为产品的消费者①，将其全部既定资源在"要素供给"和"保留自用"两种用途上进行权衡并分配，以获得最大效用。其中，"要素供给"是指把消费者所拥有的生产要素提供给市场，从而获得租金、工资、利息等收入，以支持自己的消费开支；"保留自用"是指把消费者所拥有的生产要素"保留自用"，供自己使用，以支持自己的生存发展。

因而，消费者要素供给的原则，也即实现效用最大化的条件是：提供给市场的要素的边际效用等于消费者"保留自用"的要素的边际效用，即 MU 供给＝MU 自用。因为如果 MU 供给＞MU 自用，对于生产要素的拥有者来说，应该增加要素的市场供给，减少要素的自我使用，从而增加总效用；如果 MU 供给＜MU 自用，对于生产要素的拥有者来说，应该减少要素的市场供给，增加要素的自我使用，从而也会增加总效用；只有 MU 供给＝MU 自用时，要素的市场供给和自我使用之间才达到均衡。

下面笔者进一步通过基数效用论和序数效用论对消费者要素供给所应遵循的原则进行证明。

2. 运用基数效用论进行证明

在基数效用论下，要达到效用最大化，应遵循边际效用均等化原则，即：$\dfrac{MU_1}{p_1}=\dfrac{MU_2}{p_2}=\lambda$。对于要素供给者来说，要在"要素供给"和"保留自用"两种用途上进行权衡。

要素供给的边际效用等于要素供给的边际收入与收入的边际效用的乘积，即：$\dfrac{\Delta U}{\Delta L}=\dfrac{\Delta U}{\Delta Y}\times\dfrac{\Delta Y}{\Delta L}$，进一步可以写为：$\dfrac{dU}{dL}=\dfrac{dU}{dY}\times\dfrac{dY}{dL}$，其中 U 代表效用，L 代表劳动投入，Y 代表收入。又因为在完全竞争市场上，有 $\dfrac{dY}{dL}=\omega$，所以 $\dfrac{dU}{dL}=\dfrac{dU}{dY}\times\omega$。

自用资源的边际效用等于增加一个单位自用资源所带来的效用增量，即 $\dfrac{dU}{dl}$，其中 l 为自用劳动的投入量。

根据基数效用论的要求，有：$\dfrac{dU}{dL}=\dfrac{dU}{dY}\times\omega=\dfrac{dU}{dl}$，化解可得：$\dfrac{dU/dl}{dU/dY}=\omega$。又因为"收入的价格"$P_Y$ 为 1，因而 $\dfrac{dU/dl}{dU/dY}=\dfrac{MU_l}{MU_Y}=\dfrac{\omega}{P_Y}$ 或者 $\dfrac{dU/dl}{\omega}=\dfrac{dU/dY}{P_Y}$，满足要素供给边际效用均等化原则，即要素"保留自用"所获得的边际效用和"要素供给"所获得

---

① 产品的消费者，通常来说，即是要素的供给者，因为产品的消费者只有将自己作为要素的供给者时，才能获得相应的收入，从而支撑自己的消费。因而，在谈到"消费者"这个概念时，一般是从产品这个维度来理解，而非从要素这个维度诠释。

的边际效用之比应等于它们的价格之比。①

3. 运用序数效用论进行证明

在第二章中,已经知道序数效用论的分析工具是无差异曲线,此处也可以使用无差异曲线法来分析要素供给所应达到的条件。

如图 6-7 所示,无差异曲线表示消费者在要素供给 Y 和保留自用 l 这两种选择之间进行权衡而获得的效用,因而其边际替代率为 $\text{MRS}_{lY} = \dfrac{\mathrm{d}Y}{\mathrm{d}l}$。

假设预算线为 $K = \bar{L}\omega + \bar{Y}$,其中 $\bar{L}$ 表示要素总量,$\bar{Y}$ 表示非要素收入,ω 为 L 的价格,收入的价格为 1。如图 6-7 所示,预算线的斜率为:$-\dfrac{K-\bar{Y}}{L} = -\bar{L} \times \dfrac{\omega}{L} = -\omega$。

根据序数效用论,在无差异曲线和预算线的切点即 G^* 点上,消费者供给生产要素能实现效用最大化,且有 $\dfrac{\mathrm{d}Y}{\mathrm{d}l} = -\omega$,这表示消费者为增加一单位自用资源所愿意减少的收入量 $\left(\dfrac{\mathrm{d}Y}{\mathrm{d}l}\right)$ 等于必须减少的要素供给所应获得的收入量(ω)。因而,消费者在 G^* 点实现均衡的最优供给选择行为为:保留 l^* 水平的要素自用,并将 $\bar{L} - l^*$ 的要素供给市场。

对 $\dfrac{\mathrm{d}Y}{\mathrm{d}l} = -\omega$ 进一步化解,可得:$-\dfrac{\mathrm{d}Y}{\mathrm{d}l} = \dfrac{\mathrm{d}U/\mathrm{d}l}{\mathrm{d}U/\mathrm{d}Y} = \dfrac{\text{MU}_l}{\text{MU}_Y} = \dfrac{\omega}{P_Y}$,这与根据基数效用论所获得的结论是一致的,即要素的边际效用之比等于要素的价格之比,两者殊途同归。

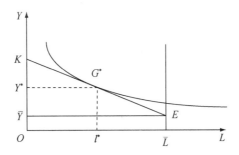

图 6-7　要素供给的无差异曲线分析法

4. 劳动、土地和资本的供给特征

由于生产要素具有多种类型,而每一种类型都具有不同的特征,因而本部分将对劳动、土地和资本等生产要素的供给特征分别进行说明,以进一步明晰生产要素的供给内涵和特征。

---

① 为更好地理解要素配置的均衡条件,可将工资 ω 看作要素供给者保留自用劳动时的机会成本,即要素供给者在自用时,也是有成本的,工资 ω 是其最好的参照。

（1）劳动供给曲线

假设一个消费者每天可以自由支配的时间为 16 小时，其中这 16 小时需要在"闲暇"（休息）和"劳动收入"（工作）之间进行选择。如图 6-8 所示，H 表示闲暇，因而 $16-H$ 表示劳动，这两者之间具有一定的演化特征。一开始，当工资水平位于 ω_1 时，该消费者的劳动时间为 $16-H_0$，即图中的 a 点。随着工资水平的上升，如上升到 ω_2，此时劳动的供给量会增加至 $16-H_1$，即图中的 b 点。然而，当工资水平上升到一定程度之后，随着工资水平的进一步上升，劳动供给量反而会减少，如图中的 c 点，此时的工资水平虽为 ω_3，但劳动供给量为 $16-H_2$，不增反减。把这些点连接起来，可以形成一条向后弯回的劳动供给曲线。

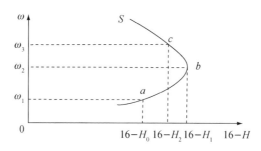

图 6-8　劳动供给曲线

那么，为什么劳动供给曲线是向后弯曲的？这主要在于工资水平上升过程中对劳动供给量会产生两方面的效应，即替代效应和收入效应。具体而言，一方面，当工资水平上升时，休闲的机会成本会提高，替代效应使这个劳动者减少休闲而增加劳动供给；另一方面，工资水平的上升也使这个劳动者更加富有，这使他希望有更多的休闲，即所谓的收入效应。

根据第三章"效用理论"中的知识可知，这两种效应的符号是相反的，而且随着工资水平的不断上升，收入效应会越来越强，以至于工资水平上升到一定程度之后，休闲时间反而增加，即劳动者更加重视自身的健康需求和生活品质，会减少劳动供给量，因而会形成一条向后弯曲的劳动供给线。这也是为什么低收入者愿意牺牲更多的劳动时间来获得更高的劳动收入，而高收入者则愿意利用宝贵的时间进行健身、度假和娱乐活动的原因。

（2）土地供给曲线

首先，需要注意的是，这里的土地泛指各种自然资源，而不是狭义上的土地，它具有数量有限、位置不变和不能再生等特点。土地的价格称为地租，即土地使用者对使用土地所支付的价格或者是土地所有者因出让土地使用权而收取的报酬。如同其他商品一样，地租产生的根本原因在于土地的稀缺性。

由于土地数量既不能增加，也不会减少，因而土地的"自然供给"是固定不变的，它不会随土地价格的变化而变化。根据上述介绍的生产要素供给的组成部分，生产要素具有两种用途，即自用和他用。对土地来说，一般而言，其自用只占很微小的一部分,大部分土地主要用于其他用途,因而土地基本上只有一种用途,即生产性用途,而没有自用用途。任意一种资源,如果只能用于某种用途,而无其他用处,则该资源对该种用途的供给曲线是垂直的。借用机会成本的概念,可以进一步理解为:对任意一种资源来说,如果其在某种用途上的机会成本等于0,则它对该种用途的供给曲线就是垂直的。因而,土地的供给曲线是垂直的,如图6-9中过点N_0的S线。这也说明之所以土地的供给曲线是垂直的,并不仅仅因为自然赋予的土地数量是固定不变的,也因为假定了土地只有一种用途。

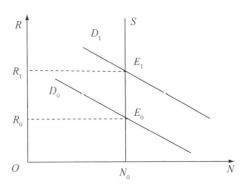

图 6-9 土地的供给曲线

根据上述分析,并结合图6-9,可以看出,地租完全取决于对土地的需求,即当需求不断增加,从$D_0 \to D_1$时,土地保持在N_0的水平不变,而地租则从$R_0 \to R_1$。因而,一般来说,随着对土地资源需求的不断增加,地租是不断上升的。

下面再介绍几个与地租相关的概念:一是租金(rent),它是指供给数量同样是固定不变的一般资源的服务价格。这里主要指的是一般资源,而非特殊的土地或矿产等自然资源,因而租金是一般化的地租,或者说地租是特殊化的租金。

二是准租金(quasi rent),即指短期内,对供给量暂时固定的生产要素所支付的价格,即固定生产要素的收益,这里特指"短期内"。根据第四章"生产与成本理论"的相关知识可知,短期内,企业的固定成本是不变的,是已"沉没"的成本,即不论是否取得收入,都不会影响其供给,因而对于企业来说,只要价格能够补偿平均可变成本,就可以利用固定资本进行生产。相应地,准租金=固定成本+经济利润,这里的经济利润是指使用固定生产要素所获得的收益。在长期内,由于一切要素都是可以自由流动的,并不存在固定要素,因而也不会产生准租金。

三是经济租金(economic rent),它是指要素收入与机会成本之差,即经济租金=要素收入-机会成本。经济租金的主要特征在于其数量的减少并不会引起要素供给量的减少,其几何解释类似于生产者剩余,如图6-10所示,经济租金即为$\triangle AEP$的面积。因而,经济租金很容易被拥有要素特权的人攫取。例如,通常所说的"寻租"(rent seeking)概念,或又称为竞租,它是指在没有从事生产的情况下,为垄断社会资源或维持垄断地位,从而得到垄断利润所从事的一种非生产性寻利活动。寻租,通俗来讲就是"敲竹杠",即利用对资源的垄断权或专属权,向需要这些资源的人收取垄断利润或经济租金。例如，在现实生活中的一些"潜规则"现象，可以看作是寻租的一种体现。

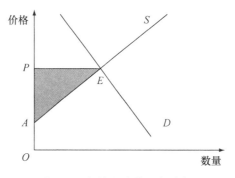

图 6-10 经济租金的几何分析

从上述分析可知，准地租仅在短期内存在，而经济租金在长期内存在；租金是一般化的地租，也是经济租金的一种特例，即是在短期内的经济租金，或是当要素供给曲线处于垂直时的经济租金，而经济租金则是更为一般的概念，无论是短期还是长期，均是存在的。

（3）资本供给曲线

资本（capital）是指由经济制度本身生产出来并被用作投入要素，以便进一步生产更多商品和劳务的物品。根据马克思的定义，资本就是追求剩余价值的价值。其与资产（asset）的最大不同之处在于：资本具有逐利性，而资产仅是静态的实物，但当资产用于追求剩余价值时，它也就变成资本了。

一般而言，资本具有三个特点：一是资本的数量是可以改变的，即它可以通过人们的经济活动生产出来，并不是固定不变的；二是资本之所以能被生产出来，在于其能获得更多的商品和劳务，即为了增值而生产；三是作为投入要素，资本具有价值增值功能，可以将其用于生产过程得到更多的商品和劳务，即所谓的"钱生钱"或"利滚利"。

资本的价格称为利率，等于资本服务的年收入（Z）与资本价值之比（P），即 $r=\dfrac{Z}{P}$。例如，假设消费者今年储蓄 100 元，明年他能够得到 110 元，那么这增加的 10 元就是利息，以 10 元利息除以储蓄额或本金 100 元，即可得到利率 10%，也即资本供给的价格。

对于资本的供给，可以将其看作如何将既定收入在消费（consuming）和储蓄（saving）两方面进行分配的问题。而资本在消费和储蓄之间进行分配，又可以看作在现在消费和未来消费之间进行的权衡。例如，假设一个人的财富是 W_0，用 C_0 代表其现在消费，C_1 代表其未来消费，利率为 r。那么，如图 6-11 所示，这个人可以在图中直线上安排其跨时期消费。即，每减少 1 单位现在消费，相当于增加 $(1+r)$ 单位的未来消费，因而，其未来消费为 $C_1=(W_0-C_0)(1+r)$。从本质上来看，该方程是消费者预算线方程的变形,即预算线方程为 $W_0 = C_0 + \dfrac{C_1}{1+r}$。

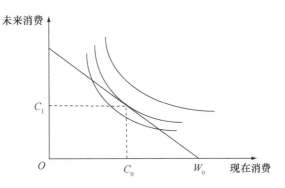

图 6-11 资本供给的跨期选择

由于资本供给是在现在消费和未来消费之间进行权衡,因而提高利率相当于提高今年的消费价格,降低明年的消费价格。在利率较低时提高利率,人们愿意增加储蓄,即资本供给量会增加。然而,像工资的增加那样,利率的上升也有替代效应和收入效应,所以从理论上来说,当利率上升到一定程度之后,随着利率再上升,储蓄反而减少,此时人们宁愿将钱用于消费,也不愿再储蓄,即资本供给量会减少,因而如同劳动供给曲线一样,资本供给曲线也是向后弯曲的,如图 6-12 所示:

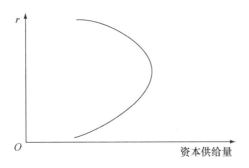

图 6-12 资本供给曲线

第四节 要素供求的均衡

1. 要素达到供求均衡的状态

上述分析了生产要素的需求和供给,并着重介绍了三种要素的供给特征,那么,根据第二章中的供求理论,可以给出要素市场达到均衡时的供求状态。如图 6-13 所示,要素的供给曲线为 S,需求曲线为 D,均衡点为 $E(L^*, P^*)$。

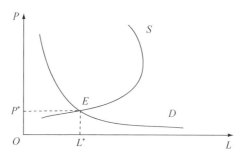

图 6-13　要素市场的供求均衡

2. 要素的收入分配

供给要素的主要目的之一是获得相应的要素收入。那么，如何度量社会收入分配的平均程度？经济学家运用洛伦兹曲线和基尼系数来衡量社会收入分配的平均程度。

洛伦兹曲线（Lorenz curve），也译为"劳伦兹曲线"，是由统计学家洛伦兹（Max Otto Lorenz）于 1907 年提出的。洛伦兹首先将一国总人口按收入由低到高进行排列，然后着重考虑收入最低的任意百分比人口所得到的收入百分比，如收入最低的 20% 人口或 40% 人口等所得到的收入百分比分别是 6%、18% 等，最后将所得到的人口累计百分比和收入累计百分比的对应关系描绘在图形中，即可得到洛伦兹曲线。洛伦兹曲线越是向横轴突出，表明收入分配就越不公平，如图 6-14 所示，相应地，对角线 OY 所表征的是绝对平等线。

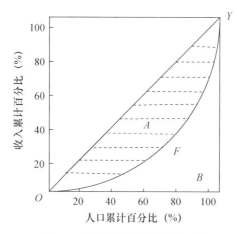

图 6-14　洛伦兹曲线和基尼系数

为了更为定量化地测度洛伦兹曲线所表征的收入分配的平均程度，意大利经济学家基尼（Corrado Gini）于 1922 年构建了衡量一个国家贫富差距的标准或指数，即基尼系数（Gini coefficient），主要用于定量测定一国或地区收入分配的差异程度。值得指出的是，之前学过的"恩格尔系数"主要反映一个国家或地区的富裕程度，是一个总量性的评价，而基尼系数更侧重关于结构性的评判。

基尼系数是基于洛伦兹曲线测度出来的,具体公式为:$G=A/(A+B)$,即不平等面积与完全不平等面积之比,其中 A 代表不平等面积,即洛伦兹曲线与45°线之间的部分,$A+B$ 代表完全不平等面积,即折线与45°线之间的部分,如图6-14所示。

根据基尼系数的几何意义可知:若基尼系数等于0,洛伦兹曲线与45°线重合,表明社会分配绝对平均;若基尼系数等于1,表明分配绝对不平均。即,基尼系数越小,收入分配越平均;基尼系数越大,收入分配越不平均。

联合国所制定的基尼系数的警戒线为0.4,即如果基尼系数超过0.4,则说明这个国家的收入差距较大,分配不公平,对经济社会的稳定发展是不利的,具体的关于基尼系数和收入分配状态的说明如表6-3所示。据我国国家统计局测算,我国2012年的基尼系数为0.474,2013年为0.473,2014年为0.469,2015年为0.462,2016年为0.465,已高于警戒线,说明我国的收入差距比较大,应引起足够重视。

表6-3 基尼系数和收入分配状态

基尼系数的取值范围	收入分配的衡量水平
小于0.2	绝对平等
0.2—0.29	比较平等
0.3—0.39	基本合理
0.4—0.49	差距较大
0.5以上	差距悬殊

虽然基尼系数能够测度并反映收入分布的"平均"或"差异"程度,但是难以体现收入分配的"公平"或"公正"程度,因为"公平"或"公正"程度更多反映的是主观标准而非客观度量,这就会陷入"公说公有理,婆说婆有理"的境地。

因而,为了能更加客观地反映收入分配合理程度,一些国际组织,如世界银行,就会使用贫困线或贫困率①,即贫困人口占全部总人口的比率,来反映一个地区的贫困广度。因而,基尼系数的数学意义要大于经济学意义,在实际测度一地区收入分配的合理程度时,还需要借助其他指标来综合考虑。

---

① 贫困线是指在一定的时间、空间和社会发展阶段的条件下,维持人们的基本生活所必需消费的物品和服务的最低费用,因而又叫贫困标准。世界银行2015年10月初宣布,按照购买力平价计算,将国际贫困线标准从此前的每人每天生活支出1.25美元上调至1.9美元。

国际贫困标准(international poverty line standard)是经济合作与发展组织在1976年对其成员国进行的一次大规模调查后所提出的一个贫困标准,即以一个国家或地区社会中位收入或平均收入的50%作为这个国家或地区的贫困线。

1985年,我国将人均年纯收入200元作为贫困线,此后根据物价指数,逐年微调。贫困线之下,还设置了收入更低的绝对贫困线。据国务院扶贫办发布的数据,2011年,我国的农村贫困线是每人每年2300元,或每人每天6.3元。按此标准统计,我国还有8200万贫困人口,占农村总人口的13%,约为全国总人口的1/15。

关于收入分配，又会引申出一个两难选择，即"平等与效率"。平等是指各社会成员实现收入分配的平均化，而效率是指资源配置的有效化，并使资源得到充分利用。一般来说，如果要追求平等，往往就会牺牲效率，因为作为生产活动的个体，每个人的效率是不一样的，如果此时注重收入分配的平等化，实行"平均主义"，那么势必会损害效率高的人，导致效率高的人的积极性下降或自愿被驱逐；反之，如果要提升效率，往往就会有失公平，因为一般来说，效率高的人获得的收入就高，而效率低的人则往往只能获得较低的收入，如果在此过程中不注重公平的话，就会产生收入分配的"马太效应"，即"富者愈富，穷者愈穷"的收入分配两极化现象。

在改革开放过程中，我国曾实行"效率优先，兼顾公平"的发展政策。所谓"效率优先"，是指在决定收入分配的问题上，优先考虑效率，把效率当作决定收入分配的首要因素；"兼顾公平"是在坚持效率优先的条件下，还须兼顾公平。该政策主要是针对当时我国经济发展的实际状况提出的，即在改革开放初期，我国还处在计划经济体制向市场经济体制的转轨时期，经济发展还处于"一穷二白"的阶段，如果继续实行计划经济体制下"平均主义"的收入分配方式，那么这种低效率的阶段还会持续，而且可能会越来越糟。

为了摆脱这种低效困境，我国实行了"效率优先，兼顾公平"的收入分配政策，打破了"大锅饭"和"平均主义"。具体来说，在生产经营过程中，通过构建相应的激励机制，如从计时制转变成计件制、实行按劳分配方式等，最大限度地激励有能力、效率高的人脱颖而出，提高生产率，进而促进经济增长。当然，在此过程中也要考虑效率低的人，尤其是社会上的弱势群体以及需要关爱和帮助的人，尽量保证收入分配的公平。对此，国家也采取了多种措施，如通过减少和消除不合理的收入、促进机会均等、限制某些行业和个人的垄断性收入以及征收遗产税和奢侈品税等方式来保障收入分配的公平和公允。

第五节 本章小结

本章主要从供求两个层面探讨了要素市场中三种要素（劳动、土地和资本）的基本特征以及均衡状况，这可以看作供求理论在要素市场理论中的进一步运用和拓展。对于本章的学习，需要综合运用前面几章的理论知识，分析并掌握不同生产要素的供求规律，尤其是每一种生产要素的供给特征及其表现形式。

可以说，供求理论对于分析产品市场和要素市场的内在特征具有重要的指导作用。那么，如果将这两大市场放在一起分析，即从单个市场的局部均衡到所有市场的一般均衡，会产生什么样的作用效果？又具有什么样的作用特征？这是笔者在下一章中将要分析的。

第六节 思 考 题

1. 为什么劳动和资本这类生产要素的供给曲线是向后弯曲的？
2. 当某厂商的产品在市场上具有垄断地位，但其要素市场处于完全竞争状态，即出现卖方垄断时，其生产要素的均衡点如何确定？这与产品和要素市场都处于完全竞争有何区别？
3. 请用基数效用论和序数效用论论述生产要素的供给特征。
4. 假定某一方面经济处于全面均衡状态，如果某种原因使商品 X 的市场供给 S 增加，请分析：（1）X 商品的替代品市场和互补品市场有什么变化？（2）生产要素市场有什么变化？（3）收入的分配又有什么变化？
5. 请说明在完全竞争条件下，某种生产要素的市场需求曲线与一般厂商的需求曲线的不同。

第七章

一般均衡理论

【导　读】　到目前为止，笔者是在假定其他条件不变的情况下，孤立地研究一种产品（或要素）的市场价格，即局部均衡分析，而没有考虑这种价格与其他产品（或要素）的市场价格之间的联动关系，即一般均衡分析。因而，本章主要介绍一般均衡分析的主要特征以及实现资源有效配置的标准和依据，并给出了达到一般均衡所需要的条件以及实现资源配置最优的条件。

【关键词】　一般均衡；福利经济学；帕累托最优；阿罗不可能定理

第一节　局部均衡和一般均衡

前文是对产品市场和要素市场分别进行介绍，这种只分析单个（产品或要素）市场作用特征的方法称为局部均衡（partial equilibrium）分析法，这种分析法是把所考虑的某个市场从构成相互联系的整个经济体系的市场全体中剥离出来单独加以研究。在这种研究中，该市场商品的需求曲线和供给曲线仅仅被看作其价格本身的函数，其他商品的价格则被假定为不变，而这些不变价格的高低或外部冲击（比较静态分析）只影响所研究商品供求曲线的位置，而不影响商品在供求曲线上的移动。因而，通过局部均衡所得到的结论是，该市场的需求曲线和供给曲线共同决定了市场的均衡价格和均衡数量。

一般均衡（general equilibrium，又译作"全局均衡"）是指将所有相互联系的市场看作一个整体加以研究。在一般均衡分析中，每一种商品的需求和供给，不仅取决于该商品本身的价格，也取决于所有其他商品（如替代品和补充品）的价格。每一种商品的价格均不能单独或孤立地决定，必须和其他商品价格共同来决定。当整个经济的价格体系恰好使得所有商品的供求相等时，市场就达到了一般均衡。

一般均衡理论试图证明：供求相等的均衡不但可以存在于单个的市场，还可以同时存在于所有的市场。这个理论是微观经济学论证"看不见的手"原理的一个必要环节。

那么，是否存在一组均衡价格，使得所有商品的供求均相等呢？法国经济学家、洛桑学派的创始人瓦尔拉斯（Walras）最先提出了一般均衡模型来解决这一问题。瓦尔拉斯假设整个经济中有 n 种商品及其对应的 n 个价格，其中包含 r 种产品和 $n-r$ 种要素，根据供求关系，即可构建 n 个均衡方程，即包含商品价格和市场出清的方程。根据 n 个方程，可求出 n 个未知数，即瓦尔拉斯证明了存在一组价格，能使每一个市场的供给和需求都恰好相等，也即存在一般均衡状态。

与此同时，瓦尔拉斯也构建了一个"拍卖人"（auctioneer）来试探和实现一般均衡，其过程如下：假定市场上存在一个"拍卖人"或"仲裁人"，他会报出一组价格，家庭和厂商基于此分别报出自己的需求量与供给量，若所报出的供给量和需求量恰好相等，则可按此价格成交。若供给量不等于需求量，则不能成交。此时，这些在这一轮拍卖中没有实现均衡的家庭和厂商，将和新进入的家庭和厂商重新构成新一轮的拍卖群体，"拍卖人"也将通过调整报价再次进行供求匹配。以此类推，直至所有家庭和厂商均能找到适合自己的交易对象，此时价格便满足一般均衡。这个过程也称为瓦尔拉斯均衡试探过程，如图 7-1 所示：

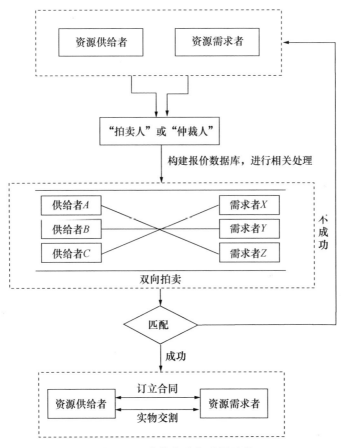

图 7-1 瓦尔拉斯均衡试探过程

一般均衡理论在一定程度上来源于瓦尔拉斯的三种观点，即：（1）边际效用价值论。边际效用是一般均衡理论的价值论基础，瓦尔拉斯的效用论也称为"基数效用论"。（2）在经济学研究中主张使用数学方法。对瓦尔拉斯而言，数学方法是研究经济理论的唯一合乎逻辑和科学的方法。(3) 经济变量之间是相互联系和相互影响的。

瓦尔拉斯的主要贡献在于：(1) 他的基数效用论是微观经济学的一个重要组成部分，是构筑效用论的重要基石；(2) 他主张在经济学研究中使用数学的观点，已成为学界的基本共识；(3) 他所提出的一般均衡分析方法，已在经济学理论中被普遍使用和论证，如经济学家阿罗（Kenneth J. Arrow）与德布鲁（Gerard Debreu）在其论文中给出了一般均衡存在性的数学证明，即阿罗—德布鲁模型（Arrow-Debreu model），也称阿罗—德布鲁一般均衡模型（Arrow-Debreu general equilibrium model）。他们也因此在 1983 年共同荣获了诺贝尔经济学奖。

经过学者们的不断努力，一般均衡理论已获得深入发展，如投入产出模型（input-output model）是研究经济系统中各个部分之间投入与产出相互依存关系的经济数量方法，经济学家华西里·列昂惕夫（Wassily Leontief）是投入产出模型的创始人；CGE 模型，即可计算一般均衡（computable general equilibrium）模型，作为政策分析的有力工具，为存在经济关联的各个组成部分之间建立了数量联系，使人们能够整体性地考察来自经济某一部分的扰动对经济另一部分的影响，该模型现已得到广泛应用，并逐渐发展成为应用经济学的一个分支，如在 CGE 模型基础上所衍生出来的 DSGE 模型，即动态随机一般均衡模型（dynamic stochastic general equilibrium）。[①]

第二节　福利经济学的基本内容

1. 经济效率

综上可知，市场经济存在一般均衡状态，那么市场经济的均衡状态是否具有经济效率（economic efficiency）？或者说资源配置能否达到最优状态？这是福利经济学所关注的内容。

福利经济学（welfare economics）是一种规范经济学，是在一定的社会价值判断标准下，研究整个经济的资源配置与个人福利的关系，特别是市场经济体系的资源配置与福利的关系，以及与此有关的各种政策问题。换句话说，福利经济学主要研究的是要素在不同厂商之间的最优配置以及产品在不同个人之间的最优分配。可以说，福利经济学是微观经济学论证"看不见的手"原理的最后一个环节，其目的在于说明完全竞争模型可以导致整个社会资源配置的最优化，是最有效率的市场形式。

---

① 动态随机一般均衡模型具有三大特征：第一，"动态"是指经济个体考虑的是跨期最优选择（intertemporal optimal choice）。因此，该模型得以探讨经济体系中各变量如何随时间变化而变化的动态性质。第二，"随机"是指经济体系受到各种不同的外生随机冲击所影响，如技术性冲击（technology shock）、货币政策冲击（monetary shock）或是偏好冲击（preference shock）等。第三，"一般均衡"是指宏观经济体系中，消费者、厂商、政府与中央银行等每一个市场参与者在根据其偏好及对未来的预期下所作出最优选择的总和。

上述所定义的福利经济学属于规范经济学的范畴。所谓规范经济学（normative economics），是指从一定的社会价值判断标准出发，对一个经济体系的运行进行评价，以此说明一个经济体系应当怎样运行，以及基于此提出相应的改进或优化的经济政策（economic policy），它解决的是"应当是什么"的问题，是一种主观性分析，主要目的是为如何更好地发挥经济规律提出优化措施或改进建议。与之相对应的是实证经济学（positive economics），主要研究实际经济体系是怎样运行的，需要对经济行为作出有关的假设，并根据这些假设分析和阐述经济行为及其后果，试图对这些经济行为或后果进行理论检验或验证，它解决的是"是什么""为什么"以及"会如何"三个方面的问题，是一种客观性分析，其主要目的是揭示经济现象背后隐藏的经济规律。

上述回答了福利经济学要解决的第一个问题，即："什么是经济效率？"那么，判断经济效率的标准是什么？实现经济效率所必须具备的条件又有哪些？这些也是福利经济学所要解决的重要问题。

英国现代经济学家阿瑟·塞西尔·庇古（Arthur Cecil Pigou）是剑桥学派代表人物，被誉为福利经济学之父。庇古主要从基数效用论出发，提出国民收入量愈大、国民收入分配愈均等化，社会经济福利就愈大的命题，这被称为旧福利经济学。显然，如果一个蛋糕做得越大，同时分得又越平均，那么对整个社会来说，人们所享有的福利就越大，就越有幸福感。

与庇古主要从基数效用论来构建福利经济学不同的是，意大利经济学家维弗雷多·帕累托（Vilfredo Pareto）是新福利经济学的代表，也是瓦尔拉斯的继承者，他建立了无差异曲线的概念以及比较完整的序数效用论。在论述社会福利如何达到最大化的问题上，帕累托使用了被称为"帕累托最优状态"（Pareto optimal state）的概念。在学习该概念之前，首先要了解一下另外两个概念：

一是帕累托标准（Pareto criterion）。这是确定一种改变是否是一种改进的标准，即如果至少有一人认为 A 优于 B，而没有人认为 A 劣于 B，则从社会的观点来看也会有 A 优于 B，即在不损害任何人利益的前提下能使大多数人的利益变得更好的改变，就可以看作是一种改进的标准。

二是帕累托改进（Pareto improvement）。这是指如果既定的资源配置状态的改变使得至少有一个人的状况变好，并没有使任何人的状况变坏，则认为这种资源配置状态的变化是"好"的，否则则是"坏"的。这种以帕累托标准来衡量向"好"的状态的改变称为帕累托改进。

因而，帕累托最优状态主要是指对于某种既定的资源配置状态，如果所有的帕累托改进均不存在，即在该状态，任何改变都不可能使至少一个人的状况变好，同时又不使其他任何人的状况变坏，则称这种资源配置状态为帕累托最优状态。因而，帕累托最优状态又称为经济效率，即满足帕累托最优状态就是具有经济效率的；反之，不满足帕累托最优状态就是缺乏经济效率的。

综上而言，帕累托的主要贡献在于：（1）他的序数效用论成为目前西方经济学中价值论的正统说法，同时相较于基数效用论，序数效用论更为合理和令人信服；

(2) 他所提出的"帕累托最优状态"是现代西方福利经济学甄别经济效率高低或优劣的主要标准；(3) 他的"收入分配规律"（80/20效率法则）[①] 经常出现于西方经济学教科书之中。

2. 福利经济学定理

经济学家在研究资源配置的过程中，形成了对资源配置达到最优状态的相关定理。这里主要介绍福利经济学的两个定理：

首先，福利经济学第一定理（the first theorem of welfare economics）。它是指经济主体的偏好被良好定义的条件下，带有再分配的价格均衡都是帕累托最优的。该定理的主要含义是指基于完全竞争的市场经济的一般均衡是帕累托最优的。即如果厂商都追求利润最大化，每个人都追求效用最大化，市场自然就可以达到社会资源最优配置。这也是"看不见的手"原理的直接体现，即给定一些假设条件，单个消费者和厂商在完全竞争经济中的最优化行为将达到帕累托最优状态。

其次，福利经济学第二定理（the second theorem of welfare economics）。它是指具有帕累托效率的资源配置都可以通过市场机制来实现。该定理的主要含义是指任何所希望的社会资源配置都可以通过给定一定的收入分配结构和所有权结构，即通过市场来达到或实现。其中，价格在这种市场机制中起到了两种作用：一是配置作用，通过商品价格的高低来甄别商品的相对稀缺性，即所谓的物以稀为贵；二是分配作用，确定不同的交易者能够购买的各种商品的数量，即通常来说，对同样的一种商品出价最高的人，往往是最珍视该商品的人。因而，价格如同一根指挥棒，在无形中引导资源的配置和优化。

由于完全竞争市场可以达到帕累托最优状态，那么该市场达到帕累托最优状态的条件是什么？笔者将在下一节对此问题进行分析。

第三节 完全竞争和帕累托最优状态

1. 交换的帕累托最优条件

假设有两种产品 X 和 Y，这两种商品数量既定，在两个消费者 A 和 B 之间进行分配。那么，如何分配，资源配置才是最有效率的？

经济学家使用交换的埃奇沃斯盒状图和交换契约线来分析交换的帕累托最优条件。埃奇沃斯盒状图（Edgeworth box）是由英国统计学家、数理统计学的先驱弗朗

[①] 80/20效率法则（the 80/20 principle），又称为帕累托法则、帕累托定律、最省力法则或不平衡原则，是帕累托在研究英国人的收入分配问题时发现的，他观察到：大部分财富流向一小部分人，同时某一部分人口占总人口的比例与这一部分人所拥有财富的份额具有比较确定的不平衡的数量关系。另外，这种不平衡的关系会重复出现，具有可预测性。因而，经济学家把这一发现称为"帕累托收入分配定律"，并被认为是"帕累托最引人注目的贡献之一"。

西斯·伊西德罗·埃奇沃斯（Francis Ysidro Edgeworth）所构建的，它是指方形盒的长和高分别代表两个消费者（或生产者）所拥有的两种商品（或生产要素）的总量，盒状图中各点表示两种商品（或要素）的总供给量在两个消费者（生产者）之间的配置状态。埃奇沃斯盒状图揭示了当所有消费的总量或经济活动中使用的投入品总量固定时，如何配置资源、进行消费和生产的效率。

交换契约线（exchange contract curve）是指在埃奇沃斯盒状图中，由所有无差异曲线（如图 7-2 中的曲线 $Ⅰ_A$、$Ⅱ_A$、$Ⅲ_A$ 以及 $Ⅰ_B$、$Ⅱ_B$、$Ⅲ_B$）的切点所连接起来的轨迹，如图 7-2 中的 VV' 曲线。在无差异曲线的切点上所形成的交换状态是交换的帕累托最优状态，它表示两种产品在两个消费者之间所形成的最优分配的集合。

因而，如图 7-2 所示，由交换所形成的帕累托最优条件为：两条无差异曲线切点处的斜率应相等，即两种商品的边际替代率要相等，用公式表示为：$MRS_{XY}^{A} = MRS_{XY}^{B}$。

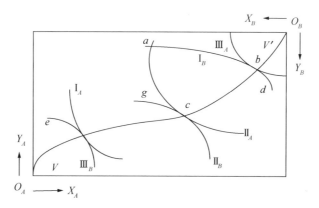

图 7-2 交换契约线

2. 生产的帕累托最优条件

假设有两种生产要素 L 和 K，这两种生产要素数量既定，L 和 K 在两个生产者 C 和 D 之间进行分配。那么，如何分配生产要素才是最有效率的？

同样，经济学家使用生产的埃奇沃斯盒状图和生产契约线来分析生产的帕累托最优条件。所谓生产契约线（production contract curve），是指在埃奇沃斯盒状图中，由所有等产量曲线（如图 7-3 中的曲线 $Ⅰ_C$、$Ⅱ_C$、$Ⅲ_C$ 以及 $Ⅰ_D$、$Ⅱ_D$、$Ⅲ_D$）的切点所形成的轨迹，如图 7-3 中的 qq' 曲线，表示两种生产要素在两个生产者之间的所有最优分配状态的集合。

因而，如图 7-3 所示，由生产所形成的帕累托最优条件为：两条等产量曲线切点处的斜率应相等，即两种要素的边际技术替代率要相等，用公式表示为：$MRTS_{LK}^{C} = MRTS_{LK}^{D}$。

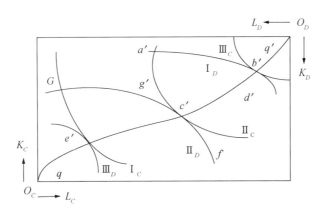

图 7-3 生产契约线

3. 交换和生产的帕累托最优条件

上述分别介绍了交换和生产的帕累托最优条件,那么,将这两者结合起来,形成一般均衡分析,要实现帕累托最优条件,又要具备哪些条件?

假设整个经济中只包括两个消费者 A 和 B,在两种产品 X 和 Y 之间进行选择;两个生产者 C 和 D,在两种生产要素 L 和 K 之间进行选择,以生产两种产品 X 和 Y;同时,假定生产者 C 生产产品 X,生产者 D 生产产品 Y。因而,可以构建一个"$2\times2\times2\times2$"模型。

由于消费者进行选择的对象是产品,而生产者进行选择的对象是要素,产品与要素并不是同一性质的东西,因而需要将要素转换成产品,才能放在同一基准内对消费者和生产者之间的均衡关系进行分析。基于此,需要借助生产可能性曲线,将生产契约线转换至与消费者所面对的一致的产品维度内。

所谓生产可能性曲线(production possibility curve,PPC),又称为生产可能性边界(production possibility frontier,PPF)或产品转换线,它表示增加一种产品的产量所必须减少的另一种产品的产量。生产可能性曲线具有以下几个特点:(1)向右下方倾斜;(2)向右上方凸出,斜率绝对值逐渐递增,这与无差异曲线和等产量曲线有着本质区别;(3)线内点生产无效率,如点 G,线外点生产不可能,如点 F(如图 7-4 所示)。

生产可能性曲线的斜率,又称为边际转换率(marginal rate of transformation,MRT),它表示在既定资源条件下,增加一单位 X 产品的数量必须减少的 Y 产品的数量,即一单位 Y 产品转换为 X 产品的比率,用公式表示为:$\mathrm{MRT}_{XY}=\lim|\Delta Y/\Delta X|=\mathrm{d}Y/\mathrm{d}X$。从图 7-4 中可以看出,边际转换率也存在递减现象,即增加一单位 X 产品的数量所需的 Y 产品的数量是逐渐减少的。

基于此,可以得出生产和交换同时达到均衡时的帕累托最优条件:$\mathrm{MRS}_{XY}=\mathrm{MRT}_{XY}$,即边际替代率和边际转换率相等。如图 7-5 所示,生产和交换的帕累托最优条件也说明了在社会资源既定的条件下,社会应该生产什么、生产多少,以及如何生产、如何分配，才能达到帕累托最优的经济效率所应满足的条件，此模型可以看作对微观经济学的总结。

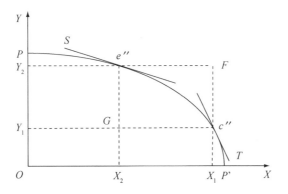

图 7-4 生产可能性曲线

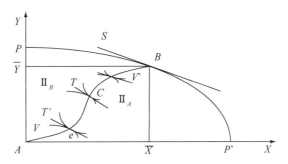

图 7-5 生产和交换的最优状态

综上所述，整个经济要达到帕累托最优状态所应满足的条件，可以总结为：交换的最优条件，$\mathrm{MRS}_{XY}^A = \mathrm{MRS}_{XY}^B$；生产的最优条件，$\mathrm{MRTS}_{LK}^C = \mathrm{MRTS}_{LK}^D$；生产和交换的最优条件，$\mathrm{MRS}_{XY} = \mathrm{MRT}_{XY}$。当上述三个边际条件均得到满足时，整个经济达到帕累托最优状态，即一般均衡状态。

根据效用理论、生产理论以及成本理论，可以对上述达到帕累托最优状态的条件进行拓展，进一步对微观经济学的基本内容进行归纳和总结。

交换的均衡条件：

$$\mathrm{MRS}_{XY}^A = \left(\frac{\mathrm{MU}_X}{\mathrm{MU}_Y}\right)_A = \left(\frac{P_X}{P_Y}\right)_A = \left(\frac{P_X}{P_Y}\right)_B = \left(\frac{\mathrm{MU}_X}{\mathrm{MU}_Y}\right)_B = \mathrm{MRS}_{XY}^B$$

生产的均衡条件：

$$\mathrm{MRTS}_{LK}^C = \left(\frac{\mathrm{MP}_L}{\mathrm{MP}_K}\right)_C = \left(\frac{P_L}{P_K}\right)_C = \left(\frac{P_L}{P_K}\right)_D = \left(\frac{\mathrm{MU}_K}{\mathrm{MU}_K}\right)_D = \mathrm{MRTS}_{LK}^D$$

生产和交换的均衡条件：

$$\mathrm{MRS}_{XY} = \frac{MC_X}{MC_Y} = \frac{P_X}{P_Y} = \frac{\mathrm{MU}_X}{\mathrm{MU}_Y} = \mathrm{MRT}_{XY}$$

第四节 社会福利函数

1. 社会福利最优的条件

上述帕累托最优条件只解决了经济效率问题,并没有考虑收入分配问题。那么,在经济效率实现最优化的同时,要达到最优的社会福利状态所应满足的条件是什么?

这需要运用效用可能性曲线对此问题进行分析。所谓效用可能性曲线(utility of possibility curve),是指消费者所有最优效用水平组合的集合。同上述推导生产可能性曲线一样,可以利用交换契约线推导出效用可能性曲线,即把满足交换一般均衡条件的点由商品面转换到效用面上,即可得效用可能性曲线,如图 7-6 中的马鞍形的 UU' 曲线所示。此处,至于效用可能性曲线为什么是马鞍形的则并无严苛的说法,即效用可能性曲线也有可能是如同生产可能性曲线那样向外凸的,也有可能是向右下方倾斜的一条直线。

有了效用可能性曲线,依然无法得出最优的社会福利水平。还要借助社会福利函数进行最优化处理。所谓社会福利函数,是指社会所有个人的效用水平的函数,即 $W = W(U_A, U_B)$,这可以用社会无差异曲线(community indifference curve)表示。如同单个无差异曲线那样,在构成社会无差异曲线的坐标轴内,虽然不同点代表了不同的效用组合,但是在同一条社会无差异曲线上,所表示的社会福利水平是一样的,如图 7-6 所示。

基于此,把社会无差异曲线 W 和效用可能性曲线 UU' 结合起来,即可决定最大的社会福利状态。如图 7-6 所示,e 点,即社会无差异曲线 W 和效用可能性曲线 UU' 的切点,为实现最大社会福利的生产和交换的均衡点。

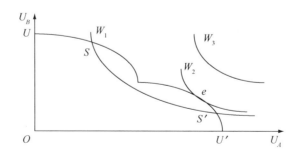

图 7-6　效用可能性曲线和社会无差异曲线

上述社会福利的均衡状态也具有多样性,这主要取决于社会福利函数。因为除了上述所介绍的一般形态的社会福利函数 $W = W(U_A, U_B)$ 外,如同个人所面对的无差异曲线,社会无差异曲线还有三种类型,如图 7-7 所示。

第一,加法型社会福利函数 $W(x) = U_A(x) + U_B(x)$,其社会无差异曲线为直线形,表示社会福利的大小只取决于社会成员的效用总和,而与其分配无关。

第二,乘法型社会福利函数 $W(x)=U_A(x)\times U_B(x)$,其社会无差异曲线为双曲线形,这意味着当社会成员的效用总量给定时,分配越是平等,社会福利就越大;反之,分配越不平等,社会福利就越小。

第三,罗尔斯(Rawls)① 社会福利函数 $W=\min(U_A,U_B)$,其社会无差异曲线为直角"L"形,这意味着更加重视提高社会上状况最差的那些人的生活水平。

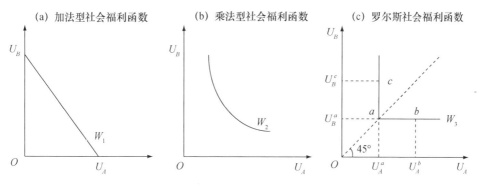

图 7-7 社会福利函数的主要类型

2. 不可能性定理

从图 7-6 中可知,社会福利能够实现最优化。然而,这种状态仅仅是从较为理想的理论层面所获得的。那么,现实中,这种状态是否依然存在?美国经济学家阿罗对此问题进行了深入研究,提出了阿罗不可能性定理。

所谓阿罗不可能性定理(Arrow's impossibility theorem),是指如果众多的社会成员具有不同的偏好,而社会又有多种备选方案,那么在民主(democracy)制度下不可能得到令所有的人都满意的结果,即在非独裁(non-dictatorship)的情况下,不可能存在适用于所有个人偏好类型的社会福利函数。换句话说,只有独裁的社会,才存在社会福利的最优化。然而,此时所获得的社会福利最优化仅有理论意义,而没有现实之意,因为在独裁社会所获得的社会福利,更多的是强加的,而非自愿的。

阿罗的研究表明,在任何情况下,试图依据个人偏好次序得出社会偏好次序,而不违背以下五条原则是不可能的。这五条原则为:(1)社会福利函数必须体现公众的一致偏好;(2)社会福利函数不能对个人偏好的变化作出相反反应;(3)社会福利函数必须只体现那些能够实现的偏好;(4)社会福利函数不受习惯和国家法规的强制;(5)社会福利函数不是一个独裁者的创造物。因此,当个人偏好不一致时,在此基础上所建立的社会偏好不可能和社会所有成员的偏好一致,即满足所有人偏好的社会福利函数是不存在的。

---

① 约翰·罗尔斯(John Bordley Rawls,1921—2002 年),美国政治哲学家、伦理学家,普林斯顿大学哲学博士,哈佛大学教授,著有《正义论》《政治自由主义》《作为公平的正义:正义新论》《万民法》等,是 20 世纪英语世界最著名的政治哲学家之一。

阿罗的不可能性定理源自法国数学家孔多塞①（Condorcet）的"投票悖论"。早在 18 世纪，孔多塞就提出了著名的"投票悖论"，其主要内容如下：

假设甲、乙、丙三人，面对 a、b、c 三个备选方案，有如下的偏好排序：甲(a>b>c)；乙(b>c>a)；丙(c>a>b)，其中甲(a>b>c)代表在 a、b、c 三个选择中，甲偏好 a 胜于 b，又偏好 b 胜于 c。具体投票结果如表 7-1 所示：

表 7-1　投票结果

对 a 与 b 投票	对 b 与 c 投票	对 a 与 c 投票
甲投 a	甲投 b	甲投 a
乙投 b	乙投 b	乙投 c
丙投 a	丙投 c	丙投 c
a>b 通过	b>c 通过	c>a 通过

(1) 若取"a""b"对决，那么按照偏好次序排列如下：甲(a>b)；乙(b>a)；丙(a>b)。社会偏好次序为 a>b。

(2) 若取"b""c"对决，那么按照偏好次序排列如下：甲(b>c)；乙(b>c)；丙(c>b)。社会偏好次序为 b>c。

(3) 若取"a""c"对决，那么按照偏好次序排列如下：甲(a>c)；乙(c>a)；丙(c>a)。社会偏好次序为 c>a。

从表 7-1 中可以综合得到三个社会偏好次序，即 a>b，b>c，c>a。显而易见，这种所谓的"社会偏好次序"具有内在矛盾，因而按照投票的大多数规则，不能得出合理的社会偏好次序。这就是所谓的阿罗不可能性定理主要内容的现实反映。

第五节　本　章　小　结

本章从一般均衡的视角，将产品市场和要素市场联合起来分析，着重讲述了这两个市场同时达到均衡时的帕累托最优条件以及相应的福利，即对资源配置的经济效率及其福利效应进行了分析。可以说，作为微观经济学的总结，本章的内容具有系统性和集成性，因而需要对效用理论、生产理论和成本理论等进行再次回顾、总结和深化。

虽然作为微观经济学的总结，本章对市场机制的运行和资源配置效率等进行了介绍和说明，总体上得出市场是实现资源有效配置的手段，但是凡事都有两面性。那么，市场的缺陷主要表现在哪些方面？可以通过哪些手段克服这些缺陷？这是笔者将

---

① 孔多塞（Condorcet，Marie-Jean-Antoine-Nicolas-Caritat，Marquis de，1743—1794 年），又译作康多塞。孔多塞是 18 世纪法国最后一位哲学家，同时他也是一位数学家，启蒙运动最杰出代表人物，有法国大革命"擎炬人"之誉。

在下一章主要讲述的内容。

第六节 思 考 题

1. 什么是帕累托最优状态？请对此加以评价。
2. 什么是局部均衡和一般均衡，两者的区别和联系是什么？
3. 市场达到一般均衡的条件是什么？请用图形加以简要论证和说明。
4. 福利经济学定理的主要内容有哪些？该定理主要说明了什么？
5. 整个社会为什么达不到最优福利状态？

第八章

市场失灵理论

【导　读】　市场是实现资源配置的重要因素。亚当·斯密在《国富论》中强调，管理最少的政府才是最好的政府，他认为除了少数事情以外（如在国防、司法、教育领域），其他事情应该尽量交给市场，让"看不见的手"去解决问题。然而，市场也是有缺陷的，会存在市场失灵现象。那么，何为市场失灵？它有哪几种表现？每种市场失灵现象又具有哪些特征？该如何避免市场失灵现象？这是笔者在本章所要回答的问题。

【关键词】　市场失灵；垄断；外部性；公共物品；信息不对称

第一节　市　场　失　灵

所谓市场失灵（market failure），是指市场机制无法有效率地分配商品和劳务，导致资源不能有效配置的一种状况，是自由的市场均衡背离帕累托最优的一种表现。

产生市场失灵的主要原因包括：（1）市场经济活动经常受到经济波动的影响，导致经济活动无法按照固有的规律行事，稀缺资源不能得到充分利用，出现过剩和不足并存的现象；（2）市场中垄断因素的存在，扭曲了价格调节的传导机制，阻碍了生产要素的自由流动，降低了资源配置的效率，损害了市场经济的整体福利；（3）市场本身无法合理解决外部影响给经济活动所带来的各种弊端，如环境污染、生态破坏等，这需要政府采取相应的惩罚和激励措施来加以应对；（4）市场是理性人的集合体，个人一般只会对自身利益感兴趣，而对公共物品常常会采取"搭便车"策略，因而市场往往不能提供公共物品，如基础设施、公共保障等；（5）信息是实现资源有效配置的重要因素，现实世界中信息往往是不完全对称的，从而会产生过多的交易障碍，阻碍市场经济的有效运转；（6）市场经济中的价格机制无法兼顾社会的非市场目标，如缩小贫富差别、实现公平发展等。总的来说，市场失灵的原因主要有垄断、外部影响（外部性）、公共物品和信息不对称等。

第二节 垄　　断

1. 垄断与低效率

垄断（monopoly）在现实经济发展中是经常能见到的现象，尽管它有积极作用，如在垄断形成的过程中，通过获取垄断利润和推进技术创新等方式，实现规模经济和技术进步等，但是垄断也存在一定的危害，如垄断者有意使产量下降，抬高价格，进而损害消费者乃至整个社会的福利。

如图 8-1 所示，垄断厂商根据利润最大化原则所生产的均衡产量为 Q_m，垄断价格为 P_m，高于边际成本，这表明消费者愿意为额外增加一单位产量所支付的价格超过了生产该单位产量所支付的成本。因此，存在帕累托改进的余地。如果能够设法使产量从垄断水平 Q_m 增加到最优水平 Q^* 即价格等于边际成本的状态，则实现了帕累托最优。

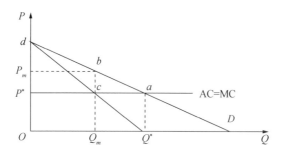

图 8-1　因垄断所带来的低效率分析

从图中可以看出，当 $P=P_m$ 时，生产者剩余为 $S_{\square P^*cbP_m}$，消费者剩余为 $S_{\triangle P_m bd}$，总福利为四边形 P^*cbd 的面积；当 $P=P^*$ 时，生产者剩余为 0，消费者剩余为 $S_{\triangle P^*ad}$，总福利为 $S_{\triangle P^*ad}$。由此可知，在垄断的情况下，尽管垄断厂商增加了 $S_{\square P^*cbP_m}$ 的生产者剩余或垄断利润，但是从总福利来看，社会净损失为 $S_{\triangle cab}$，该损失由垄断导致。

2. 低效率的原因

在实际经济中，均衡产量不在帕累托最优状态的原因主要在于垄断厂商和消费者之间难以达成相互满意的一致意见，具体表现为：（1）垄断厂商和消费者之间在如何分配因增加产出所得到的利益问题上存在分歧，以致无法达成一致；（2）消费者本身在如何分摊弥补垄断厂商利润损失的支付上也不能达成一致；（3）无法防止某些消费者以较低的支付负担享受低廉价格的好处，即消费者的心理承受能力不一致。

因而，凡是在带有垄断因素的不完全竞争市场中，或者说，只要厂商面临的需求曲线是向右下方倾斜的，则厂商的利润最大化原则是边际收益等于边际成本，不是价格等于边际成本，而当价格大于边际成本时，就会出现低效率的资源配置状态。

3. 寻租理论

关于寻租，笔者在第六章关于土地的供给特征中已进行简单介绍，它是指拥有特殊资源的主体为了获得或维持垄断地位而从事的非生产性的寻利活动。寻租的目的不是用于生产，也没有创造出任何有益的产出，完全是一种"非生产性的寻利活动"。

寻租理论是20世纪70年代发展起来的，这一理论把经济学的视野从生产性的寻利活动拓展到非生产性的寻租活动。由于寻租理论运用经济学的分析方法来研究权钱交易问题，因而有助于深化人们对政府与厂商之间内在关系的认识。可以说，任何寻租现象的产生都离不开政府干预，因为政府往往控制着特殊资源的配置权、审批权和所有权等，因而，政府可以运用行政权力对企业和个人的经济活动进行干预和管制；而拥有特殊资源的企业或个人即可利用这些特殊资源获取尽可能多的收益。寻租行为的存在，会妨碍市场竞争的作用，从而为少数有特权者取得超额收入创造机会。

因而，寻租与设租往往是互为因果关系，即政府设租，企业寻租。通常来说，寻租的代价是花费在寻租上的成本不会超过垄断地位可能带来的好处，但由于争夺垄断地位的竞争十分激烈，寻租代价常常要接近于甚至等于全部垄断利润。因而，最大限度地降低寻租成本，才能给市场健康运转提供条件和可能。

那么，当存在寻租行为时，作为监管者的政府，应该如何规制和矫正垄断企业对市场所带来的扭曲行为呢？通常来说，有两种方法：一是边际成本定价法，即价格等于边际成本，目标是提高效率，实现帕累托最优；二是平均成本定价法，即价格等于平均成本，目标是实现公平。

基于上述两种方法，从政府视角出发，对成本类型不同的行业进行垄断层面的公共管制分析。首先，对成本递增行业来说，如图8-2所示，P_m表示根据MR=MC原则所决定的价格，P_z表示根据$P=$AC法制定的价格，P_c表示根据$P=$MC法制定的价格。当政府根据边际成本定价法进行规制时，由于厂商所获得的总收益大于所支付

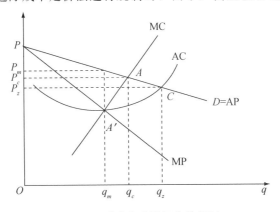

图8-2 对成本递增行业的管制

的总成本,因而厂商能够获得超额利润,此时更注重效率;当政府根据平均成本定价法进行规制时,由于厂商所获得的总收益和所支付的总成本刚好相等,即 $TR=TC=P_z \times q_z$,因而厂商的经济利润为零,此时更注重公平。可见,政府是在效率与公平之间进行权衡,以尽可能作出适宜的政策选择。

其次,对成本递减行业来说,如图 8-3 所示,如果政府采用边际成本定价法进行规制,此时厂商所获得的总收益要小于所支付的总成本,因而厂商处于亏损状态,这种规制效果不利于企业发展;如果政府采用平均成本定价法进行规制,此时厂商所获得的总收益等于所支付的总成本,因而厂商的经济利润为零,这种规制措施能确保厂商获取正常利润,同时为消费者尽可能多地谋取福利。

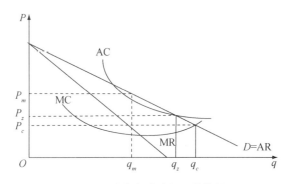

图 8-3 对成本递减行业的管制

4. 反托拉斯法

政府为了防止垄断所带来的损失,会制定相应的法律进行规制,这些法律称为垄断法或反托拉斯法。美国是最早制定反垄断法的国家。1860—1950 年,美国国会制定了一系列法案来反对垄断,其中主要有 5 种:《谢尔曼法》[①]《克莱顿法》[②]《联邦

[①] 因该法最初是由参议院共和党议员约翰·谢尔曼提出,所以被命名为《谢尔曼法》。《谢尔曼法》是美国国会制定的第一部反托拉斯法,也是美国历史上第一个授权联邦政府控制、干预经济的法案,被称为全球反垄断法之母。该法规定:凡以托拉斯形式订立契约、实行合并或阴谋限制贸易的行为,旨在垄断州际商业和贸易的任何一部分的垄断或试图垄断、联合或共谋犯罪的行为,均属违法。违反该法的个人或组织,将受到民事或刑事制裁。该法为反垄断法奠定了坚实的基础,至今仍然是美国反垄断的基本准则。但是,该法对什么是垄断行为、什么是限制贸易活动并未作出明确解释,为司法解释留下了广泛的空间,而且这种司法解释要受到经济的深刻影响。

[②] 《克莱顿法》于 1914 年 5 月 6 日生效,它是对《谢尔曼法》的补充。《克莱顿法》主要起到预防垄断的作用:即凡是那些可以预见可能会对竞争产生损害的行为,虽然其实际未产生损害,都是违法的。《克莱顿法》所确定的"早期原则"显然比《谢尔曼法》更有利于打击垄断行为。但是,由于《克莱顿法》第 7 条只涉及获得竞争对手股票的并购,对资产并购未作任何规定,这使得资产收购处于反托拉斯法的管制之外。为了弥补不足,美国国会相继通过了若干修正案。

贸易委员会法》①《罗宾逊—帕特曼法》②《塞勒—凯弗维尔法》③ 等，统称反托拉斯法。其中，1890年颁布的《谢尔曼法》是美国的第一部反垄断法，其全称是《保护贸易和商业不受非法限制与垄断之害法》，主要内容包括：禁止竞争对手串通起来控制市场和企业的垄断行为；禁止一切限制贸易的托拉斯和其他形式的合作；禁止一切垄断行为等。

除了美国之外，其他发达国家也普遍制定了与反垄断有关的法律。例如，德国分别于1896年和1957年制定了《反不正当竞争法》和《反限制竞争法》④，日本则仿照美国的反托拉斯法于1947年4月颁布了《关于禁止私人垄断和确保公正交易的法律》⑤，并在以后多次对该法律进行了修改和完善。到20世纪六七十年代，各市场经济国家相继制定和实施了本国的反垄断法，主要有澳大利亚、加拿大、法国、西班牙等。

在市场经济发达国家的影响和带动下，一大批新兴经济体在向市场经济转轨过程中，也相继制定了本国的反垄断法，主要有韩国、俄罗斯、匈牙利、印度等。据初步统计，到目前为止，全世界已有一百多个国家制定了反垄断法。

我国《反垄断法》的制定和出台要比发达国家晚得多。我国《反垄断法》自2008年8月1日起施行，共分为8章57条，包括：总则、垄断协议、滥用市场支配地位、经营者集中、滥用行政权力排除、限制竞争、对涉嫌垄断行为的调查、法律责任和附则。我国《反垄断法》明确规定，禁止大型国有企业凭借控制地位损害消费者利益；同时，国有经济占控制地位的、关系国民经济命脉和国家安全的行业以及依法实行专营专卖的行业，国家对这些行业经营者的经营行为及其商品和服务的定价机制依法实施监管和调控，维护和保障消费者利益。

---

① 1914年的《联邦贸易委员会法》授权建立联邦贸易委员会。作为负责执行各项反托拉斯法律的行政机构，其职责范围包括：搜集和编纂情报资料、对商业组织和商业活动进行调查、阻止不公平竞争等。

② 1936年出台的《罗宾逊-帕特曼法》是一部商业法律，它是调整零售商、供应商交易关系的主要法案，其目的是防止生产厂商或者销售商对与大经销商处于同一竞争层面的小经销商进行价格歧视。

③ 1950年12月29日，《塞勒—凯弗维尔法》由时任美国总统的杜鲁门签署并生效。它是美国第一个处理公司合并问题的专门性反托拉斯法，是美国反托拉斯法的重要组成部分。

④ 德国《反对限制竞争法》，又称《卡特尔法》。该法最初制定于1957年，1958年起施行。此后，立法者分别于1966年、1973年、1976年、1980年和1989年对该法作了五次修订。1998年5月7日，德国议会通过了《反限制竞争法》第六次修正案，于1999年1月1日起施行。

⑤ 《关于禁止私人垄断和确保公正交易的法律》是1947年颁布的一部经济法规，是日本众多经济法规中最重要、最基本的法规。它既有实体的规制内容，又有实施机构和处理违法事件程序的规定。

第三节 外部影响

1. 外部影响及其分类

所谓外部影响或外部性（externality），是指一个经济行为主体的经济活动会对社会其他成员造成影响，但是在核算市场交易成本与价格时，并未将这些影响计入其中，即没有支付任何补偿。

通常来说，外部影响有两种类型，即外部经济（external economy）和外部不经济（external diseconomy），如表8-1所示。这与第四章中的外在经济和外在不经济从本质上来说是一致的，只不过第四章着重探讨的是企业外部因素对企业经营状况的影响，而此处不仅指生产者，还包括消费者。

表8-1 外部性的种类

外部经济		外部不经济	
（私人收益＜社会收益）		（私人成本＜社会成本）	
生产	消费	生产	消费
一个生产者采取的经济行动对他人产生了有利影响，而自己却不能从中得到报酬	一个消费者采取的经济行动对他人产生了有利影响，而自己却不能从中得到报酬	一个生产者采取的经济行动使他人付出了代价，而又未给他人补偿	一个消费者采取的经济行动使他人付出了代价，而又未给他人补偿
员工培训	子女教育	污染	吸烟

所谓外部经济，是指某个人（生产者或消费者）的一项经济活动会给社会上其他成员带来好处，但他自己却不能由此得到补偿。此时，这个人从其经济活动中所得到的私人利益要小于该活动所带来的社会利益。一般而言，在存在外部经济的情况下，私人活动的水平常常要低于社会所要求的最优水平。外部经济又可分为生产的外部经济和消费的外部经济。

当一个生产者所采取的经济行动对他人产生了有利影响，而自己却不能从中得到报酬时，便产生了生产的外部经济，如养蜂者在生产蜂蜜的过程中帮助果树传授花粉。当出现生产的外部经济时，生产的社会成本要小于生产者的私人成本，市场的均衡产量要小于社会的最优量。

当一个消费者所采取的经济行动对他人产生了有利影响，而自己却不能从中得到补偿时，便产生了消费的外部经济，如放烟花时，其他人也可以免费欣赏烟花之美。当出现了消费的外部经济时，消费的社会价值要大于私人价值，市场的均衡产量要小于社会的最优量。

所谓外部不经济，是指某个人（生产者或消费者）的一项经济活动会给社会上其他成员带来危害，但他自己却并不为此支付足够抵偿这种危害的成本。此时，这个人为其经济活动所付出的私人成本要小于该活动所造成的社会成本。一般而言，在存在外部不经济的情况下，私人活动的水平常常要高于社会所要求的最优水平。同样，外部不经济又分为生产的外部不经济和消费的外部不经济。

当一个生产者所采取的行动使他人付出了代价而又未给他人补偿时，便产生了生产的外部不经济，如生产企业将污水排入河中，对其他社会成员造成了危害。当出现生产的外部不经济时，生产的社会成本要大于生产者的私人成本，此时市场的均衡产量大于社会的最优量。

当一个消费者所采取的行动使他人付出了代价而又未给他人补偿时，便产生了消费的外部不经济，如吸烟者在室内吸烟，使同处于一室的人身体健康受到危害。当出现了消费的外部不经济时，消费的社会成本要小于消费者的私人成本，此时市场的均衡产量大于社会的最优量。

2. 外部影响和资源配置

外部影响的存在会导致资源配置失当，进而影响市场的运行效率。下面从存在外部经济和不存在外部经济两个方面来分析外部影响对资源配置的作用特征。

首先，在外部经济的情况下，假设某人采取某项行动，私人成本为 C_p，社会成本为 C_s，基于外部经济的内涵，有私人收益小于社会收益，即 $V_p<V_s$。若某人采取该项行动所支付的私人成本大于私人收益而小于社会收益，即 $V_p<C_p<V_s$，从个人角度来看，采取该项行动是不利的，因为个人损失为 C_p-V_p，但从社会角度来看，由于存在社会收益，即 $V_s-V_p>0$，所以存在外部经济。因而，在外部经济的情况下，因为存在个人损失，所以会导致私人活动的水平低于社会所要求的水平。

其次，在外部不经济的情况下，假设某人采取某项行动，私人成本为 C_p，社会成本为 C_s，基于外部不经济的内涵，有私人成本小于社会成本，即 $C_p<C_s$。若某人采取该项行动所得到的私人收益大于私人成本而小于社会成本，则 $C_p<V_p<C_s$，从个人角度来看，采取该项行动是有利的，因为个人能够得到的好处为 V_p-C_p，但是社会存在损失，即 $C_s-C_p>0$。因而，在外部不经济的情况下，尽管对个人有好处，使得私人活动的水平高于社会所要求的水平，但是给社会所造成的损失需要由其他社会成员来分担。

案例一　当火车驶过农田的时候

20世纪初的一天，列车在绿草如茵的英格兰大地上飞驰。车上坐着英国经济学家庇古，他边欣赏风光，边对同伴说："列车在田间经过，机车喷出的火花（当时是蒸汽机车）飞到麦穗上，给农民造成损失，但铁路公司并不用向农民赔偿。"这正是市场经济无能为力之处。

将近70年后，1971年，美国经济学家乔治·斯蒂格勒和阿门·阿尔奇安（又译为"阿曼·阿尔钦"）同游日本。他们在高速列车（这时已是电气机车）上想起了庇古当年的感慨,就问列车员,铁路附近的农田是否受到列车的损害而减产。

列车员说:"恰恰相反,飞速驶过的列车把吃稻谷的飞鸟吓走了,农民反而获得收益,当然,铁路公司也不能向农民收费。"这同样也是市场经济无能为力之处。

从上述案例的分析中可知,同样一件事情在不同的时代与地点,会有不同的结果。虽然两代经济学家的感慨不同,但是从经济学的角度来看,火车驶过农田,无论结果如何,其实都说明了同一件事情,即不管是外部经济或是外部不经济,从社会的角度来看,都会导致资源配置的低效或失衡,即造成市场失灵。

3. 有关外部影响的治理之策

由于外部性会带来资源配置的失当,因而需要对外部影响进行纠正。具体政策包括:(1)使用税收和补贴,主要对产生外部不经济的企业进行征税,征税数额应等于其所造成的损失,如对污染进行征税,增加企业的污染成本,促使企业减少污染,对产生外部经济的企业则可以进行补贴,补偿并激励其产生外部经济的动力;(2)使用企业合并的方法,即将相互影响并产生外部经济与外部不经济的企业进行合并,使外部影响内部化,消除外部不经济的影响;(3)界定产权,如产权明确,有些外部影响就可能不会发生。

4. 科斯定理

谈到外部性和产权,就会说到科斯定理。罗纳德·哈里·科斯是英国经济学家,他被誉为新制度经济学的鼻祖,因对经济体制结构的研究取得突破性的成果而荣获1991年诺贝尔经济学奖。他的杰出贡献是发现并阐明了交易成本和产权在经济组织和制度结构中的重要性及其在经济增长和经营活动中的重要性。

所谓交易成本,是指为实现市场交易而支付的费用,包括为搜寻买者和卖者(事前)、谈判和签订合同(事中)、履行和监督合同(事后)等行为所作的努力和花费的时间与精力。

具体来说,科斯定理可以分为以下三部分:

一是科斯第一定理:如果交易费用为零,不管产权初始如何安排,当事人之间的谈判都会使财富最大化,即市场机制会自动达到帕累托最优。科斯第一定理也称为实证的科斯定理。从该定理中可以看出,交易费用为零,如同物理世界中的完全真空或光滑平面,因而是个理想化的状态。在这样的状态下,信息是充分的,如同在完全竞争市场一样,因而交易双方能够实现最优化的资源配置,从而达到帕累托最优。

由于科斯第一定理是不考虑交易成本的,与现实存在较大差距,因而为了能更好地解释经济现象,经济学家们引入了交易成本。

二是科斯第二定理:一旦考虑进行市场交易的成本,则合法权利的初始界定会对经济制度运行的效率产生影响。即交易成本为正，初始的产权安排会对资源的配置效率产生影响。这可以以民营企业和国有企业为例进行分析，民营企业的初始产权界定得较为清晰，而国有企业虽然属于国家所有，但真正的产权人并不清晰。因而，民营企业的发展较为活跃，经营绩效较为显著，而国有企业则存在诸多的运营弊端，如机构臃肿、人浮于事等。因此，如何改进并提升国有企业效率，一直是我国经济发展中的重点和难点问题。中华人民共和国成立后，我国曾经实行人民公社制，大家一起劳作，一起吃饭，这看似是一个能够体现社会主义优越性的制度安排，但是由于产权界定不清晰，干多干少、干好干坏都一样，这就滋生了机会主义行为，使整个制度的运行效率极为低下，甚至出现共同致贫的现象。因而，很多地区为了能摆脱这种低水平陷阱，如安徽省凤阳县小岗村实行分田到户，摸索出"包干到户"制度，通过产权的合理分配，最大限度地激发农民的积极性和主动性，从而大幅提高农村生产效率，摆脱了"一起劳作，共同饿肚子"的怪现象。

总体来看，科斯第二定理有两层含义：一是在交易成本大于零的现实世界中，产权初始分配状态不能通过无成本的交易向最优状态调整，因而产权初始界定会对经济效率产生影响；二是权利的调整只有在有利于总产值增长时才会发生，而且必须在调整所引起的产值增长大于调整所支出的交易成本时才会发生，即产权调整或改革虽然会损害部分群体甚至是利益集团的利益，但是总的来说，应该在有利的前提下才能进行，这也符合当下很多改革决策和行为。

三是科斯第三定理：在交易成本大于零的情况下，产权的清晰界定将有助于降低人们在交易过程中的成本，改进经济效率。换言之，如果存在交易成本，没有产权的界定与保护等规则，则产权的交易与经济效率的改进就难以进行。同样，科斯第三定理也突显了产权的重要性，如果没有产权，所有的经济活动将处在一个混沌的世界中，是无法进行交易的，就更谈不上效率。

可以说，科斯定理对于理解现实经济活动和分析现实经济现象具有重要的参考价值。然而，运用科斯定理来解决外部影响问题，也存在一些约束，如资产的财产权能否明确地加以规定；已经明确的财产权是否能够转让；明确的财产权的转让是否能够实现资源的最优配置等。此外，产权界定清晰与否，还会影响收入分配，而收入分配的变动会导致不公平，外部影响问题就难以解决。因而，在运用科斯定理来分析经济问题时，需要注意特定的背景。

第四节 公共物品和公共资源

1. 私人物品和公共物品

物品根据产权归属的不同，大致可以分为私人物品和公共物品两大类。

所谓私人物品（private goods），是指由市场提供给个人享用的物品，其特点包括排他性和竞争性。排他性是指只有能支付商品价格的人才能消费商品，不支付的人不能成为消费者；竞争性是指如果某人消费了某种商品，别人就不能再消费这种商品。

所谓公共物品（public goods），是指供整个社会共同享用的物品，如国防、消防、公共道路等，其特点包括非排他性和非竞争性。非排他性是指不管人们付费与否，都不能排除他人对该物品的消费，主要原因在于公共物品的不可分性；非竞争性是指某人对该物品的消费并不影响他人对该物品的消费。经济学家保罗·萨缪尔森在《经济学》中指出："公共产品是这样一些产品，无论每个人是否愿意购买它们，它们带来的好处不可分割地散布到整个社区里。"

因而，根据非竞争性和非排他性的满足条件，公共物品可分为纯公共产品（pure public goods）与准公共产品（quasi-public goods）两个类别。纯公共物品是指具有完全的非竞争性和完全的非排他性的物品，如国防、外交、法律、法规等。准公共产品是指具有有限的非竞争性或有限的非排他性的公共产品，它介于纯公共产品和私人产品之间，如教育、政府兴建的公园和公路等。对于准公共产品的供给，在理论上应采取政府和市场共同分担的原则，即通常来说，政府负责提供，使用者会通过缴纳费用的方式来弥补政府所负担的成本。由于准公共物品具有拥挤性，即当消费者的数目增加到一定程度，超过拥挤点时，会导致成本增加，因此，政府会设一定的获取门槛或条件，来限制准公共物品的消费规模，其中比较典型的是学区房，由于教育资源的非均衡性分布，尤其是优质教育资源非常紧缺，因而通过划定学区的方式避免整体教育质量的下降，提高教育效率。

下面再来分析一个被经济学家津津乐道的，但不同于一般物品的公共物品，即灯塔。

案例二　经济学家话灯塔

经济学家对灯塔一直情有独钟。19世纪，英国经济学家约翰·斯图亚特·穆勒指出，虽然海中的船只可以从灯塔的指引中得益，但若要以此向船主收取费用，则是办不到的。除非政府用收税的方法，否则灯塔就会无利可图，以致无人建造。之后，另一位英国经济学家亨利·西奇威克发展了穆勒的观点，他认为像灯塔这种物品，以收费来提供服务的观点是大错特错的，因为这些服务是社会所需要的，但又无法收费的。剑桥学派代表庇古则以灯塔为例说明了市场失灵现象。保罗·萨缪尔森也有类似的观点。

不论如何争论，经济学家对灯塔的讨论还是达成了共识，即灯塔效应（light house effect）。所谓灯塔效应，是指私有物品都可以在市场上进行交换，并有市场价格和市场价值，但公共物品不能在市场上进行交换，因为它没有市场价格和市场价值，因此，消费者都不愿意独自支付公共物品的费用让别人消费，此时，公共物品只能由政府提供。

2. 私人物品和公共物品的最优数量

物品有私人和公共之分,那么私人物品和公共物品的提供机制有何不同?如图 8-4 所示,在(a)中,私人物品的提供在遵循边际收益等于边际成本(MR=MC)的原则下进行的,因而整个社会的私人物品的供给量为 Q_0,对个人来说,由于是在既定价格 P_0 下选择最优供给量,因而对个人 A 和 B 来说,他们各自的均衡供给量为 Q_A 和 Q_B。

在(b)中,公共物品的供给量为 R,这主要取决于整个社会对公共物品的需求量,因而在决定最优的公共物品供给量时,要将个人的边际收益进行加总,从而求得整个社会的边际效益,并在 MR=MC 的原则下,决定公共物品的均衡量。

因而,私人物品最优数量的标准是每个消费者的边际收益和边际成本相等,而公共物品最优数量的标准是每个消费者的边际收益之和与边际成本相等。

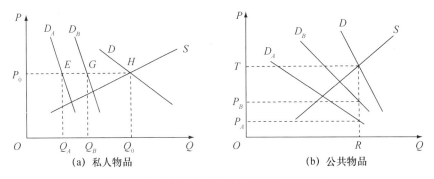

图 8-4 私人物品和公共物品的不同提供机制

3. 公共物品的市场失灵

公共物品是造成市场失灵的主要原因之一,其内在的作用机制主要在于:由于单个消费者通常并不清楚公共物品的价格,更不清楚公共物品价格与需求之间的内在关系,因而为了不付出或少付出成本,消费者往往会虚报或瞒报对公共物品的偏好。所以,对于公共物品来说,存在"搭便车"现象,即某些个人完全依赖于他人付费,在自己不付费的情形下,也可以同样享用公共产品的好处。在这种情况下,愿意付出成本而消费的人必将大幅度减少,从而导致市场失灵。

4. 公共物品和成本—收益分析

提供公共物品是有成本的,但同样也存在收益。因而,可以将公共物品看成是一个项目,并可通过运用成本—收益分析(cost benefit analysis,CBA)方法来讨论是否要提供该项目。

所谓成本—收益分析,是指通过比较经济项目或非经济项目的全部成本和收益来评估项目价值的一种方法。即,首先估计一个项目所需的成本以及它可能带来的收益，其次把二者加以比较，最后根据比较的结果来决定该项目是否值得实施。因而，对公共物品来说，如果评估的结果是该公共物品的收益大于或至少等于其成本，则项目值得实施，否则便不值得。

第五节　信息不对称

和普通商品一样，信息也是一种有价值的资源。拥有有价值的信息能够降低经济主体的决策风险和失误，提高经济主体的效用和利润。

笔者在第一章介绍和分析经济学的基本原理时，假设信息是充分的，即不论对于消费者还是生产者来说，大家所掌握的信息量是一样的。然而，在现实生活中，人们所掌握的信息往往是不对称的。这种信息不对称会导致交易成本的增加和资源配置的低效，进而导致市场失灵。本部分主要介绍两种因信息不对称而造成的经济现象，即逆向选择和道德风险。

1. 逆向选择

逆向选择（adverse selection）又称不利选择，是指在建立委托—代理（principal-agent）关系之前，代理人掌握了委托人不了解的信息，因而代理人可以利用这些对委托人不利的信息签订对自己有利的合同。在逆向选择过程中，由于"低质量"代理人的成本要低于"高质量"代理人的成本，因而存在"高质量"代理人被驱逐的现象。而对于委托人来说，由于处于信息劣势的不利位置，因而只能选择"低质量"的代理人，这会给委托人带来利益损失。这个过程被称为"劣币驱逐良币"现象。

美国经济学家乔治·阿克尔洛夫提出了一个逆向选择的简单模型，即"柠檬市场"（the market for lemons）。该模型主要用来分析在一个二手汽车市场中，在卖方比买方更加了解产品特性的前提下，二手车交易究竟有哪些特点。其中，"柠檬"在美国俚语中表示"次品"或"不中用"的东西，由阿克尔洛夫于1970年在《经济学季刊》上发表的《柠檬市场：质量不确定性和市场机制》一文提出，并首先引入经济学著作。也正是由于对"非对称信息条件下的市场理论"做出了奠基性的贡献，阿克尔洛夫于2001年获得了诺贝尔经济学奖。下面简要介绍逆向选择的基本模型——"柠檬市场"的基本原理。

假定有1000辆二手车可以出售，第1辆二手车的质量为1，第2辆二手车的质量为2，以此类推，一直到第1000辆二手车的质量为1000，并且买卖双方都同意质量为15的车应该卖150元，质量为763的车应该卖7630元，即车价＝质量×10。如果信息是对称的，即买卖双方都对汽车质量有所了解，那么交易可以在非常合理的情况下进行。

然而，现实情况是，信息是不对称的。通常来说，卖方对汽车质量的了解程度要大于买方，而买方往往只掌握二手车的平均质量，并不知道二手车的全部信息，因而买卖双方关于二手车质量方面的信息是不对称的。此时，买方为了尽可能地不受卖方

的"骗",只愿意按照二手车的平均质量出价。那么,这 1000 辆二手车的平均质量如下:

$$\begin{aligned}
二手车平均质量 &= (1+2+3+\cdots+1000)/1000 \\
&= [(1+1000)+(2+999)+\cdots+(500+501)]/1000 \\
&= (500\times 1001)/1000 \\
&= 500.5
\end{aligned}$$

按此方法计算,此时二手车的平均市场价格为 5005 元。这就会带来一个问题,即市场上愿意拿出来卖的车是质量水平不高于 500.5 的那 500 辆车,而质量水平高于 500.5 的那 500 辆车因为处于亏本状态,即被淘汰。

因而,对于买方来说,原本肯出 5005 元的价格,是因为其预期所能买到的车的平均质量水平是 500.5。然而,买方也会料到,如果市场价格为 5005 元,那么出售的二手车的平均质量水平是不高于 500.5 的那 500 辆车。此时,理性的买方又会对这 500 辆二手车的平均质量和市场价格进行重新评估,即平均质量为:$(250\times 501)/500 = 250.5$,市场价格为 2505 元。

由于买方将出价降低到 2505 元,卖方肯定又要重新作出回应。与上述过程相类似,卖方不但不肯出售质量水平在 500.5 以上的车,就是质量水平在 250.5 到 500.5 之间原来当价格为 5005 元时肯出售的车现在也不出售了,于是出售的车均是平均质量水平更差的车。

由于出售的车的平均质量水平每下降一次,买方的出价自然就会降低一次;然而,出价降低了,待出售的车的平均质量又要下降,于是买方的出价也要下降。如此恶性循环,根本无法达成交易。这就是由信息不对称所造成的逆向选择。

在二手产品市场中,出现低质量产品将高质量产品排挤出市场的主要原因是它们都在相同的价格水平上出售,导致产生"劣币驱除良币"的现象。阿克尔洛夫通过对二手车市场模型的研究,提出了三个重要结论:(1)在信息不对称的市场中,同种商品的质量依赖于价格,即价格能在一定程度上体现产品的质量,这是"便宜没好货,好货不便宜""一分价钱一分货"的标准经济学解释;(2)信息不对称导致市场上买方和卖方的数量要比完全信息结构下少得多,甚至非常少,因而交易市场的运行是低效的,甚至无法形成有效的竞价系统;(3)逆向选择可能导致市场失灵,即由于信息不对称,导致资源无法有效配置。

与二手车市场相类似的是,在劳动力市场所出现的低生产率员工将高生产率员工排挤出企业、保险市场中保险公司不愿给超过 65 岁的人提供医疗保险、银行信贷市场采取"低风险、低利息"和"高风险、高利息"的信贷配给制等,均可用逆向选择的原理来进行解释和说明。

那么,如何解决逆向选择问题?通常来说,可以通过信号发送与信号甄别理论(information signaling and screening theory)解决:(1)信号发送是卖方向买方传递有关所售商品真实而有效信息的手段,如通过建立品牌、提供保证书、在权威媒体上做广告、实行连锁经营、获取许可证等方式,最大限度地使买方相信卖方所售商品的质量，使买方买得放心、用得安心；（2）信号甄别是买方针对卖方所提供的信息，主动采取相关措施进行校验和核实，以确保卖方所提供信息的真实性和有效性，如向权威的第三方机构或中介（如质量监督局、工商管理部门、公检法机构等）进行征询，最大限度地获取高质量信息，不被虚假信息所蒙蔽。也就是说，通过信号发送与信号甄别，最大限度地提升买方对信息的了解和掌握程度。

2. 道德风险

通过上述分析可知，逆向选择是由于事前的信息不对称导致的，即在委托代理合同签订之前所产生的，那么是否存在委托代理合同签订之后所产生的事后信息不对称现象？这就是道德风险。

道德风险（moral hazard）也译为"败德行为"，是指代理人利用信息优势在使其自身效用最大化的同时，损害委托人或其他代理人效用的行为。如在没有购买保险以前，那些潜在的投保人总是小心翼翼地防范风险，随时随地准备采取行动，以尽量减少由于风险导致的损失，因为在这种情况下，风险所造成的损失是完全由他自己承担的；然而，一旦购买保险之后，这些投保人往往就变得"粗心大意"或"任性"起来，不再像以前那样谨慎，因为此时因风险所造成的损失不再只由投保人自己承担，而是要由保险公司承担其中的一部分甚至是全部。因而，从保险公司的角度来看，投保人的这种"败德行为"，就是他们所面临的"道德风险"。《新帕尔格雷夫经济学大辞典》对道德风险的定义是：从事经济活动的人在最大限度地增进自身效用时作出的不利于他人的行动。

道德风险与人类行为道德水准的高低并没有密切的关系，道德风险在人的经济行为中是合乎个体理性的，是市场经济中的一种普遍现象。亚当·斯密在《国富论》中曾如此描述 18 世纪的公司管理者："无论如何，由于这些公司的董事们是他人钱财而非自己钱财的管理者，因此很难想象他们会像私人合伙者照看自己的钱财一样警觉。所以，在这类公司事务的管理中，疏忽和浪费是或多或少存在的。"

道德风险一般是由于利益主体目标的不一致性和信息的非对称性导致在签订委托代理合同后，代理人利用自身所拥有而不被委托人所观察到的私人信息，改变签订合同前的行为方式，并从中获取更大的预期收益，而这一过程会损害委托人的利益。与逆向选择一样，产生道德风险的主要原因在于代理人拥有私人信息。

美国经济学家约瑟夫·E. 斯蒂格利茨与罗斯查尔德于 1976 年合作发表在《经济学季刊》上的著名论文《竞争性保险市场的均衡：论不完备信息经济学》，对不完备信息条件下产品市场、资本市场和保险市场中的经济行为进行了深入分析，约瑟夫·E. 斯蒂格利茨因"在对充满不对称信息市场进行分析"领域做出了奠基性的贡献，获得了 2001 年诺贝尔经济学奖。该文的主要思想是：在不完备信息条件下，道德风险是普遍存在的，市场将只存在"分离均衡"，即拥有信息的一方通过主动发布信息，从同类中分离出来，进而作出有利于自己的均衡选择；同时，具有不完备信息的竞争性市场可能没有均衡，即使出现均衡，也可能不是帕累托最优的。因此，不完备信息条件下的市场难以出现高效率，会有损失存在。

案例三　美国校园自行车盗窃事件

在美国的一所大学中，学生自行车被盗比率约为10%。有几个有经营头脑的学生发起了一个对自行车的保险，保费为保险标的的15%。按照常理，这几个有经营头脑的学生应能获得5%左右的利润。然而，该保险运行一段时间后，这几个学生发现自行车被盗比率迅速上升到15%以上。这是怎么回事？

之所以会出现投保后盗窃率不降反升的现象，主要在于自行车投保后，学生们对自行车采取的安全防范措施会明显减少。即投保的学生由于不完全承担自行车被盗的风险后果，因而会采取对自行车安全防范的不作为行为，即他们认为反正已经购买了保险，有人会承担自行车被盗的风险，因而不会对自行车像之前那样小心保管，此即道德风险。

下面笔者再结合一事例，并通过数理分析来对道德风险产生的作用机制作一简要说明。

假设某厂商产品仓库价值为100000美元，厂商采取防火措施的成本为50美元。采取防火措施后小心谨慎，发生火灾概率为5‰；没有防火措施且疏于防范，发生火灾概率为8‰。又假设保险公司预期火灾损失为：$100000 \times 5‰ = 500$美元，并据此作为保险费用出售保险单。在这种情况下，如果厂商向保险公司进行投保，此时保险公司的收益为500美元，但是厂商投保后，就可能不会有动力继续执行防火措施，并可能疏于防范，结果导致发生火灾的概率从5‰上升到8‰，保险公司的实际预期损失为$100000 \times 8‰ = 800$美元，结果导致每出售一张保险单就会损失300美元。因此，这种保险单的设计由于存在道德风险，对保险公司来说是不可行的。

那么，如何杜绝道德风险呢？主要包括以下方法：（1）实施信号发送和信号甄别举措，如在劳动力市场中，求职者通过向招聘单位提供高学历证明或者具有含金量的证书，而招聘者通过多轮考核来甄别求职者的真实技能，降低彼此的信息不对称；（2）建立信任机制，通过长期的经济交往和重复博弈，构建合同双方能彼此掌握并能控制对方和约束自己的交易机制；（3）建立保险和抵押机制，通过保险的分担风险功能和抵押的提升违约成本效应，降低违约损失，约束交易双方行为；（4）构建长期合同机制，通过注重声誉的积累和信誉的维护，增加道德风险的机会成本。

第六节　本章小结

本章从垄断、外部影响、公共物品和信息不对称四个方面分析了市场失灵的主要表现，是对上一章的拓展和深化，有利于读者全面认识市场的运行机制和优缺点。由于本章的很多内容与现实结合得较为紧密，因而通过本章的学习不仅要从理论上明确导致市场失灵的主要表现及其内在原因，还要在实际生活中运用这些理论去分析和解释引起市场失灵的现象，达到学以致用的目的。

至此，笔者较为系统地介绍了微观经济学的主要内容，从需求到供给，从消费到生产，从局部均衡到一般均衡，从市场有效到市场失灵等。总体而言，微观经济学的内容是成体系和逻辑自洽的，总体上要把握好两个主体（消费者和厂商）、两个市场（产品市场和生产要素市场）和一个中心（供求价格决定理论），即"221"。同时，微观经济学的诸多内容与个体的实际生活和经营活动存在较为紧密的联系，因而在学习过程中要注意理论联系实际，通过实际体会和感受，深化对理论的认知和领悟。

第七节 思 考 题

1. 物品是怎么分类的？
2. 我国城市土地的所有权归政府所有，那么土地是不是公共物品？
3. 某河流经常遭受排污者排放污水的影响，水质越来越差，当地政府监管失效。后来，政府把河流的捕鱼权出售给渔民张三。结果，河流的水质逐渐变好。试分析其中的因果关系。
4. 请说明垄断和信息不对称是如何造成市场失灵的。
5. 请举例说明逆向选择和道德风险之间的联系和区别。

参考文献

1. 〔美〕保罗·萨缪尔森、威廉·诺德豪斯：《经济学（第19版）》，萧琛译，商务印书馆2013年版。
2. 〔美〕曼昆：《经济学原理（微观经济学分册）（第7版）》，梁小民、梁砾译，北京大学出版社2017年版。
3. 〔美〕罗伯特·S. 平狄克、丹尼尔·L. 鲁宾费尔德：《微观经济学（英文版·第八版）》，中国人民大学出版社2018年版。
4. 〔美〕保罗·克鲁格曼、罗宾·韦尔斯：《微观经济学（第二版）》，黄卫平、曾景、丁凯、王晓畅、方石玉等译，中国人民大学出版社2012年版。
5. 高鸿业主编：《西方经济学（微观部分·第七版）》，中国人民大学出版社2014年版。
6. 尹伯成、刘江会主编：《西方经济学简明教程（第九版）》，格致出版社、上海人民出版社2018年版。
7. 李明志、黎诣远主编：《微观经济学（第四版）》，高等教育出版社2014年版。
8. 叶航：《超越新古典——经济学的第四次革命与第四次综合》，载《南方经济》2015年第8期，第1—31页。
9. 李翀编著：《〈现代西方经济学原理（第六版）〉学习指导与习题解答》，中山大学出版社2015年版。
10. 陈承明、方东风、唐钰蔚主编：《西方经济学习题集（第二版）》，上海财经大学出版社2015年版。